2020

黑龙江省社会科学学术著作出版资助项目

黑龙江省公共图书馆服务体系建设机制研究

孙鸿鹤　著

黑龍江大學出版社
HEILONGJIANG UNIVERSITY PRESS
哈尔滨

图书在版编目（CIP）数据

黑龙江省公共图书馆服务体系建设机制研究 / 孙鸿鹤著. -- 哈尔滨 : 黑龙江大学出版社, 2020.9
ISBN 978-7-5686-0527-4

Ⅰ. ①黑… Ⅱ. ①孙… Ⅲ. ①公共图书馆－图书馆服务－体系建设－研究－黑龙江省 Ⅳ. ①G258.2

中国版本图书馆 CIP 数据核字(2020)第 181779 号

黑龙江省公共图书馆服务体系建设机制研究
HEILONGJIANG SHENG GONGGONG TUSHUGUAN FUWU TIXI JIANSHE JIZHI YANJIU
孙鸿鹤　著

责任编辑　刘　岩
出版发行　黑龙江大学出版社
地　　址　哈尔滨市南岗区学府三道街 36 号
印　　刷　哈尔滨市石桥印务有限公司
开　　本　787 毫米×1092 毫米　1/16
印　　张　20.25
字　　数　290 千
版　　次　2020 年 9 月第 1 版
印　　次　2020 年 9 月第 1 次印刷
书　　号　ISBN 978-7-5686-0527-4
定　　价　62.00 元

前言

2019年11月，党的十九届四中全会审议通过的《中共中央关于坚持和完善中国特色社会主义制度 推进国家治理体系和治理能力现代化若干重大问题的决定》指出，健全人民文化权益保障制度，坚持以人民为中心的工作导向，完善城乡公共文化服务体系，优化城乡文化资源配置，推动基层文化惠民工程扩大覆盖面、增强实效性，鼓励社会力量参与公共文化服务体系建设。当前，中国特色社会主义进入新时代，我国社会主要矛盾已经转化为"人民日益增长的美好生活需要和不平衡不充分的发展之间的矛盾"。广大人民群众对包括公共图书馆在内的公共文化需求日益增长。与此同时，我国中西部地区特别是黑龙江省的公共图书馆服务体系建设机制和供给能力还不能很好满足人民群众的需求，成为黑龙江省全面建成小康社会的短板、弱项。加强和完善公共图书馆服务体系机制建设，提升公共图书馆服务供给能力，满足黑龙江省广大人民群众日益增长的公共文化需求，对健全公共文化服务体系体制机制、决胜全面建成小康社会、推进国家治理体系和治理能力现代化，具有重要的现实意义和深远的历史意义。

2019年11月至2020年6月，我主持完成了黑龙江省2019年社科规划"党的十九届四中全会精神"专题项目——"黑龙江省公共图书馆服务体系建设机制研究"（项目批准号：19TQH035）。在课题研究中，我尝试创建了公共图书馆发展水平评价指标体系，依据《中国文化和旅游统计年鉴》《中国文化文物统计年鉴》《中国图书馆年鉴》《中国统计年鉴》中的权威数据，对黑龙江省和其他各省、自治区、直辖市的省级、地市级、县级公共图书馆发展水平进行客观评价，对黑龙江省的省级、地市级、县级公共图书馆建设的资金投入、基础设施、人才队伍、体制机制等制约因素进行了深入分析，并依据《中华人民共和国公共图书馆法》《公共图书馆建设标准》《“十三五”时期全国公共图书馆事业发展规划》，以及《黑龙江省文化厅“十三五”时期文化发展改革规划》《黑龙江省图书馆“十三五”发展规划》等相关法律规定和政策文件，为黑龙江省公共图书馆服务体系建设“十四五”时期的指导思想、基本原则、总体目标提供建议，针对黑龙江省公共图书馆服务体系建设存在的突出问题，围绕公共图书馆建设的长效机制和具体措施提出对策建议。2020年6月课题结项后，我继续对课题研究报告进行充实完善，修正公共图书馆发展水平评价指数权重和计算方法，拓展公共图书馆发展水平年份指标，形成本书稿。经过黑龙江省社会科学界联合会组织专家评审，本书被评选为2020年度黑龙江省社会科学学术著作出版资助项目，由黑龙江大学出版社编辑出版发行。希望本书能给黑龙江省内乃至国内公共图书馆业同行们的工作和研究以一定的帮助和借鉴。由于时间仓促、水平有限，纰漏不足之处在所难免，敬请读者批评指正。

孙鸿鹤

目录

1 绪 论

1.1 公共图书馆服务体系相关概念界定

1.1.1 公共图书馆的定义

公共图书馆是指向社会公众免费开放,收集、整理、保存文献信息并提供查询、借阅及相关服务,开展社会教育的公共文化设施。文献信息包括图书报刊、音像制品、缩微制品、数字资源等。在我国,公共图书馆是社会主义公共文化服务体系的重要组成部分,将推动、引导、服务全民阅读作为重要任务。

1.1.2 公共图书馆的特征

公共图书馆与专业图书馆不同,公共图书馆的服务对象是所有的普通居民。公共图书馆提供非专业的图书(包括通俗读物、报纸杂志和参考书籍)、公共信息、互联网的连接及图书馆教育。公共图书馆一般也收集与当地地方特色有关的书籍和资讯,并提供社区活动的场所。

公共图书馆通常具有以下特点:公共图书馆内收藏学科广泛,读者成分多样;公共图书馆依法设立,由政府管理、资助和支持,经费主要来源于中央和地方政府的税收;公共图书馆向所有居民开放,免费为社会公众服务。

1.1.3 公共图书馆的功能

保存人类文化遗产。公共图书馆的产生是保存人类文化遗产的需要。自从有了人类社会以来,便产生了文字,用来记录这些文字的载体——图书也就应运而生。图书馆最初的功能就是收集、加工、整理、管理各种文献资源,以便世人借阅使用和留存给后人。公元前3000年,巴比伦的神庙中就收藏有刻在胶泥板上的各类记载。最早的图书馆是公元前4世纪希腊神庙的藏书之所和附属于希腊哲学书院的藏书之所。我国的图书馆历史悠久,当时一般称为"府""阁""观""台""殿""院""堂""斋""楼"等等。如西周的盟府,两汉的石渠阁、东观和兰台,隋朝的观文殿,宋朝的崇文院,明代的澹生堂,清朝的四库七阁,等等。有了公共图书馆,人类的社会实践所取得的经验、文化、知识才得以系统地保存并流传下来,成为今天人类宝贵的文化遗产和精神财富。

开发文献信息资源。公共图书馆收藏着大量的文献信息资源,积极地开发、广泛地利用这些文献信息资源是公共图书馆的重要职能之一,也是公共图书馆承担各种职能的基础。公共图书馆通过对文献信息资源进行加工整理、科学分析、综合指引,形成有秩序、有规律、源源不断的信息流,从而进行更加广泛的交流与传递,使读者更好地利用它们。

开展社会教育。近代大工业的产生和发展,客观要求社会成员拥有必要的社会知识和劳动技能,公共图书馆开始走入平民百姓当中,担负起了对社会成员进行科学文化教育的公共服务功能。在现代社会,公共图书馆已经成为社会成员继续教育、终身教育的重要基地。公共图书馆是文献信息资源的集散地,是传播文献信息资源的枢纽。公共图书馆能为读者提供较为完备的学习条件,读者可以自由地、长期地利用公共图书馆进行自学。在各级各类学校里,图书馆是基本的教育设施,被誉为"知识的宝库""知识的喷泉""大学的心脏""学校的第二课堂",直接承担着培养人才的重任。

传递科学情报。文献是固化了的知识的记录。文献的出现使知识的传播突破了时间的束缚和空间的障碍,并加速了科学技术的发展。公共图书馆丰富、系统、全面的图书信息资料，为科学情报传递工作提供了重要物质条件。公共图书馆对文献进行广泛的收集存储、有效的加工整理和检索，为科学情报的传递和研究提供了基础。在现代社会，信息技术的广泛应用，使公共图书馆的科学情报功能得到了加强。

提供文化娱乐。公共图书馆是社会公共文化生活中心之一，在传播先进文化、传承优秀传统文化、弘扬地域文化等方面具有重要的地位。公共图书馆提供的服务满足了社会公众对文化娱乐的需要，丰富和活跃了人民群众的精神文化生活，在社会主义精神文明建设中发挥着不可替代、不可或缺的重要作用。

1.1.4　公共图书馆的分类

在我国，通常使用的划分图书馆类型的标准主要有如下几种：(1)按图书馆的管理体制（隶属关系）划分。如：文化系统图书馆、教育系统图书馆、科学研究系统图书馆、工会系统图书馆、共青团系统图书馆、军事系统图书馆等。(2)按馆藏文献范围划分。如：综合性图书馆、专业性图书馆等。(3)按用户群划分。如：儿童图书馆、盲人图书馆、少数民族图书馆等。(4)按图书载体划分。如：传统图书馆、数字图书馆、移动图书馆、真人图书馆等。

根据2006年国际标准化组织颁布的ISO2789—2006《信息与文献　国际图书馆统计》，我国将图书馆划分为国家图书馆、高等教育机构图书馆、流动图书馆、专业图书馆、学校图书馆和公共图书馆六大类。在上述各类型图书馆中，公共图书馆、专业图书馆、高等教育机构图书馆是我国整个图书馆事业的三大支柱。我国的公共图书馆大部分是在省（自治区、直辖市）、市（地、州、盟）、县（市、区、旗）地域划分的基础上由政府投资建立的，主要包括：国家公共图书馆、省级公共图书馆、地市级公共图书馆、县级公共图书馆。本书所研究的公共图书馆包括省级公共图书馆、地市级公共图书馆、县级公共图书馆。

1.2 公共图书馆服务体系建设基础理论

1.2.1 公共产品理论

公共产品亦称“公共财货”“公共物品”，是私人产品的对称，是指具有消费或使用上的非竞争性和受益上的非排他性的产品。最早提出“公共产品”这一概念的是瑞典著名经济学家林达尔。他在1919年发表的《公平税收》一文中认为，公共产品是国家对人民的一般给付，个人或个人集团对公共产品所支付的价格就是赋税。林达尔认为公共产品价格并非取决于某些政治选择机制和强制性税收，恰恰相反，每个人都面临着根据自己意愿确定的价格，并均可按照这种价格购买公共产品。处于均衡状态时，这些价格使每个人需要的公共产品量相同，并与应该提供的公共产品量保持一致。因为每个人购买并消费了公共产品的总产量，按照这些价格的供给恰好就是每个人支付价格的总和。这一理论被称作“林达尔均衡”。美国著名经济学家保罗·萨缪尔森最早区分了私人消费品和集体消费品，萨缪尔森在1954年发表的《公共支出的纯理论》一文中，将集体消费品定义为这样一种产品：“每个人对这种产品的消费，都不会导致其他人对该产品消费的减少。”这一描述成为经济学关于纯粹的公共产品的经典定义。一年后，萨缪尔森又发表了《公共支出理论图解》一文，将“集体消费品”改为“公共产品”。并将“私人产品”定义为“像面包那样，其总量可以在两个或两个以上的人之间进行分配的物品，如果有一个人多吃一片就会有其他人少吃一片”；将“公共产品”定义为“露天马戏表演和国防之类的，可以提供给每个人，而由个人根据自己的偏好来选择是否消费的产品”。国防、法律、空气污染控制、路灯、天气预报、大众电视等都属于公共产品的范畴。

公共产品包含两大特点：一是非排他性。美国经济学家詹姆斯·布坎南解释为：“排除服务的潜在使用者相对来说要付出很大代价，并且是无效的。”“要排除任何人享受一种公共产品的利益要花费非常大的成本。”美国经济学家哈罗德·德姆塞茨称:“将不付费者排除在消费之外是不可能的。”例如,国防保护了所有公民,其费用以及每一公民从中获得的好处不会因为多生一个小孩或有一个人出国而发生变化。二是非竞争性。美国经济学家约瑟夫·斯蒂格利茨说:“有一类被称为公共产品的特殊商品,它们是正外部性的极端情况。一个人对一种公共产品的消费或享受并不会减少其他人对这种产品的消费,因而其消费是非竞争性的。”例如,消除空气中的污染是一项能为人们带来好处的服务,它使所有人能够生活在新鲜的空气中,要让某些人不能享受到新鲜空气的好处是不可能的。经济学家们认为,更多的公共产品是介于私人产品和纯公共产品之间的,具有一定程度的非排他性和非竞争性的准公共产品(或称混合产品),他们称之为“俱乐部产品”,即“一种消费所有权——会员之间的制度安排”。这是指可能发生拥挤的公共产品。当消费人数低于拥挤点时,该产品是非竞争性的;当消费人数高于拥挤点时,就变成竞争性的了。

公共产品和准公共产品的非排他性与非竞争性特征,会诱发消费者在消费这类产品时往往出现“搭便车”行为。“搭便车”指一些人需要某种公共财产,但事先宣称自己并无需要,在别人付出代价去取得后,他们就可不劳而获地享受成果。“搭便车”会导致产品供给者无法按照市场规律来获取利润而缺少热情,经济学家们把这种现象叫作“市场失灵”。因此,公共产品和准公共产品不能像私人产品那样在市场上提供,而只能由政府直接提供或由政府支持公益性组织来提供。

1.2.2 公共选择理论

公共选择理论的领袖人物是美国著名经济学家詹姆斯·布坎南。1954年詹姆斯·布坎南发表了专门研究公共选择的文章——《社会选择、民主政治与自由市场》。詹姆斯·布坎南与戈登·塔洛克二人合著的《同意的计算——立宪民主的逻辑基础》被认为是公共选择理论的经典著作。政府在向社会公众提供公共服务时一般是通过非市场机制,即民主政治机制来决定供给的内容和数量,把公众的私人选择转变为社会的集体选择,这被称为公共选择理论。公共选择在本质上,实际上就是一种政治机制。这种政治机制就是公众的选择(投票)。公众的选择(投票)方式可以有两种:一种是用手投票,公众通过口头或书面的方式向政府表达自己对公共服务的需求和偏好;另一种是用脚投票,公众通过进入或退出的方式向政府表达自己对公共服务的需求和偏好。

1.2.3 基本公共服务均等化理论

基本公共服务是覆盖全体公民、满足公民对公共资源最低需求的公共服务,涉及义务教育、医疗、住房、治安、就业、社会保障、基础设施、环境保护等方面。基本公共服务均等化是指政府有责任为社会公众提供基本的、均等的公共服务。基本公共服务均等化实际上解决的是公民的基本权利问题,即基本的生存权、健康权、受教育权、发展权等等。社会发展的基本宗旨是人人共享、普遍受益。而推进基本公共服务均等化,是实现人人共享社会发展成果的必然选择。换句话说,基本公共服务均等化是过程,共享社会发展成果是结果,它们在本质上是一致的,都是要维护社会公平。基本公共服务均等化首先强调的是机会均等。全体社会成员在接受政府提供的基本公共服务时机会是平等的,起点是一致的、相同的。不同地域、不同民族、不同收入水平、不同受教育程度的社会公众在政府提供的基本公共服务面前地位是平等的。

2018 年 7 月 6 日,中央全面深化改革委员会第三次会议审议通过了《关于建立健全基本公共服务标准体系的指导意见》,强调要确保基本公共服务覆盖全民、兜住底线、均等享有,使人民获得感、幸福感、安全感更加充实、更有保障、更可持续。力争到 2025 年,基本公共服务标准化理念融入政府治理,标准化手段得到普及应用,系统完善、层次分明、衔接配套、科学适用的基本公共服务标准体系全面建立;到 2035 年,基本公共服务均等化基本实现,现代化水平不断提升。

基本公共服务均等化并不是简单的平均化。平均化是对社会资源进行单纯的份额等同的分配。均等化不是强调所有的社会公众都享有完全一致、没有任何差别的基本公共服务，而是保障其基本权益的相对平均。这是因为，不同社会公众对基本公共服务的需求既有一致性也有差异性，而且现实中各地区发展水平的不同也使得基本公共服务的均等在现阶段只能是相对的平等。

1.2.4 现代公共服务供给理论

现代公共服务供给理论认为，如果只由政府垄断公共产品的供给，那么由于没有与政府竞争的对手，政府就可能为了追求政绩而超出公众的实际需要来提供公共服务，就会导致公共产品供给成本的提高，生产公共产品的资源配置不当，造成社会财富的巨大浪费。政府的权力也会诱使寻租行为的存在，不仅消耗大量资源，也必然导致政府决策的低效率。这些被称为“政府失灵”。现代公共服务供给理论的核心思想是把政策制定同服务提供分开。政府在公共服务中的职能是制定政策，而不是主要提供直接服务。

现代公共服务供给理论主要包括产权理论、俱乐部理论、第三部门理论和多中心供给理论等。产权理论是通过明确和保障某一公共服务的产权来克服市场供给失灵问题的。俱乐部理论是通过某种技术手段来克服市场供给失灵问题的。这二者实际上是政府和市场共同供给的理论。也就是通过市场手段来克服政府供给的低效率，再用政府的支持来克服市场供给的失灵。现代公共服务供给理论通常把公共服务的制度安排划分为10种具体形式：政府服务、政府出售、政府间协议、合同承包、特许经营、政府补助、凭单制、自由市场、志愿服务、自我服务。现代公共服务理论依然肯定政府是公共服务最重要的供给主体，它不仅要向公众提供市场无法提供的公共服务，还要主导和支持市场化的公共服务供给。

20世纪80年代以来，全球兴起一场“第三部门”运动。所谓第三部门，是指介于国家和市场之间的非营利组织、非政府组织，如俱乐部、慈善组织、科研机构、工会等。这是相对于公共部门（被国家授予公共权力，并以社会的公共利益为组织目标，管理各项社会公共事务，向全体社会成员提供法定服务的政府组织）和私人部门（为私人所拥有，并以利润最大化为组织目标，通过在市场上出售其产品或提供服务以求得利润的各类工商企业组织）而提出的概念。“第三部门”一般具有“正规性”，即具有正式注册登记的合法身份；“民间性”，即在组织机构上与政府分离；“非营利性”，即不得为其拥有者谋取利润；“自治性”，即能够控制自己的活动；“志愿性”，即其活动和管理中有显著的会员自愿参与成分；“公益性”，即服务于某些公共目的。

美国印第安纳大学政治理论与政策分析研究所的埃莉诺·奥斯特罗姆与文森特·奥斯特罗姆夫妇共同创立了多中心供给理论。人们一般认定，要避免公共事物的悲剧性命运，只有两条非此即彼的路可走：或者彻底私有化，或者强化中央集权。埃莉诺·奥斯特罗姆则从博弈论的角度提出了市场与政府以外的解决办法。埃莉诺·奥斯特罗姆认为，人们通过自筹资金与自主合约可以达至问题的有效处理。自主治理理论的中心问题是：一群相互依存的人们如何把自己组织起来，进行自主性治理，并通过自主性努力以克服搭便车、回避责任或机会主义诱惑，以实现持久性共同利益。

1.3 公共图书馆发展水平评价指标体系

1.3.1 公共图书馆发展水平评价指标的选取

公共图书馆发展水平评价指标体系包括总系统、子系统和个体指标三个层次。公共图书馆发展水平为总系统 *A*，是第一个层次；第二个层次为子系统 *B*，由公共图书馆覆盖水平 *B*1、公共图书馆投入水平 *B*2、公共图书馆设施水平 *B*3、公共图书馆服务水平 *B*4 四个方面构成；第三个层次为各子系统下设立的具体指标 *C*，由 18 个具体指标 *C*1—*C*18 构成。（见图 1－1 和表 1－1）

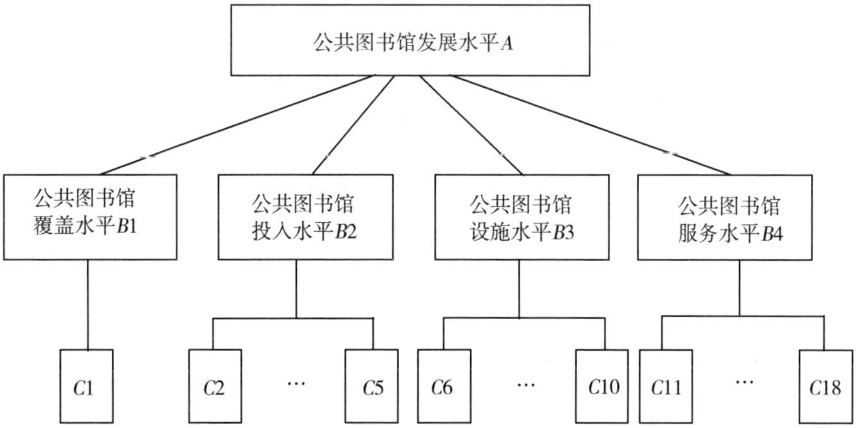

图 1－1　公共图书馆发展水平评价指标体系

表 1－1　公共图书馆发展水平（一级指标 A）评价指标的选取

二级指标 B	三级指标 C	单位
公共图书馆覆盖水平 B1	公共图书馆覆盖率 C1	%
公共图书馆投入水平 B2	馆均资产 C2	万元
	馆均年收入 C3	万元
	馆均年支出 C4	万元
	馆均年各种设备购置费 C5	万元
公共图书馆设施水平 B3	馆均建筑面积 C6	万平方米
	馆均总藏量 C7	万册件
	馆均年新购藏量 C8	万册件
	馆均计算机台数 C9	台
	馆均阅览室座席数 C10	个

续表

二级指标 B	三级指标 C	单位
公共图书馆服务水平 B4	馆均从业人员 C11	人
	馆均累计发放有效借书证数 C12	万个
	馆均年流通人次 C13	万人次
	馆均年书刊外借册次 C14	万册次
	馆均年举办讲座展览培训次数 C15	场次
	馆均年举办讲座展览培训参加人次 C16	万人次
	馆均年流动图书馆车书刊借阅人次 C17	万人次
	馆均年流动图书馆车书刊借阅册次 C18	万册次

公共图书馆覆盖水平评价指标 B1 包括“公共图书馆覆盖率 C1”1 项指标，依据《中华人民共和国公共图书馆法》关于“县级以上人民政府应当将公共图书馆事业纳入本级国民经济和社会发展规划，将公共图书馆建设纳入城乡规划和土地利用总体规划”“县级以上人民政府应当设立公共图书馆”等有关规定，笔者主要评价各省、自治区、直辖市县级以上行政区域公共图书馆的覆盖情况。

公共图书馆投入水平评价指标 B2 包括“馆均资产 C2”“馆均年收入 C3”“馆均年支出 C4”“馆均年各种设备购置费 C5”4 项指标，依据《中华人民共和国公共图书馆法》关于“县级以上人民政府应当将公共图书馆事业纳入本级国民经济和社会发展规划，将公共图书馆建设纳入城乡规划和土地利用总体规划，加大对政府设立的公共图书馆的投入，将所需经费列入本级政府预算，并及时、足额拨付”，设立公共图书馆应当具备“必要的办馆资金和稳定的运行经费来源”等有关规定，笔者主要评价各省、自治区、直辖市县级以上公共图书馆的经费收入和支出情况。

公共图书馆设施水平评价指标 B3 包括“馆均建筑面积 C6”“馆均总藏量 C7”“馆均年新购藏量 C8”“馆均计算机台数 C9”“馆均阅览室座席数 C10”5

项指标,依据《中华人民共和国公共图书馆法》关于“县级以上地方人民政府应当根据本行政区域内人口数量、人口分布、环境和交通条件等因素,因地制宜确定公共图书馆的数量、规模、结构和分布,加强固定馆舍和流动服务设施、自助服务设施建设”,设立公共图书馆应当具备“与其功能相适应的馆舍面积、阅览座席、文献信息和设施设备”等有关规定,笔者主要评价各省、自治区、直辖市县级以上公共图书馆的基础设施情况。

公共图书馆服务水平评价指标 *B*4 包括“馆均从业人员 *C*11”“馆均累计发放有效借书证数 *C*12”“馆均年流通人次 *C*13”“馆均年书刊外借册次 *C*14”“馆均年举办讲座展览培训次数 *C*15”“馆均年举办讲座展览培训参加人次 *C*16”“馆均年流动图书馆车书刊借阅人次 *C*17”“馆均年流动图书馆车书刊借阅册次 *C*18” 8 项指标。依据《中华人民共和国公共图书馆法》关于“公共图书馆应当根据其功能、馆藏规模、馆舍面积、服务范围及服务人口等因素配备相应的工作人员”,公共图书馆应当免费向社会公众提供文献信息查询、借阅服务,开放阅览室、自习室等公共空间设施场地,举办公益性讲座、阅读推广、培训、展览等活动,“县级人民政府应当因地制宜建立符合当地特点的以县级公共图书馆为总馆,乡镇(街道)综合文化站、村(社区)图书室等为分馆或者基层服务点的总分馆制”等有关规定,笔者主要评价各省、自治区、直辖市县级以上公共图书馆的服务内容和服务质量。

1.3.2　公共图书馆发展水平评价指标的权重确定

综合采用等权重法和不等权重法两种方法,将客观赋权法和主观赋权法两种方法有机地结合,确定公共图书馆发展水平评价指标体系中各级评价元素权重判断标度和分值。(见表 1 - 2)

表 1－2　公共图书馆发展水平评价指标体系权重的确定

指标	单位	权重
公共图书馆发展水平 *A*	%	100
公共图书馆覆盖水平 *B*1	%	100
公共图书馆覆盖率 *C*1	%	100
公共图书馆投入水平 *B*2	%	20
馆均资产 *C*2	万元	5
馆均年收入 *C*3	万元	5
馆均年支出 *C*4	万元	5
馆均年各种设备购置费 *C*5	万元	5
公共图书馆设施水平 *B*3	%	30
馆均建筑面积 *C*6	万平方米	6
馆均总藏量 *C*7	万册件	6
馆均年新购藏量 *C*8	万册件	6
馆均计算机台数 *C*9	台	6
馆均阅览室座席数 *C*10	个	6
公共图书馆服务水平 *B*4	%	50
馆均从业人员 *C*11	人	5
馆均累计发放有效借书证数 *C*12	万个	5
馆均年流通人次 *C*13	万人次	10
馆均年书刊外借册次 *C*14	万册次	10
馆均年举办讲座展览培训次数 *C*15	场次	5
馆均年举办讲座展览培训参加人次 *C*16	万人次	5
馆均年流动图书馆车书刊借阅人次 *C*17	万人次	5
馆均年流动图书馆车书刊借阅册次 *C*18	万册次	5

1.3.3　公共图书馆发展水平指数的计算方法

公共图书馆发展水平指数＝公共图书馆覆盖水平指数×（公共图书馆投入水平指数＋公共图书馆设施水平指数＋公共图书馆服务水平指数）。

即 $A = B1 \times (B2 + B3 + B4)$。

公共图书馆覆盖水平指数 = 公共图书馆覆盖率指数。

即 $B1 = C1$。

公共图书馆投入水平指数 = 馆均资产指数 + 馆均年收入指数 + 馆均年支出指数 + 馆均年各种设备购置费指数。

即 $B2 = C2 + C3 + C4 + C5$。

公共图书馆设施水平指数 = 馆均建筑面积指数 + 馆均总藏量指数 + 馆均年新购藏量指数 + 馆均计算机台数指数 + 馆均阅览室座席数指数。

即 $B3 = C6 + C7 + C8 + C9 + C10$。

公共图书馆服务水平指数 = 馆均从业人员指数 + 馆均累计发放有效借书证数指数 + 馆均年流通人次指数 + 馆均年书刊外借册次指数 + 馆均年举办讲座展览培训次数指数 + 馆均年举办讲座展览培训参加人次指数 + 馆均年流动图书馆车书刊借阅人次指数 + 馆均年流动图书馆车书刊借阅册次指数。

即 $B4 = C11 + C12 + C13 + C14 + C15 + C16 + C17 + C18$。

最终的计算方法是:公共图书馆发展水平指数 = 公共图书馆覆盖率指数 ×[(馆均资产指数 + 馆均年收入指数 + 馆均年支出指数 + 馆均年各种设备购置费指数) +(馆均建筑面积指数 + 馆均总藏量指数 + 馆均年新购藏量指数 + 馆均计算机台数指数 + 馆均阅览室座席数指数) +(馆均从业人员指数 + 馆均累计发放有效借书证数指数 + 馆均年流通人次指数 + 馆均年书刊外借册次指数 + 馆均年举办讲座展览培训次数指数 + 馆均年举办讲座展览培训参加人次指数 + 馆均年流动图书馆车书刊借阅人次指数 + 馆均年流动图书馆车书刊借阅册次指数)]。

$$
\begin{aligned}
\text{即 } A &= B1 \times (B2 + B3 + B4) \\
&= C1 \times [(C2 + C3 + C4 + C5) + (C6 + C7 + C8 + C9 + C10) \\
&\quad + (C11 + C12 + C13 + C14 + C15 + C16 + C17 + C18)]。
\end{aligned}
$$

2 黑龙江省公共图书馆发展水平评价

根据公共图书馆发展水平评价指标体系确定的各项指标，分别以2016年、2017年、2018年全国（不含港、澳、台地区，下同）平均水平为基准值（100%），将各省、自治区、直辖市的各项指标进行归一化处理，经过详细查阅《中国统计年鉴》（2017年、2018年、2019年）、《中国文化文物统计年鉴》（2017年、2018年）《中国文化和旅游统计年鉴　2019》、《中国图书馆年鉴》（2017年、2018年、2019年）和各省、自治区、直辖市统计年鉴（2017年、2018年、2019年）中的相关统计数据并认真计算，得出了黑龙江省及其他各省、自治区、直辖市的省级、地市级、县级公共图书馆2016年、2017年、2018年的发展水平指数、位次和层次。

2.1 黑龙江省省级公共图书馆发展水平评价

2.1.1 黑龙江省省级公共图书馆发展水平指数

2.1.1.1 2016年黑龙江省省级公共图书馆发展水平指数

经测算，2016年，黑龙江省的省级公共图书馆发展水平指数为95.0%。其他各省、自治区、直辖市的具体情况是：北京市为174.1%，天津市为172.2%，河北省为89.4%，山西省为91.4%，内蒙古自治区为77.1%，辽宁省为130.0%，吉林省为112.6%，上海市为396.2%，江苏省为232.8%，浙江省为105.4%，安徽省为68.4%，福建省为229.0%，江西省为133.3%，山东省为95.4%，河南省为76.0%，湖北省为157.0%，湖南省为111.6%，广东省为306.8%，广西壮族自治区为187.2%，海南省为58.6%，重庆市为112.8%，四川省为93.2%，贵州省为41.5%，云南省为83.0%，西藏自治区为14.6%，陕西省为106.2%，甘肃省为81.6%，青海省为22.7%，宁夏回族自治区为36.5%，新疆维吾尔自治区为30.2%。（见表2－1）

表 2 - 1(a)　2016 年各省、自治区、直辖市省级公共图书馆发展水平指数

指标	全国		北京		天津		河北		山西		内蒙古		辽宁		吉林	
	实际值	指数/%	实际值	指数/%	实际值	指数/%	实际值	指数/%	实际值	指数/%	实际值	指数/%	实际值	指数/%	实际值	指数/%
A	—	100	—	174.1	—	172.2	—	89.4	—	91.4	—	77.1	—	130.0	—	112.6
*B*1	—	100	—	100	—	200	—	100	—	100	—	100	—	100	—	100
*C*1	—	100	100	100	200	200	100	100	100	100	100	100	100	100	100	100
*B*2	—	20	—	56.7	—	18.3	—	10.2	—	15.8	—	13.3	—	18.4	—	13.7
*C*2	41075	5	151056	18.4	33756	4.1	15677	1.9	20189	2.5	34688	4.2	44876	5.5	17011	2.1
*C*3	8867	5	22942	12.9	8900	5.0	5168	2.9	8527	4.8	5123	2.9	8253	4.7	6791	3.8
*C*4	8172	5	21477	13.1	7714	4.7	5180	3.2	7383	4.5	5071	3.1	8645	5.3	6133	3.8
*C*5	2082	5	4914	12.3	1792	4.5	885	2.2	1590	4.0	1251	3.1	1170	2.9	1584	4.0
*B*3	—	30	—	52.0	—	36.1	—	35.9	—	34.6	—	46.5	—	56.6	—	38.2
*C*6	4.54	6	9.40	12.4	6.39	8.4	5.06	6.7	8.03	10.6	3.50	4.7	10.32	13.7	6.32	8.4
*C*7	517.5	6	808.3	9.4	301.1	3.5	300.7	3.5	329.5	3.8	358.2	4.2	654.2	7.7	458.4	5.3
*C*8	18.9	6	36.9	11.7	26.7	8.5	37.0	11.7	9.4	3.0	79.6	25.2	20.9	8.3	15.8	5.0

续表

指标	全国		北京		天津		河北		山西		内蒙古		辽宁		吉林	
	实际值	指数/%	实际值	指数/%	实际值	指数/%	实际值	指数/%	实际值	指数/%	实际值	指数/%	实际值	指数/%	实际值	指数/%
*C*9	514	6	785	9.2	657	7.7	380	4.4	600	7.1	521	6.2	732	8.6	792	9.3
*C*10	1922	6	2995	9.3	2559	8.0	3070	9.6	3237	10.1	1972	6.2	5862	18.3	3244	10.2
*B*4	—	60	—	65.4	—	31.7	—	43.3	—	41.0	—	17.3	—	55.0	—	60.7
*C*11	199	5	351	8.8	171	4.3	187	4.7	230	5.8	158	4.0	229	5.8	242	6.1
*C*12	19.1	5	47.4	12.4	26.9	7.0	30.0	7.9	26.2	6.9	6.0	1.6	6.8	1.8	15.4	4.0
*C*13	244.0	10	525.2	21.5	163.1	6.7	250.1	10.3	310.5	12.8	55.9	2.2	242.1	10.0	131.1	5.8
*C*14	280.6	10	235.3	8.3	187.5	6.7	123.5	4.4	206.9	7.4	152.2	5.4	118.0	4.2	91.4	3.2
*C*15	433	5	204	2.4	123	1.4	324	3.7	252	2.9	259	3.0	357	4.1	87	1.0
*C*16	35.0	5	75.9	10.8	39.1	5.6	39.6	5.7	36.6	5.2	7.8	1.1	78.5	11.2	30.9	4.4
*C*17	7.4	5	0.05	0.03	—	—	4.8	3.2	—	—	—	—	12.2	8.2	24.2	16.4
*C*18	9.6	5	2.3	1.2	—	—	6.5	3.4	—	—	—	—	18.7	9.7	38.0	19.8

数据来源：根据《中国文化文物统计年鉴　2017》《中国图书馆年鉴　2017》中的相关统计数据整理。

表 2-1(b)　2016 年各省、自治区、直辖市省级公共图书馆发展水平指数

指标	黑龙江		上海		江苏		浙江		安徽		福建		江西		山东	
	实际值	指数/%	实际值	指数/%	实际值	指数/%	实际值	指数/%	实际值	指数/%	实际值	指数/%	实际值	指数/%	实际值	指数/%
A	—	95.0	—	396.2	—	232.8	—	105.4	—	68.4	—	229.0	—	133.3	—	95.4
*B*1	—	100	—	200	—	100	—	100	—	100	—	200	—	100	—	100
*C*1	100	100	200	200	100	100	100	100	100	100	200	200	100	100	100	100
*B*2	—	14.6	—	63.8	—	48.7	—	31.7	—	10.7	—	10.1	—	13.1	—	24.6
*C*2	31973	3.9	154907	18.9	113818	13.9	64349	7.8	23254	2.8	16900	2.1	17626	2.1	47552	5.8
*C*3	6357	3.6	26958	15.2	16365	9.2	12532	7.1	4447	2.5	4288	2.4	6266	3.5	9783	5.5
*C*4	5948	3.6	24925	15.3	18129	11.1	11787	7.2	4632	2.8	4187	2.6	5534	3.4	9657	5.9
*C*5	1415	3.5	5766	14.4	5821	14.5	3825	9.6	1047	2.6	1202	3.0	1653	4.1	2968	7.4
*B*3	—	28.9	—	62.7	—	83.7	—	36.2	—	22.1	—	17.9	—	21.4	—	38.6
*C*6	3.39	4.5	6.53	8.6	10.30	13.7	5.70	7.5	3.69	4.8	1.49	2.0	2.25	3.0	4.49	6.0
*C*7	371.0	4.4	2835.0	32.9	1138.7	13.2	673.4	7.8	328.0	3.8	202.6	2.4	364.3	4.2	829.5	9.6
*C*8	20.0	6.3	12.3	3.9	46.3	34.5	26.5	8.4	13.4	4.2	11.5	3.6	19.4	6.2	32.2	10.2

续表

指标	黑龙江		上海		江苏		浙江		安徽		福建		江西		山东	
	实际值	指数/%	实际值	指数/%	实际值	指数/%	实际值	指数/%	实际值	指数/%	实际值	指数/%	实际值	指数/%	实际值	指数/%
*C*9	697	8.1	1164	13.7	1163	13.7	708	8.3	365	4.2	569	6.6	314	3.6	589	6.9
*C*10	1782	5.6	1158	3.6	2747	8.6	1359	4.2	1659	5.1	1061	3.3	1411	4.4	1884	5.9
*B*4	—	51.5	—	71.6	—	100.4	—	37.5	—	35.6	—	86.5	—	98.8	—	32.2
*C*11	193	4.8	394	9.9	531	13.3	343	8.6	180	4.5	117	2.9	140	3.5	220	5.5
*C*12	22.8	6.0	44.2	11.6	60.8	15.9	7.2	1.9	21.1	5.5	49.5	12.9	27.3	7.1	6.0	1.6
*C*13	220.2	9.0	780.8	32.0	362.7	14.8	334.3	13.8	143.2	5.8	160.9	6.6	132.6	5.4	124.6	5.2
*C*14	103.1	3.6	320.8	11.4	152.6	5.4	159.6	5.6	159.7	5.6	200.5	7.2	96.6	3.4	103.2	3.6
*C*15	680	7.9	191	2.2	598	6.9	327	3.8	125	1.4	422	4.9	378	4.4	625	7.2
*C*16	24.3	3.5	15.1	2.2	120.9	17.3	26.8	3.8	16.2	2.3	31.8	4.5	146.4	20.9	7.9	1.1
*C*17	16.7	11.3	1.1	0.7	25.1	17.0	—	—	9.5	6.4	46.1	31.1	39.6	26.8	4.9	3.3
*C*18	10.4	5.4	3.0	1.6	18.9	9.8	—	—	7.8	4.1	31.4	16.4	52.4	27.3	9.1	4.7

数据来源：根据《中国文化文物统计年鉴　2017》《中国图书馆年鉴　2017》中的相关统计数据整理。

表 2－1(c)　2016 年各省、自治区、直辖市省级公共图书馆发展水平指数

指标	河南		湖北		湖南		广东		广西		海南		重庆		四川	
	实际值	指数/%	实际值	指数/%	实际值	指数/%	实际值	指数/%	实际值	指数/%	实际值	指数/%	实际值	指数/%	实际值	指数/%
A	—	76.0	—	157.0	—	111.6	—	306.8	—	187.2	—	58.6	—	112.8	—	93.2
*B*1	—	200	—	100	—	200	—	100	—	300	—	100	—	200	—	100
*C*1	200	200	100	100	200	200	100	100	300	300	100	100	200	200	100	100
*B*2	—	7.2	—	40.8	—	9.2	—	47.4	—	10.1	—	13.1	—	10.3	—	26.7
*C*2	9925	1.2	117673	14.3	12248	1.5	111973	13.6	15089	1.8	7046	0.9	13080	1.6	50492	6.1
*C*3	2974	1.7	15402	8.7	5776	3.3	19760	11.1	4166	2.3	8407	4.7	4919	2.8	14305	8.1
*C*4	3109	1.9	12822	7.8	3606	2.2	16313	10.0	4276	2.6	6354	3.9	4744	2.9	11152	6.8
*C*5	950	2.4	3985	10.0	876	2.2	5066	12.7	1368	3.4	1448	3.6	1195	3.0	2284	5.7
*B*3	—	11.7	—	66.5	—	16.8	—	70.2	—	17.7	—	18.9	—	17.6	—	28.5
*C*6	1.95	2.6	10.23	13.5	2.20	2.9	9.03	12.0	3.67	4.8	2.79	3.8	2.81	3.8	5.19	6.9
*C*7	184.2	2.1	761.4	8.9	291.8	3.5	836.2	9.8	225.6	2.6	151.5	1.8	217.2	2.6	530.0	6.2
*C*8	5.3	1.7	51.1	16.2	11.6	3.6	38.1	12.2	15.7	5.0	14.2	4.5	9.4	3.0	11.8	3.8

续表

指标	河南		湖北		湖南		广东		广西		海南		重庆		四川	
	实际值	指数/%	实际值	指数/%	实际值	指数/%	实际值	指数/%	实际值	指数/%	实际值	指数/%	实际值	指数/%	实际值	指数/%
*C*9	164	2.0	974	11.4	254	3.0	999	11.7	245	2.9	300	3.5	370	4.4	450	5.3
*C*10	1037	3.3	5293	16.5	1200	3.8	7812	24.5	788	2.4	1670	5.3	1190	3.8	2033	6.3
*B*4	—	19.1	—	49.7	—	29.8	—	189.2	—	34.6	—	26.6	—	28.5	—	38.0
*C*11	110	2.8	289	7.3	153	3.8	302	7.6	109	2.7	105	2.6	155	3.9	307	7.7
*C*12	6.0	1.6	26.7	7.0	17.1	4.5	33.9	8.9	6.8	1.8	11.1	2.9	15.6	4.1	5.3	1.4
*C*13	127.2	5.2	266.1	11.0	188.0	7.8	1416.6	58.0	158.2	6.4	226.6	9.2	172.6	7.0	189.0	7.8
*C*14	89.9	3.2	220.3	7.8	141.7	5.0	312.2	11.2	62.8	2.2	155.2	5.6	76.5	2.8	39.4	1.4
*C*15	417	4.8	224	2.6	529	6.1	7059	81.7	121	1.4	277	3.2	204	2.4	143	1.7
*C*16	10.2	1.5	51.9	7.4	15.4	2.2	152.8	21.8	34.1	4.9	12.1	1.7	20.3	2.9	103.0	14.7
*C*17	—	—	3.6	2.4	0.1	0.08	—	—	7.6	5.2	0.6	0.4	2.5	1.7	1.7	1.1
*C*18	—	—	8.1	4.2	0.5	0.3	—	—	18.3	10.0	2.0	1.0	7.1	3.7	4.3	2.2

数据来源：根据《中国文化文物统计年鉴　2017》《中国图书馆年鉴　2017》中的相关统计数据整理。

表 2-1(d)　2016 年各省、自治区、直辖市省级公共图书馆发展水平指数

指标	贵州		云南		西藏		陕西		甘肃		青海		宁夏		新疆	
	实际值	指数/%	实际值	指数/%	实际值	指数/%	实际值	指数/%	实际值	指数/%	实际值	指数/%	实际值	指数/%	实际值	指数/%
A	—	41.5	—	83.0	—	14.6	—	106.2	—	81.6	—	22.7	—	36.5	—	30.2
*B*1	—	100	—	100	—	100	—	100	—	100	—	100	—	100	—	100
*C*1	100	100	100	100	100	100	100	100	100	100	100	100	100	100	100	100
*B*2	—	8.3	—	10.6	—	6.8	—	22.5	—	24.6	—	7.7	—	11.4	—	20.4
*C*2	11733	1.4	28460	3.5	7261	0.9	50919	6.2	51339	6.2	10552	1.3	11716	1.4	33805	4.1
*C*3	5834	3.3	5156	2.9	3450	1.9	9889	5.6	12514	7.1	4199	2.4	4623	2.6	9605	5.4
*C*4	3821	2.3	5131	3.1	3478	2.1	11990	7.3	10742	6.6	2841	1.7	5542	3.4	9549	5.8
*C*5	514	1.3	440	1.1	751	1.9	1378	3.4	1892	4.7	937	2.3	1603	4.0	2049	5.1
*B*3	—	15.2	—	18.5	—	5.8	—	32.0	—	29.3	—	10.7	—	14.9	—	5.5
*C*6	2.52	3.3	3.04	4.1	1.79	2.3	4.98	6.6	6.52	8.6	1.43	2.0	3.32	4.4	—	—
*C*7	200.5	2.3	335.1	3.9	48.4	0.6	486.4	5.7	437.0	5.1	171.5	2.0	228.3	2.7	243.0	2.9
*C*8	7.8	2.4	7.8	2.4	1.4	0.5	22.1	7.1	12.6	4.1	2.2	0.8	5.0	1.7	4.7	1.5

续表

指标	贵州		云南		西藏		陕西		甘肃		青海		宁夏		新疆	
	实际值	指数/%	实际值	指数/%	实际值	指数/%	实际值	指数/%	实际值	指数/%	实际值	指数/%	实际值	指数/%	实际值	指数/%
*C*9	336	3.9	328	3.9	127	1.5	563	6.6	551	6.5	190	2.3	190	2.3	90	1.1
*C*10	1071	3.3	1324	4.2	300	0.9	1927	6.0	1576	5.0	1152	3.6	1200	3.8	—	—
*B*4	—	18.0	—	53.9	—	2.0	—	51.7	—	27.7	—	4.3	—	10.2	—	4.3
*C*11	149	3.7	188	4.7	51	1.3	336	8.4	194	4.9	88	2.2	130	3.3	93	2.3
*C*12	7.5	2.0	11.5	3.0	0.59	0.15	9.6	2.5	13.4	3.5	4.9	1.3	5.5	1.4	0.09	0.02
*C*13	47.0	2.0	286.5	11.8	3.0	0.1	347.6	14.2	156.8	6.4	0.37	0.02	67.0	2.8	16.9	0.6
*C*14	37.0	1.4	87.8	3.2	0.6	0.02	219.9	7.8	94.5	3.4	0.12	0.01	59.0	2.2	18.0	0.6
*C*15	81	0.9	189	2.2	8	0.1	299	3.5	133	1.5	38	0.4	36	0.4	34	0.4
*C*16	3.2	0.5	11.9	1.7	0.17	0.02	35.5	5.1	12.7	1.8	2.5	0.4	0.8	0.1	0.7	0.1
*C*17	5.2	3.5	10.4	7.0	0.5	0.3	6.6	4.5	3.6	2.4	—	—	—	—	0.2	0.1
*C*18	7.6	4.0	39.0	20.3	—	—	10.9	5.7	7.3	3.8	—	—	—	—	0.35	0.2

数据来源：根据《中国文化文物统计年鉴　2017》《中国图书馆年鉴　2017》中的相关统计数据整理。

2.1.1.2 2017 年黑龙江省省级公共图书馆发展水平指数

经测算,2017 年,黑龙江省的省级公共图书馆发展水平指数为 83.8%。其他各省、自治区、直辖市的具体情况是:北京市为 171.9%,天津市为 198.2%,河北省为 78.3%,山西省为 99.8%,内蒙古自治区为 58.2%,辽宁省为 196.8%,吉林省为 133.1%,上海市为 431.6%,江苏省为 202.7%,浙江省为 192.4%,安徽省为 68.5%,福建省为 180.0%,江西省为 79.9%,山东省为 91.0%,河南省为 138.8%,湖北省为 172.6%,湖南省为 130.6%,广东省为 319.8%,广西壮族自治区为 195.3%,海南省为 71.3%,重庆市为 107.6%,四川省为 73.0%,贵州省为 44.9%,云南省为 54.0%,西藏自治区为 13.5%,陕西省为 101.9%,甘肃省为 82.1%,青海省为 30.5%,宁夏回族自治区为 42.1%,新疆维吾尔自治区为 24.1%。(见表 2 – 2)

表 2-2(a)　2017 年各省、自治区、直辖市省级公共图书馆发展水平指数

指标	全国		北京		天津		河北		山西		内蒙古		辽宁		吉林	
	实际值	指数/%	实际值	指数/%	实际值	指数/%	实际值	指数/%	实际值	指数/%	实际值	指数/%	实际值	指数/%	实际值	指数/%
A	—	100	—	171.9	—	198.2	—	78.3	—	99.8	—	58.2	—	196.8	—	133.1
*B*1	—	100	—	100	—	200	—	100	—	100	—	100	—	100	—	100
*C*1	—	100	100	100	200	200	100	100	100	100	100	100	100	100	100	100
*B*2	—	20	—	45.2	—	22.8	—	7.8	—	13.2	—	11.8	—	28.3	—	12.3
*C*2	48036	5	152297	15.9	35198	3.7	16429	1.7	19225	2.0	33223	3.5	144384	15.0	18206	1.9
*C*3	11701	5	23115	8.9	10184	4.4	4982	2.1	6916	3.0	5573	2.4	8494	3.6	6701	2.9
*C*4	9795	5	22165	11.3	11068	5.6	4969	2.5	7396	3.8	5373	2.7	9069	4.6	7474	3.8
*C*5	2085	5	3809	9.1	3802	9.1	617	1.5	1852	4.4	1346	3.2	2116	5.1	1533	3.7
*B*3	—	30	—	54.2	—	37.2	—	29.6	—	33.1	—	27.1	—	55.5	—	37.4
*C*6	4.58	6	9.40	12.3	6.39	8.4	5.06	6.6	8.03	10.5	3.50	4.7	10.32	13.5	6.32	8.3
*C*7	524.3	6	844.9	9.8	372.4	4.2	320.5	3.6	301.8	3.5	375.2	4.4	675.6	7.8	471.3	5.4
*C*8	18.2	6	34.3	11.4	28.8	9.6	9.9	3.3	6.1	2.1	16.9	5.7	23.1	7.7	12.9	4.4

续表

指标	全国		北京		天津		河北		山西		内蒙古		辽宁		吉林	
	实际值	指数/%	实际值	指数/%	实际值	指数/%	实际值	指数/%	实际值	指数/%	实际值	指数/%	实际值	指数/%	实际值	指数/%
*C*9	510	6	897	10.5	604	7.1	380	6.8	600	7.1	541	6.3	732	8.6	792	9.3
*C*10	1973	6	3346	10.2	2597	7.9	3070	9.3	3237	9.9	1972	6.0	5862	17.9	3308	10.0
*B*4	—	50	—	72.5	—	39.1	—	40.9	—	53.5	—	19.3	—	113.0	—	83.4
*C*11	194	5	347	8.9	194	4.2	195	5.0	238	6.1	160	4.1	226	5.8	236	6.1
*C*12	21.0	5	44.2	10.5	16.8	4.0	31.8	7.6	27.6	6.6	3.6	0.9	7.0	1.7	16.6	4.0
*C*13	216	10	528.6	24.4	151.1	7.0	268.5	12.4	212.5	9.8	61.3	2.8	341	15.8	148	6.8
*C*14	131	10	213.2	16.2	200.9	15.4	127.7	9.8	264.3	20.2	123.2	9.4	132.1	10.0	94.0	7.2
*C*15	392	5	251	3.2	95	1.2	32.3	4.1	452	5.8	104	1.3	418	5.3	96	1.2
*C*16	48	5	66.5	6.9	21.5	2.2	19.6	2.0	47.7	5.0	7.4	0.8	176.9	18.4	13.0	1.4
*C*17	3.9	5	0.15	0.2	1.45	1.9	—	—	—	—	—	—	18	23.1	21	26.9
*C*18	6.2	5	2.62	2.2	3.93	3.2	—	—	—	—	—	—	40.8	32.9	35.7	29.8

数据来源：根据《中国文化文物统计年鉴　2018》《中国图书馆年鉴　2018》中的相关统计数据整理。

表 2－2(b)　2017 年各省、自治区、直辖市省级公共图书馆发展水平指数

指标	黑龙江		上海		江苏		浙江		安徽		福建		江西		山东	
	实际值	指数/%	实际值	指数/%	实际值	指数/%	实际值	指数/%	实际值	指数/%	实际值	指数/%	实际值	指数/%	实际值	指数/%
A	—	83.8	—	431.6	—	202.7	—	192.4	—	68.5	—	180.0	—	79.9	—	91.0
*B*1	—	100	—	200	—	100	—	100	—	100	—	200	—	100	—	100
*C*1	100	100	200	200	100	100	100	100	100	100	200	200	100	100	100	100
*B*2	—	12.8	—	89.0	—	42.0	—	30.1	—	11.7	—	8.7	—	14.5	—	17.9
*C*2	32808	3.4	216244	22.5	115661	12.0	66396	6.9	24639	2.6	17674	1.8	17736	1.8	49470	5.1
*C*3	5953	2.5	81283	34.7	17131	7.3	12910	5.5	7151	3.1	4450	1.9	6526	2.8	9045	3.9
*C*4	6160	3.1	37838	19.3	19699	10.1	13967	7.1	7132	3.6	5147	2.6	7300	3.7	9096	4.6
*C*5	1579	3.8	5198	12.5	5250	12.6	4410	10.6	1008	2.4	993	2.4	2578	6.2	1794	4.3
*B*3	—	32.0	—	68.6	—	59.7	—	40.6	—	22.3	—	17.5	—	20.8	—	39.2
*C*6	3.39	4.5	6.69	8.7	10.30	13.5	5.70	7.5	3.69	4.8	2.11	2.7	2.25	3.0	4.49	5.9
*C*7	389.1	4.5	2833.3	32.4	1178.7	13.5	690.6	8.0	341.9	3.9	214.9	2.4	379.8	4.4	861.9	9.9
*C*8	18.0	6.0	31.0	10.4	39.9	13.4	33.0	11.0	13.9	4.7	9.2	3.0	15.5	5.1	32.4	10.8

续表

指标	黑龙江		上海		江苏		浙江		安徽		福建		江西		山东	
	实际值	指数/%	实际值	指数/%	实际值	指数/%	实际值	指数/%	实际值	指数/%	实际值	指数/%	实际值	指数/%	实际值	指数/%
*C*9	853	10.0	1163	13.6	1163	13.7	811	9.6	365	4.4	550	6.5	329	3.9	589	6.9
*C*10	2333	7.0	1158	3.5	1840	5.6	1500	4.5	1659	4.5	928	2.9	1411	4.4	1884	5.7
*B*4	—	39.0	—	58.2	—	101.0	—	121.7	—	34.5	—	63.8	—	44.6	—	33.9
*C*11	186	4.8	395	10.2	513	13.2	277	7.1	172	4.4	111	2.9	148	3.8	226	5.8
*C*12	24.1	5.7	43.8	10.4	71.8	17.1	6.1	1.5	22.5	5.4	54.7	13.0	29.0	6.9	5.8	1.4
*C*13	214.5	10.0	160.4	7.4	433.7	20.0	458.3	21.2	168.8	7.8	161.2	7.4	126.0	5.8	126.4	5.8
*C*14	96.3	7.4	342.0	26.2	145.8	11.2	167.6	12.8	150.0	11.4	192.3	14.6	106.2	8.2	108.7	8.2
*C*15	756	9.6	178	2.3	568	7.2	376	4.8	91	1.2	352	4.5	389	5.0	985	12.1
*C*16	14.7	1.5	16.2	1.7	152.3	15.9	50.5	5.3	16.4	1.7	76.9	8.0	143.4	14.9	5.8	0.6
*C*17	0	0	—	—	6.57	8.4	18.8	24.1	1.02	1.3	5.9	7.6	—	—	—	—
*C*18	0	0	—	—	9.86	8.0	55.7	44.9	1.55	1.3	7.2	5.8	—	—	—	—

数据来源：根据《中国文化文物统计年鉴　2018》《中国图书馆年鉴　2018》中的相关统计数据整理。

表 2－2(c)　2017 年各省、自治区、直辖市省级公共图书馆发展水平指数

指标	河南		湖北		湖南		广东		广西		海南		重庆		四川	
	实际值	指数/%	实际值	指数/%	实际值	指数/%	实际值	指数/%	实际值	指数/%	实际值	指数/%	实际值	指数/%	实际值	指数/%
A	—	138.8	—	172.6	—	130.6	—	319.8	—	195.3	—	71.3	—	107.6	—	73.0
*B*1	—	200	—	100	—	200	—	100	—	300	—	100	—	200	—	100
*C*1	200	200	100	100	200	200	100	100	300	300	100	100	200	200	100	100
*B*2	—	6.6	—	42.1	—	12.5	—	37.9	—	12.1	—	9.8	—	9.7	—	14.7
*C*2	10811	1.1	123147	12.8	12145	1.3	106257	11.1	18505	1.9	7120	0.7	13242	1.4	47246	4.9
*C*3	3518	1.5	14072	6.0	6547	2.8	16462	7.0	6188	2.6	5784	2.5	4772	2.0	8305	3.5
*C*4	3421	1.7	16311	8.3	5032	2.6	19685	10.0	5817	3.0	7798	4.0	5428	2.8	9350	4.8
*C*5	952	2.3	6246	15.0	2424	5.8	4077	9.8	1932	4.6	1094	2.6	1479	3.5	606	1.5
*B*3	—	14.4	—	63.6	—	15.7	—	76.9	—	17.8	—	19.0	—	17.7	—	30.2
*C*6	1.95	2.6	10.23	13.4	2.20	2.9	9.03	11.9	3.67	4.8	2.80	3.8	2.80	3.8	5.19	6.8
*C*7	198.6	2.3	801.4	9.2	298.3	3.5	884.5	10.2	238.2	2.7	164.9	2.0	227.0	2.6	538.5	6.2
*C*8	14.4	4.8	40.0	13.5	7.0	2.3	59.8	20.0	12.6	4.2	13.4	4.5	9.8	3.3	8.5	2.9

续表

指标	河南		湖北		湖南		广东		广西		海南		重庆		四川	
	实际值	指数/%	实际值	指数/%	实际值	指数/%	实际值	指数/%	实际值	指数/%	实际值	指数/%	实际值	指数/%	实际值	指数/%
*C*9	132	1.5	974	11.4	243	2.9	944	11.1	265	3.2	300	3.6	367	4.4	450	5.3
*C*10	1039	3.2	5293	16.1	1348	4.1	7780	23.7	914	2.9	1670	5.1	1189	3.6	2958	9.0
*B*4	—	48.4	—	66.9	—	37.1	—	205.0	—	35.2	—	42.5	—	26.4	—	28.1
*C*11	106	2.7	299	7.7	152	3.9	297	7.7	107	2.8	102	2.6	155	4.0	307	7.9
*C*12	6.6	1.6	32.0	7.6	18.1	4.3	55.7	13.3	12.3	2.9	12.4	3.0	17.7	4.2	3.3	0.8
*C*13	131.9	6.2	270.8	12.6	184.3	8.6	1182.8	54.8	171.1	8.0	337.2	15.6	159.4	7.4	197.9	9.2
*C*14	96.5	7.4	209.6	16.0	106.7	8.2	224.8	17.2	67.8	5.2	141.1	10.8	72.7	5.6	37.2	2.8
*C*15	501	6.4	220	2.8	334	4.3	4812	61.4	143	1.8	777	9.9	177	2.3	126	1.6
*C*16	11.5	1.2	52.0	5.4	62.4	6.5	396.5	41.3	50.4	5.3	5.4	0.6	23.6	2.5	55.6	5.8
*C*17	15.10	19.4	4.19	5.4	0.36	0.5	1.63	2.1	2.00	2.5	—	—	0.12	0.1	—	—
*C*18	4.40	3.5	11.64	9.4	0.94	0.8	8.95	7.2	8.26	6.7	—	—	0.33	0.3	—	—

数据来源：根据《中国文化文物统计年鉴　2018》《中国图书馆年鉴　2018》中的相关统计数据整理。

表 2－2(d)　2017 年各省、自治区、直辖市省级公共图书馆发展水平指数

指标	贵州		云南		西藏		陕西		甘肃		青海		宁夏		新疆	
	实际值	指数/%	实际值	指数/%	实际值	指数/%	实际值	指数/%	实际值	指数/%	实际值	指数/%	实际值	指数/%	实际值	指数/%
A	—	44.9	—	54.0	—	13.5	—	101.9	—	82.1	—	30.5	—	42.1	—	24.1
*B*1	—	100	—	100	—	100	—	100	—	100	—	100	—	100	—	100
*C*1	100	100	100	100	100	100	100	100	100	100	100	100	100	100	100	100
*B*2	—	8.8	—	9.8	—	5.4	—	17.2	—	23.7	—	11.2	—	6.6	—	14.5
*C*2	20643	2.1	30831	3.2	7981	0.8	54367	5.7	54522	5.7	13221	1.4	12389	1.3	39087	4.1
*C*3	5751	2.5	5578	2.4	4496	1.9	8780	3.8	12583	5.4	5587	2.4	3828	1.6	10558	4.5
*C*4	5502	2.8	5582	2.8	3896	2.0	9405	4.8	12055	6.2	4547	2.3	4789	2.4	10011	5.1
*C*5	575	1.4	584	1.4	277	0.7	1201	2.9	2689	6.4	2139	5.1	544	1.3	320	0.77
*B*3	—	22.7	—	19.0	—	5.9	—	28.7	—	29.9	—	10.4	—	13.6	—	4.9
*C*6	2.52	3.3	3.04	4.1	1.79	2.4	4.98	5.8	6.52	8.6	1.43	1.8	3.32	4.4	—	—
*C*7	232.8	2.7	344.2	3.9	49.8	0.6	506.8	5.9	451.4	5.1	173.6	2.0	216.8	2.6	248.8	2.9
*C*8	32.4	10.8	9.1	3.0	1.4	0.5	20.6	6.9	14.4	4.8	2.1	0.8	—	—	5.8	2.0

续表

指标	贵州		云南		西藏		陕西		甘肃		青海		宁夏		新疆	
	实际值	指数/%	实际值	指数/%	实际值	指数/%	实际值	指数/%	实际值	指数/%	实际值	指数/%	实际值	指数/%	实际值	指数/%
*C*9	220	2.6	328	3.9	127	1.5	446	5.3	563	6.6	190	2.3	180	2.1	—	—
*C*10	1092	3.3	1324	4.1	300	0.9	1597	4.8	1576	4.8	1152	3.5	1500	4.5	—	—
*B*4	—	13.4	—	25.2	—	2.2	—	56.0	—	28.5	—	8.9	—	21.9	—	4.7
*C*11	152	3.9	184	4.7	53	1.4	193	5.0	220	5.7	135	3.5	134	3.5	89	2.3
*C*12	7.8	1.9	10.2	2.4	0.6	0.1	10.7	2.5	14.4	3.4	5.3	1.3	6.3	1.5	5.3	1.3
*C*13	54.0	2.6	206.7	9.6	3.0	0.14	298.7	13.8	179.4	8.4	48.0	2.2	153.0	7.0	6.3	0.4
*C*14	36.0	2.8	56.6	4.4	0.6	0.04	213.8	16.4	101.9	7.8	11.4	1.6	104.1	8.0	5.8	0.4
*C*15	80	1.0	139	1.8	41	0.5	328	4.2	123	1.6	40	0.5	104	1.3	19	0.2
*C*16	3.1	0.3	21.9	2.3	0.23	0.03	33.7	3.5	8.3	0.9	1.4	0.2	5.4	0.6	0.9	0.1
*C*17	0.46	0.6	—	—	—	—	4.57	5.9	0.36	0.3	—	—	—	—	—	—
*C*18	0.37	0.3	—	—	—	—	5.79	4.7	0.55	0.4	—	—	—	—	—	—

数据来源：根据《中国文化文物统计年鉴　2018》《中国图书馆年鉴　2018》中的相关统计数据整理。

2.1.1.3 2018 年黑龙江省省级公共图书馆发展水平指数

经测算,2018 年,黑龙江省的省级公共图书馆发展水平指数为 83.2%。其他各省、自治区、直辖市的具体情况是:北京市为 175.3%,天津市为 192.4%,河北省为 89.7%,山西省为 88.5%,内蒙古自治区为 56.7%,辽宁省为 149.5%,吉林省为 143.3%,上海市为 467.0%,江苏省为 185.9%,浙江省为 174.3%,安徽省为 65.4%,福建省为 174.8%,江西省为 178.3%,山东省为 123.3%,河南省为 71.8%,湖北省为 173.7%,湖南省为 135.0%,广东省为 230.1%,广西壮族自治区为 187.5%,海南省为 95.9%,重庆市为 136.8%,四川省为 84.2%,贵州省为 46.7%,云南省为 79.3%,西藏自治区为 12.7%,陕西省为 94.9%,甘肃省为 75.2%,青海省为 27.9%,宁夏回族自治区为 70.9%,新疆维吾尔自治区为 24.9%。(见表 2-3)

表 2－3(a)　2018 年各省、自治区、直辖市省级公共图书馆发展水平指数

指标	全国		北京		天津		河北		山西		内蒙古		辽宁		吉林	
	实际值	指数/%	实际值	指数/%	实际值	指数/%	实际值	指数/%	实际值	指数/%	实际值	指数/%	实际值	指数/%	实际值	指数/%
A	—	100	—	175.3	—	192.4	—	89.7	—	88.5	—	56.7	—	149.5	—	143.3
*B*1	—	100	—	100	—	200	—	100	—	100	—	100	—	100	—	100
*C*1	—	100	100	100	200	200	100	100	100	100	100	100	100	100	100	100
*B*2	—	20	—	46.8	—	18.5	—	11.8	—	19.5	—	13.4	—	27.1	—	13.2
*C*2	52932	5	156668	14.8	37031	3.5	21799	2.1	57931	5.5	34224	3.2	145836	13.8	19794	1.9
*C*3	10879	5	25295	11.6	10044	4.6	6783	3.1	7957	3.7	7155	3.3	10772	5.0	7724	3.5
*C*4	12410	5	22938	9.2	9636	3.9	6827	2.8	7326	3.0	7242	2.9	10918	4.4	7843	3.2
*C*5	1819	5	4067	11.2	2380	6.5	1385	3.8	2647	7.3	1469	4.0	1420	3.9	1664	4.6
*B*3	—	30	—	55.5	—	40.5	—	30.4	—	33.9	—	25.0	—	58.1	—	39.3
*C*6	4.61	6	9.40	12.2	6.39	8.3	5.06	6.6	8.03	10.5	3.50	4.6	10.32	13.4	6.30	8.2
*C*7	541.6	6	879.6	9.7	407.9	4.5	331.6	3.7	307.9	3.4	385.4	4.3	703.3	7.8	487.6	5.4
*C*8	16.7	6	34.7	12.5	35.5	12.7	11.1	4.0	6.1	2.2	10.2	3.7	27.7	10.0	16.3	5.9

续表

指标	全国		北京		天津		河北		山西		内蒙古		辽宁		吉林	
	实际值	指数/%	实际值	指数/%	实际值	指数/%	实际值	指数/%	实际值	指数/%	实际值	指数/%	实际值	指数/%	实际值	指数/%
*C*9	490	6	897	11.0	605	7.4	550	6.7	600	7.3	566	6.9	732	9.0	792	9.7
*C*10	1970	6	3306	10.1	2509	7.6	3070	9.4	3437	10.5	1792	5.5	5862	17.9	3308	10.1
*B*4	—	50	—	73.0	—	37.2	—	47.5	—	35.1	—	18.3	—	64.3	—	90.8
*C*11	193	5	345	8.9	162	4.2	215	5.6	234	6.1	163	4.2	238	6.2	231	6.0
*C*12	22.7	5	53.0	11.7	22.5	5.0	34.7	7.6	30.8	6.8	4.5	1.0	6.7	1.5	17.4	3.8
*C*13	232	10	509	21.9	133	5.7	227	9.8	121	5.2	63	2.7	371	1.6	135	5.8
*C*14	134	10	209	15.6	170	12.8	127	9.5	149	11.2	127	9.5	139	10.4	136	10.2
*C*15	337	5	273	4.1	146	2.2	359	5.3	263	3.9	50	0.7	744	11.1	120	1.8
*C*16	49	5	70	7.2	66	6.8	7	0.7	19	1.9	2	0.2	231	23.6	14	1.4
*C*17	2.8	5	0.03	0.05	0.13	0.2	4.0	7.1	—	—	—	—	2.1	3.7	18.8	33.5
*C*18	5.4	5	3.7	3.5	0.3	0.3	2.0	1.9	—	—	—	—	6.7	6.2	30.6	28.3

数据来源：根据《中国文化和旅游统计年鉴　2019》《中国图书馆年鉴　2019》中的相关统计数据整理。

表 2-3(b)　2018 年各省、自治区、直辖市省级公共图书馆发展水平指数

指标	黑龙江		上海		江苏		浙江		安徽		福建		江西		山东	
	实际值	指数/%	实际值	指数/%	实际值	指数/%	实际值	指数/%	实际值	指数/%	实际值	指数/%	实际值	指数/%	实际值	指数/%
A	—	83.2	—	467.0	—	185.9	—	174.3	—	65.4	—	174.8	—	178.3	—	123.3
B1	—	100	—	200	—	100	—	100	—	100	—	200	—	100	—	100
C1	100	100	200	200	100	100	100	100	100	100	200	200	100	100	100	100
B2	—	12.0	—	97.0	—	39.7	—	28.4	—	11.6	—	7.8	—	14.4	—	16.6
C2	36973	3.5	245672	23.2	119277	11.3	69278	6.5	27346	2.6	138631	1.3	21133	2.0	51098	4.8
C3	6028	2.8	50639	23.3	21834	10.0	12861	5.9	8132	3.7	4330	2.0	7518	3.5	8893	4.1
C4	6224	2.5	81780	33.0	21806	8.8	13148	5.3	6265	2.5	4497	1.8	7161	2.9	9088	3.7
C5	1159	3.2	6374	17.5	3487	9.6	3900	10.7	1020	2.8	986	2.7	2194	6.0	1442	4.0
B3	—	29.3	—	70.6	—	58.4	—	39.0	—	20.7	—	18.8	—	15.9	—	38.1
C6	3.39	4.4	6.70	8.7	10.30	13.4	5.7	7.4	3.69	4.8	2.11	2.7	2.25	2.9	6.08	7.9
C7	405.5	4.5	2867.7	31.8	1211.6	13.4	705.1	7.8	352.3	3.9	226.2	2.5	382.7	4.2	885.8	9.8
C8	16.4	5.9	34.4	12.4	32.9	11.8	26.5	9.5	10.4	3.7	11.3	4.1	2.9	1.0	23.9	8.6

续表

指标	黑龙江		上海		江苏		浙江		安徽		福建		江西		山东	
	实际值	指数/%	实际值	指数/%	实际值	指数/%	实际值	指数/%	实际值	指数/%	实际值	指数/%	实际值	指数/%	实际值	指数/%
*C*9	606	7.4	1162	14.2	1160	14.2	716	8.8	263	3.2	551	6.7	286	3.5	589	7.2
*C*10	2333	7.1	1140	3.5	1840	5.6	1800	5.5	1659	5.1	928	2.8	1411	4.3	1500	4.6
*B*4	—	41.9	—	65.9	—	87.8	—	106.9	—	33.1	—	60.8	—	148.0	—	68.6
*C*11	180	4.7	400	10.3	524	13.6	220	5.7	178	4.6	113	2.9	143	3.7	222	5.8
*C*12	17.0	3.8	42.9	9.4	79.5	17.5	9.2	2.0	22.9	5.0	59.3	13.1	24.5	5.4	2.9	0.6
*C*13	221.0	9.5	186	8.0	327	14.1	1061	45.7	168	7.2	155	6.7	42	1.8	193	8.3
*C*14	88	6.6	336	25.2	229	17.2	174	13.0	130	9.8	184	13.8	28	2.1	113	8.5
*C*15	640	9.5	180	2.7	510	7.6	429	6.4	345	5.1	283	4.2	390	5.8	1976	29.4
*C*16	76	7.8	31	3.1	51	5.2	334	34.1	13	1.4	16	1.5	144	14.7	16	1.7
*C*17	0	0	2.1	3.8	3.9	6.9	—	—	—	—	2.1	3.8	37.6	67.1	4.6	8.1
*C*18	0	0	3.6	3.4	6.1	5.7	—	—	—	—	16.0	14.8	51.2	47.4	6.7	6.2

数据来源：根据《中国文化和旅游统计年鉴　2019》《中国图书馆年鉴　2019》中的相关统计数据整理。

表 2－3(c)　2018 年各省、自治区、直辖市省级公共图书馆发展水平指数

指标	河南		湖北		湖南		广东		广西		海南		重庆		四川	
	实际值	指数/%	实际值	指数/%	实际值	指数/%	实际值	指数/%	实际值	指数/%	实际值	指数/%	实际值	指数/%	实际值	指数/%
A	—	71.8	—	173.7	—	135.0	—	230.1	—	187.5	—	95.9	—	136.8	—	84.2
*B*1	—	200	—	100	—	200	—	100	—	300	—	100	—	200	—	100
*C*1	200	200	100	100	200	200	100	100	300	300	100	100	200	200	100	100
*B*2	—	5.4	—	40.3	—	10.8	—	35.8	—	9.7	—	11.0	—	9.0	—	21.4
*C*2	11564	1.1	128998	12.2	12324	1.2	113420	10.7	19163	1.8	14095	1.3	14633	1.4	48258	4.6
*C*3	3364	1.5	16361	7.5	6493	3.0	23222	10.7	4290	2.9	8682	4.0	5381	2.5	14855	6.8
*C*4	3363	1.4	16623	6.7	5800	2.3	18521	7.5	5033	2.0	8604	3.5	5283	2.1	15826	6.4
*C*5	508	1.4	5065	13.9	1581	4.3	2519	6.9	1085	3.0	796	2.2	1089	3.0	1314	3.6
*B*3	—	11.1	—	64.1	—	18.1	—	65.5	—	19.2	—	20.4	—	16.4	—	34.2
*C*6	1.95	2.5	10.23	13.3	2.20	2.9	9.03	11.8	3.54	4.6	2.80	3.6	2.81	3.7	5.19	6.8
*C*7	202.9	2.2	838.2	9.3	307.4	3.4	908.3	10.0	267.2	3.0	184.1	2.0	238.1	2.6	555.5	6.2
*C*8	4.4	1.6	37.5	13.5	12.5	4.5	23.8	8.6	15.1	5.4	19.2	6.9	11.7	4.2	17.0	6.1

续表

指标	河南		湖北		湖南		广东		广西		海南		重庆		四川	
	实际值	指数/%	实际值	指数/%	实际值	指数/%	实际值	指数/%	实际值	指数/%	实际值	指数/%	实际值	指数/%	实际值	指数/%
*C*9	133	1.6	974	11.9	245	3.0	932	11.4	272	3.3	232	2.8	191	2.3	500	6.1
*C*10	1039	3.2	5293	16.1	1413	4.3	7790	23.7	947	2.9	1670	5.1	1190	3.6	2958	9.0
*B*4	—	19.4	—	69.3	—	38.6	—	128.8	—	33.6	—	64.5	—	43.0	—	28.6
*C*11	106	2.7	299	7.7	143	3.7	296	7.7	110	2.8	100	2.6	161	4.2	298	7.7
*C*12	7.7	1.7	40.3	8.9	18.8	4.2	62.0	13.7	13.6	3.0	19.3	4.2	20.3	4.5	13.4	3.0
*C*13	109	4.7	366	15.8	187	8.0	1242	53.5	183	7.9	367	15.8	144	6.2	189	8.1
*C*14	92	6.9	213	16.0	113	8.5	354	26.5	65	4.9	121	9.0	64	4.5	40	3.0
*C*15	176	2.6	183	2.7	394	5.9	451	6.7	236	3.5	1889	28.1	218	3.2	92	1.4
*C*16	8	0.8	35	3.5	72	7.4	203	20.7	52	5.3	26	2.6	9	1.0	52	5.3
*C*17	0.005	0.009	3.8	6.9	0.3	0.5	—	—	1.8	3.1	0.5	0.8	4.5	8.0	0.01	0.02
*C*18	0.03	0.028	8.5	7.8	0.4	0.4	—	—	3.3	3.1	1.6	1.4	12.3	11.4	0.04	0.04

数据来源：根据《中国文化和旅游统计年鉴　2019》《中国图书馆年鉴　2019》中的相关统计数据整理。

表 2－3(d)　2018 年各省、自治区、直辖市省级公共图书馆发展水平指数

指标	贵州		云南		西藏		陕西		甘肃		青海		宁夏		新疆	
	实际值	指数/%	实际值	指数/%	实际值	指数/%	实际值	指数/%	实际值	指数/%	实际值	指数/%	实际值	指数/%	实际值	指数/%
A	—	46.7	—	79.3	—	12.7	—	94.9	—	75.2	—	27.9	—	70.9	—	24.9
*B*1	—	100	—	100	—	100	—	100	—	100	—	100	—	100	—	100
*C*1	100	100	100	100	100	100	100	100	100	100	100	100	100	100	100	100
*B*2	—	10.1	—	11.3	—	4.2	—	19.3	—	16.5	—	8.5	—	10.0	—	14.1
*C*2	20898	2.0	28435	2.7	8216	0.8	65270	6.2	57178	5.4	11256	1.1	35552	3.4	43742	4.1
*C*3	7532	3.5	7482	3.4	3346	1.5	10983	5.0	7239	3.3	4410	2.0	5289	2.4	10554	4.9
*C*4	8029	3.2	7638	3.1	3378	1.4	11772	4.7	8656	3.5	7169	2.9	4833	1.9	10320	4.2
*C*5	502	1.4	750	2.1	200	0.5	1244	3.4	1552	4.3	905	2.5	842	2.3	318	0.9
*B*3	—	14.7	—	20.6	—	6.1	—	29.2	—	25.3	—	11.0	—	20.8	—	6.4
*C*6	2.52	3.3	3.04	4.0	1.79	2.3	4.98	6.5	6.52	8.5	1.43	1.9	3.32	4.3	—	—
*C*7	240.9	2.7	354.9	3.9	52.2	0.6	525.2	5.8	456.6	5.1	175.7	1.9	233.2	2.6	258.4	2.9
*C*8	7.5	2.7	10.7	3.8	1.9	0.7	18.0	6.5	5.2	1.9	2.2	0.8	16.4	5.9	9.6	3.5

续表

指标	贵州		云南		西藏		陕西		甘肃		青海		宁夏		新疆	
	实际值	指数/%	实际值	指数/%	实际值	指数/%	实际值	指数/%	实际值	指数/%	实际值	指数/%	实际值	指数/%	实际值	指数/%
*C*9	220	2.7	400	4.9	127	1.6	448	5.5	405	5.0	240	2.9	277	3.4	—	—
*C*10	1092	3.3	1324	4.0	300	0.9	1597	4.9	1576	4.8	1152	3.5	1500	4.6	—	—
*B*4	—	21.9	—	47.4	—	2.4	—	46.4	—	33.4	—	8.4	—	40.1	—	4.4
*C*11	148	3.8	182	4.7	50	1.3	206	5.3	212	5.5	135	3.5	131	3.4	91	2.4
*C*12	8.6	1.9	11.0	2.4	0.6	0.1	9.6	2.1	15.3	3.4	5.7	1.2	6.9	1.5	5.4	1.2
*C*13	48	2.1	392	16.9	12	0.5	260	11.2	177	7.6	50	2.2	143	6.2	4	0.2
*C*14	31	2.3	249	18.6	1	0.1	226	16.9	106	7.9	10	0.7	91	6.8	3	0.2
*C*15	110	1.6	157	2.3	27	0.4	358	5.3	160	2.4	40	0.6	39	0.6	23	0.3
*C*16	2	0.2	24	2.5	0.03	0.003	31	3.2	11	1.1	1.6	0.2	2.4	0.25	0.6	0.07
*C*17	3	5.4	—	—	—	—	0.7	1.2	1.2	2.1	—	—	6.8	12.1	—	—
*C*18	5.0	4.6	—	—	—	—	1.3	1.2	3.7	3.4	—	—	9.9	9.2	—	—

数据来源：根据《中国文化和旅游统计年鉴　2019》《中国图书馆年鉴　2019》中的相关统计数据整理。

2.1.1.4 黑龙江省省级公共图书馆发展水平指数2016年、2017年、2018年比较

2017年同2016年相比,黑龙江省省级公共图书馆发展水平指数A下降了11.2个百分点,其中公共图书馆覆盖水平指数B1持平,公共图书馆投入水平指数B2下降了1.8个百分点,公共图书馆设施水平指数B3上升了3.1个百分点,公共图书馆服务水平指数B4下降了12.5个百分点。具体分析,公共图书馆覆盖率指数C1持平,馆均资产指数C2下降了0.5个百分点,馆均年收入指数C3下降了1.1个百分点,馆均年支出指数C4下降了0.5个百分点,馆均年各种设备购置费指数C5上升了0.3个百分点,馆均建筑面积指数C6持平,馆均总藏量指数C7上升了0.1个百分点,馆均年新购藏量指数C8下降了0.3个百分点,馆均计算机台数指数C9上升了1.9个百分点,馆均阅览室座席数指数C10上升了1.4个百分点,馆均从业人员指数C11持平,馆均累计发放有效借书证数指数C12下降了0.3个百分点,馆均年流通人次指数C13上升了1.0个百分点,馆均年书刊外借册次指数C14上升了3.8个百分点,馆均年举办讲座展览培训次数指数C15上升了1.7个百分点,馆均年举办讲座展览培训参加人次指数C16下降了2.0个百分点,馆均年流动图书馆车书刊借阅人次指数C17下降了11.3个百分点,馆均年流动图书馆车书刊借阅册次指数C18下降了5.4个百分点。黑龙江省省级公共图书馆发展水平指数2017年比2016年下降,根本问题出在流动图书馆车书刊借阅服务上,由于2017年黑龙江省省级公共图书馆没有开展流动图书馆车书刊借阅服务,所以2017年公共图书馆发展水平指数下降幅度较大。如果排除这两个因素,2017年黑龙江省省级公共图书馆发展水平指数实际上比2016年下降幅度较小。

2018年同2017年相比,黑龙江省省级公共图书馆发展水平指数A下降了0.6个百分点,其中公共图书馆覆盖水平指数B1持平,公共图书馆投入水平指数B2下降了0.8个百分点,公共图书馆设施水平指数B3下降了2.7个百分点,公共图书馆服务水平指数B4上升了2.9个百分点。具体分析,公共图书馆覆盖率指数C1持平,馆均资产指数C2上升了0.1个百分点,馆

均年收入指数 C3 上升了 0.3 个百分点，馆均年支出指数 C4 下降了 0.6 个百分点，馆均年各种设备购置费指数 C5 下降了 0.6 个百分点，馆均建筑面积指数 C6 下降了 0.1 个百分点，馆均总藏量指数 C7 持平，馆均年新购藏量指数 C8 下降了 0.1 个百分点，馆均计算机台数指数 C9 下降了 2.6 个百分点，馆均阅览室座席数指数 C10 上升了 0.1 个百分点，馆均从业人员指数 C11 下降了 0.1 个百分点，馆均累计发放有效借书证数指数 C12 下降了 1.9 个百分点，馆均年流通人次指数 C13 下降了 0.5 个百分点，馆均年书刊外借册次指数 C14 下降了 0.8 个百分点，馆均年举办讲座展览培训次数指数 C15 下降了 0.1 个百分点，馆均年举办讲座展览培训参加人次指数 C16 上升了 6.3 个百分点，馆均年流动图书馆车书刊借阅人次指数 C17 持平，馆均年流动图书馆车书刊借阅册次指数 C18 持平。（见图 2－1 和表2－4）

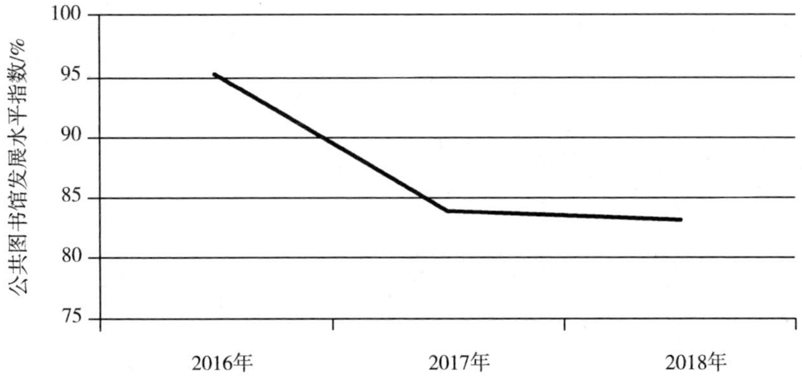

图 2－1　2016 年、2017 年、2018 年黑龙江省省级公共图书馆发展水平指数比较

表 2－4　2016 年、2017 年、2018 年黑龙江省省级公共图书馆发展水平指数比较

指标	2016 年		2017 年				2018 年			
	实际值	指数/%	实际值	2017 年实际值比2016 年实际值	指数/%	2017 年指数比2016 年指数/%	实际值	2018 年实际值比2017 年实际值	指数/%	2018 年指数比2017 年指数/%
A	—	95.0	—	—	83.8	-11.2	—	—	83.2	-0.6
*B*1	—	100	—	—	100	0	—	—	100	0
*C*1	100	100	100	0	100	0	100	0	100	0
*B*2	—	14.6	—	—	12.8	-1.8	—	—	12.0	-0.8
*C*2	31973	3.9	32808	+835	3.4	-0.5	36973	+4165	3.5	+0.1
*C*3	6357	3.6	5953	-404	2.5	-1.1	6028	+75	2.8	+0.3
*C*4	5948	3.6	6160	+212	3.1	-0.5	6224	+64	2.5	-0.6
*C*5	1415	3.5	1579	+164	3.8	+0.3	1159	-420	3.2	-0.6
*B*3	—	28.9	—	—	32.0	+3.1	—	—	29.3	-2.7
*C*6	3.39	4.5	3.39	0	4.5	0	3.39	0	4.4	-0.1
*C*7	371.0	4.4	389.1	+18.1	4.5	+0.1	405.5	+16.4	4.5	0
*C*8	20.0	6.3	18.0	-2.0	6.0	-0.3	16.4	-1.6	5.9	-0.1

续表

指标	2016 年		2017 年				2018 年			
	实际值	指数/%	实际值	2017 年实际值比2016 年实际值	指数/%	2017 年指数比2016 年指数/%	实际值	2018 年实际值比2017 年实际值	指数/%	2018 年指数比2017 年指数/%
*C*9	697	8.1	853	+156	10.0	+1.9	606	-247	7.4	-2.6
*C*10	1782	5.6	2333	+551	7.0	+1.4	2333	0	7.1	+0.1
*B*4	—	51.5	—	—	39.0	-12.5	—	—	41.9	+2.9
*C*11	193	4.8	186	-7	4.8	0	180	-6	4.7	-0.1
*C*12	22.8	6.0	24.1	+1.3	5.7	-0.3	17.0	-7.1	3.8	-1.9
*C*13	220.2	9.0	214.5	-5.7	10.0	+1.0	221.0	+6.5	9.5	-0.5
*C*14	103.1	3.6	96.3	-6.8	7.4	+3.8	88	-8.3	6.6	-0.8
*C*15	680	7.9	756	+76	9.6	+1.7	640	-116	9.5	-0.1
*C*16	24.3	3.5	14.7	-9.6	1.5	-2.0	76	+61.3	7.8	+6.3
*C*17	16.7	11.3	—	-16.7	0	-11.3	0		—	
*C*18	10.4	5.4	—	-10.4	0	-5.4	—		—	

数据来源：根据《中国文化文物统计年鉴》（2017 年、2018 年）、《中国文化和旅游统计年鉴　2019》、《中国图书馆年鉴》（2017 年、2018 年、2019 年）中的相关统计数据整理。

2.1.2 黑龙江省省级公共图书馆发展水平位次

2.1.2.1 2016 年黑龙江省省级公共图书馆发展水平位次

根据以上计算得出的数据,将2016年各省、自治区、直辖市省级公共图书馆发展水平进行排位,其中,黑龙江省省级公共图书馆发展水平排在第17位。各省、自治区、直辖市省级公共图书馆发展水平排位由高到低依次为:上海市(第1位)、广东省(第2位)、江苏省(第3位)、福建省(第4位)、广西壮族自治区(第5位)、北京市(第6位)、天津市(第7位)、湖北省(第8位)、江西省(第9位)、辽宁省(第10位)、重庆市(第11位)、吉林省(第12位)、湖南省(第13位)、陕西省(第14位)、浙江省(第15位)、山东省(第16位)、黑龙江省(第17位)、四川省(第18位)、山西省(第19位)、河北省(第20位)、云南省(第21位)、甘肃省(第22位)、内蒙古自治区(第23位)、河南省(第24位)、安徽省(第25位)、海南省(第26位)、贵州省(第27位)、宁夏回族自治区(第28位)、新疆维吾尔自治区(第29位)、青海省(第30位)、西藏自治区(第31位)。(见图2-2)

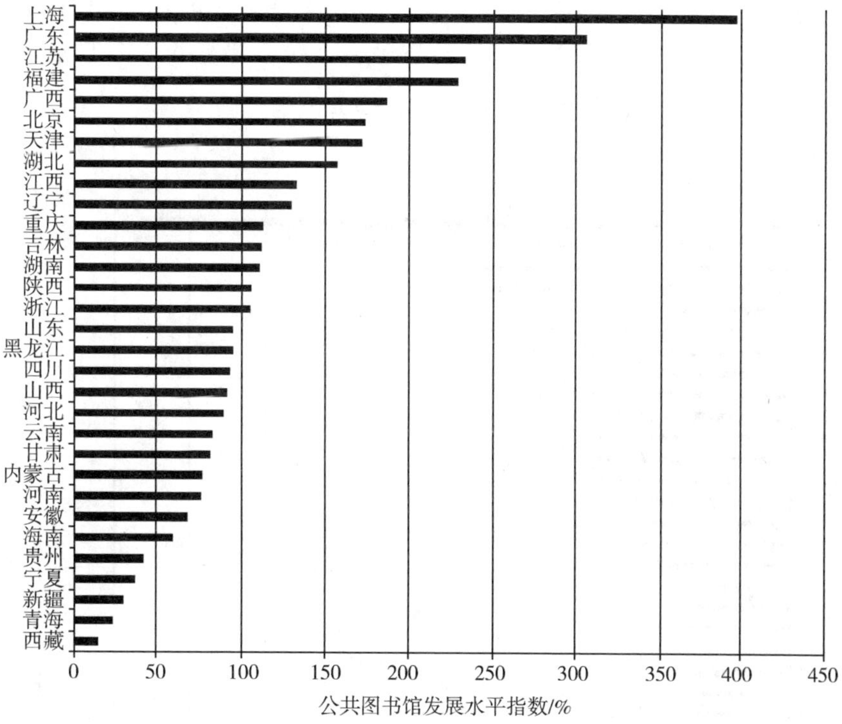

图 2－2　2016 年各省、自治区、直辖市省级公共图书馆发展水平位次

2.1.2.2　2017 年黑龙江省省级公共图书馆发展水平位次

根据以上计算得出的数据，将 2017 年各省、自治区、直辖市省级公共图书馆发展水平进行排位，其中，黑龙江省省级公共图书馆发展水平排在第 18 位。各省、自治区、直辖市省级公共图书馆发展水平排位由高到低依次为：上海市（第 1 位）、广东省（第 2 位）、江苏省（第 3 位）、天津市（第 4 位）、辽宁省（第 5 位）、广西壮族自治区（第 6 位）、浙江省（第 7 位）、福建省（第 8 位）、湖北省（第 9 位）、北京市（第 10 位）、河南省（第 11 位）、吉林省（第 12 位）、湖南省（第 13 位）、重庆市（第 14 位）、陕西省（第 15 位）、山西省（第 16 位）、山东省（第 17 位）、黑龙江省（第 18 位）、甘肃省（第 19 位）、江西省（第 20 位）、河北省（第 21 位）、四川省（第 22 位）、海南省（第 23 位）、安徽省（第24位）、内蒙古自治区（第25位）、云南省（第26位）、贵州省（第27位）、宁夏回族自治区（第28位）、青海省（第29位）、新疆维吾尔自治区（第30位）、西藏自治区（第31位）。（见图2－3）

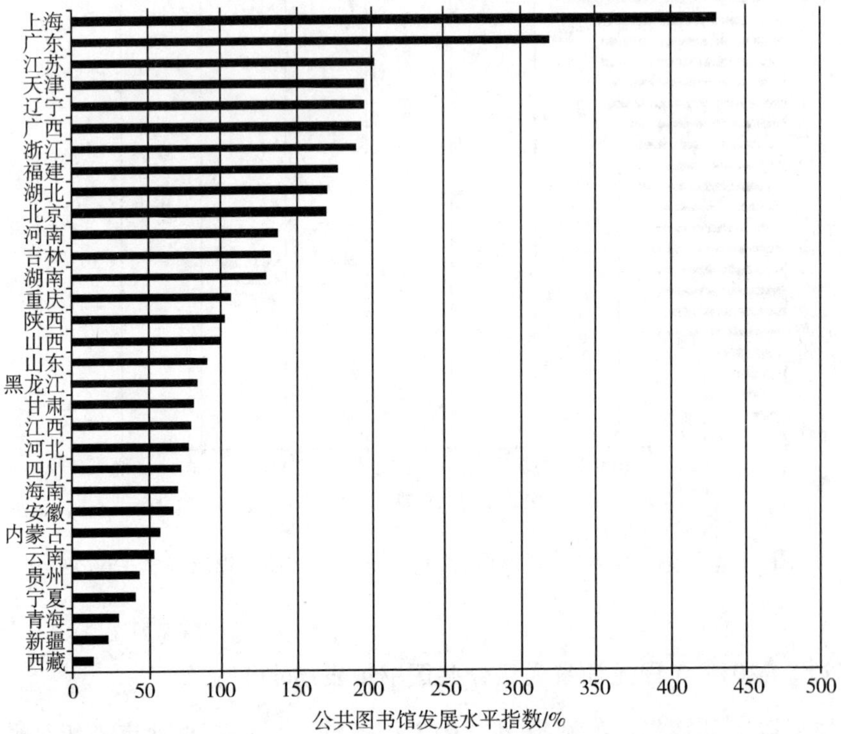

图2－3　2017年各省、自治区、直辖市省级公共图书馆发展水平位次

2.1.2.3　2018年黑龙江省省级公共图书馆发展水平位次

根据以上计算得出的数据，将2018年各省、自治区、直辖市省级公共图书馆发展水平进行排位，其中，黑龙江省省级公共图书馆发展水平排在第21位。各省、自治区、直辖市省级公共图书馆发展水平位次由高到低依次为：上海市（第1位）、广东省（第2位）、天津市（第3位）、广西壮族自治区（第4位）、江苏省（第5位）、江西省（第6位）、福建省（第7位）、北京市（第8

位)、浙江省(第 9 位)、湖北省(第 10 位)、辽宁省(第 11 位)、吉林省(第 12 位)、重庆市(第 13 位)、湖南省(第 14 位)、山东省(第 15 位)、海南省(第 16 位)、陕西省(第 17 位)、河北省(第 18 位)、山西省(第 19 位)、四川省(第 20 位)、黑龙江省(第 21 位)、云南省(第 22 位)、甘肃省(第 23 位)、河南省(第 24 位)、宁夏回族自治区(第 25 位)、安徽省(第 26 位)、内蒙古自治区(第 27 位)、贵州省(第 28 位)、青海省(第 29 位)、新疆维吾尔自治区(第 30 位)、西藏自治区(第 31 位)。(见图 2-4)

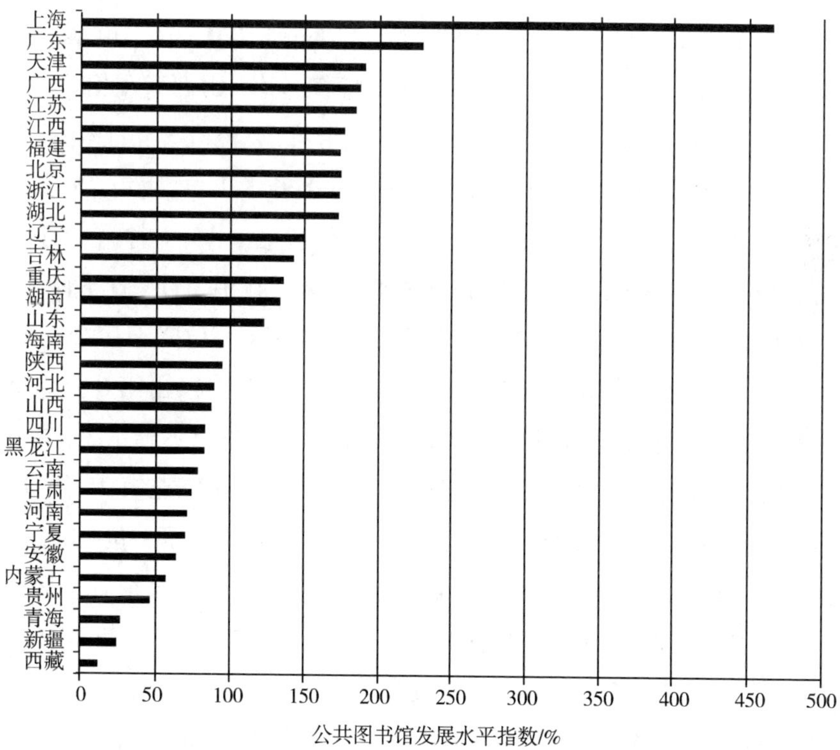

图 2-4　2018 年各省、自治区、直辖市省级公共图书馆发展水平位次

2.1.2.4 黑龙江省省级公共图书馆发展水平位次 2016 年、2017 年、2018 年比较

2017 年,黑龙江省省级公共图书馆发展水平位次由 2016 年第 17 位下降到了第 18 位,下降了 1 位。其他省、自治区、直辖市省级公共图书馆发展水平位次变化的具体情况是:上海市、广东省、江苏省、吉林省、湖南省、贵州省、宁夏回族自治区、西藏自治区 8 个省、自治区、直辖市的省级公共图书馆发展水平位次保持不变,依旧分别排名为第 1 位、第 2 位、第 3 位、第 12 位、第 13 位、第 27 位、第 28 位、第 31 位。9 个省、直辖市的省级公共图书馆发展水平位次有所上升。其中,河南省上升了 13 位,由第 24 位升至第 11 位;浙江省上升了 8 位,由第 15 位升至第 7 位;天津市上升了 3 位,由第 7 位升至第 4 位;辽宁省上升了 5 位,由第 10 位升至第 5 位;山西省上升了 3 位,由第 19 位升至第 16 位;甘肃省上升了 3 位,由第 22 位升至第 19 位;海南省上升了 3 位,由第 26 位升至第 23 位;安徽省上升了 1 位,由第 25 位升至第 24 位;青海省上升了 1 位,由第 30 位升至第 29 位。13 个省、自治区、直辖市的省级公共图书馆发展水平位次有所下降。其中,江西省下降了 11 位,由第 9 位降至第 20 位;云南省下降了 5 位,由第 21 位降至第 26 位;福建省下降了 4 位,由第 4 位降至第 8 位;北京市下降了 4 位,由第 6 位降至第 10 位;四川省下降了 4 位,由第 18 位降至第 22 位;重庆市下降了 3 位,由第 11 位降至第 14 位;内蒙古自治区下降了 2 位,由第 23 位降至第 25 位;广西壮族自治区下降了 1 位,由第 5 位降至第 6 位;湖北省下降了 1 位,由第 8 位降至第 9 位;陕西省下降了 1 位,由第 14 位降至第 15 位;山东省下降了 1 位,由第 16 位降至第 17 位;河北省下降了 1 位,由第 20 位降至第 21 位;新疆维吾尔自治区下降了 1 位,由第 29 位降至第 30 位。

2018 年,黑龙江省省级公共图书馆发展水平位次由 2017 年第 18 位下降到了第 21 位,下降了 3 位。其他省、自治区、直辖市省级公共图书馆发展水平位次变化的具体情况是:上海市、广东省、吉林省、青海省、新疆维吾尔自治区、西藏自治区 6 个省、自治区、直辖市的省级公共图书馆发展水平位次保持不变,依旧分别排名为第 1 位、第 2 位、第 12 位、第 29 位、第 30 位、

第31位。12个省、自治区、直辖市的省级公共图书馆发展水平位次有所上升。其中,江西省上升了14位,由第20位升至为第6位;海南省上升了7位,由第23位升至第16位;云南省上升了4位,由第26位升至第22位;河北省上升了3位,由第21位升至第18位;宁夏回族自治区上升了3位,由第28位升至第25位;广西壮族自治区上升了2位,由第6位升至第4位;北京市上升了2位,由第10位升至第8位;山东省上升了2位,由第17位升至第15位;四川省上升了2位,由第22位升至第20位;天津市上升了1位,由第4位升至第3位;福建省上升了1位,由第8位升至第7位;重庆市上升了1位,由第14位升至第13位。12个省、自治区的省级公共图书馆发展水平位次有所下降。其中,河南省下降了13位,由第11位降至第24位;辽宁省下降了6位,由第5位降至第11位;甘肃省下降了4位,由第19位降至第23位;山西省下降了3位,由第16位降至第19位;江苏省下降了2位,由第3位降至第5位;浙江省下降了2位,由第7位降至第9位;陕西省下降了2位,由第15位降至第17位;安徽省下降了2位,由第24位降至第26位;内蒙古自治区下降了2位,由第25位降至第27位;湖北省下降了1位,由第9位降至第10位;湖南省下降了1位,由第13位降至第14位;贵州省下降了1位,由第27位降至第28位。

2.1.3 黑龙江省省级公共图书馆发展水平层次

省级公共图书馆发展水平分为“很高”“较高”“一般”“较低”“很低”五个层次。省级公共图书馆发展水平指数在150%以上的为“很高”,“100%—150%”的为“较高”,“80%—100%”的为“一般”,“60%—80%”的为“较低”,“60%”以下的为“很低”。

2.1.3.1 2016年黑龙江省省级公共图书馆发展水平层次

2016年黑龙江省省级公共图书馆发展水平层次为“一般”。各省、自治区、直辖市的具体情况是:上海市、广东省、江苏省、福建省、广西壮族自治区、北京市、天津市、湖北省8个省、自治区、直辖市的省级公共图书馆发展水平层次为“很高”;江西省、辽宁省、重庆市、吉林省、湖南省、陕西省、浙江省7个省、直辖市的省级公共图书馆发展水平层次为“较高”;山东省、黑龙江省、四川省、山西省、河北省、云南省、甘肃省7个省的省级公共图书馆发展水平层次为“一般”;内蒙古自治区、河南省、安徽省3个省、自治区的省级公共图书馆发展水平层次为“较低”;海南省、贵州省、宁夏回族自治区、新疆维吾尔自治区、青海省、西藏自治区6个省、自治区的省级公共图书馆发展水平层次为“很低”。各省、自治区、直辖市省级公共图书馆发展水平位次总体分布相对均匀,较为合理。(见图2-5)

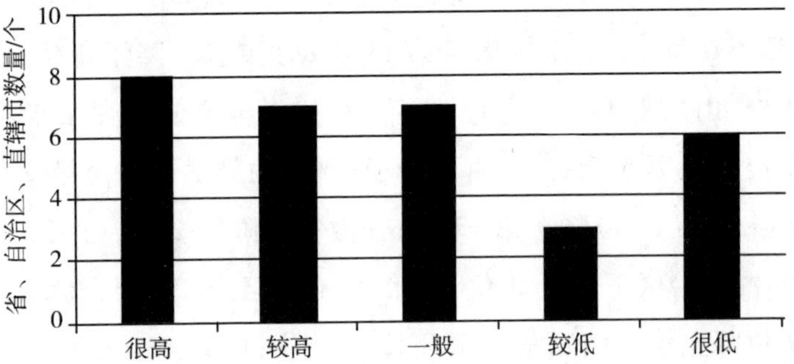

图2-5 2016年各省、自治区、直辖市省级公共图书馆发展水平层次分布

2016年,各省、自治区、直辖市的省级公共图书馆发展水平层次呈现比较明显的区域特征。省级公共图书馆发展水平层次为“很高”的8个省、自治区、直辖市,除了湖北省、广西壮族自治区2个属于中西部地区以外,上海市、广东省、江苏省、福建省、北京市、天津市6个省、直辖市均为东部地区。省级公共图书馆发展水平层次为“较高”的7个省、直辖市,浙江省属于东部沿海地区,辽宁省、吉林省属于东北地区,江西省、湖南省属于中部地区,重庆市、陕西省属于西部地区。省级公共图书馆发展水平层次为“一般”的7个省份,山东省、河北省属于东部沿海地区,黑龙江省属于东北地区,山西省属于中部地区,四川省、云南省、甘肃省属于西部地区。省级公共图书馆发展水平层次为“较低”的3个省、自治区，河南省、安徽省属于中部地区，内蒙古自治区属于西部地区。省级公共图书馆发展水平层次为“很低”的6个省、自治区，除海南省属于东部沿海地区以外，贵州省、宁夏回族自治区、新疆维吾尔自治区、青海省、西藏自治区5个省、自治区均属于西部地区。

东部地区的10个省、直辖市中有6个为“很高”，1个为“较高”，2个为“一般”，1个为“很低”。东北地区的3个省份中2个为“较高”，1个为“一般”。中部地区的6个省份中有1个为“很高”，1个为“较高”，2个为“一般”，2个为“较低”。西部地区12个省、自治区、直辖市中，有1个为“很高”，2个为“较高”，3个为“一般”，1个为“较低”，5个为“很低”。这里比较特殊的是东部沿海地区的海南省和西部地区的广西壮族自治区、重庆市、陕西省。海南省是东部沿海地区唯一一个省级公共图书馆发展水平层次为“很低”的省份，主要原因是建省比较晚，面积比较小，人口比较少，底子比较薄。广西壮族自治区、重庆市和陕西省在西部地区省级公共图书馆发展水平表现比较突出，主要原因是广西壮族自治区拥有广西壮族自治区图书馆（南宁）、广西壮族自治区桂林图书馆等3个省级公共图书馆，重庆市经济实力比较强，陕西省历史文化底蕴比较深厚。

2.1.3.2 2017年黑龙江省省级公共图书馆发展水平层次

2017年黑龙江省省级公共图书馆发展水平层次依旧为“一般”。各省、自治区、直辖市的具体情况是：上海市、广东省、江苏省、天津市、辽宁省、广西壮族自治区、浙江省、福建省、湖北省、北京市10个省、自治区、直辖市的省级公共图书馆发展水平层次为“很高”；河南省、吉林省、湖南省、重庆市、陕西省5个省、直辖市的省级公共图书馆发展水平层次为“较高”；山西省、山东省、黑龙江省、甘肃省4个省的省级公共图书馆发展水平层次为“一般”；江西省、河北省、四川省、海南省、安徽省5个省的省级公共图书馆发展水平层次为“较低”；内蒙古自治区、云南省、贵州省、宁夏回族自治区、青海省、新疆维吾尔自治区、西藏自治区7个省、自治区的省级公共图书馆发展水平层次为“很低”。与2016年相比，2017年各省、自治区、直辖市省级公

共图书馆发展水平层次呈现差距逐渐拉大、两极分化趋势。(见图2-6)

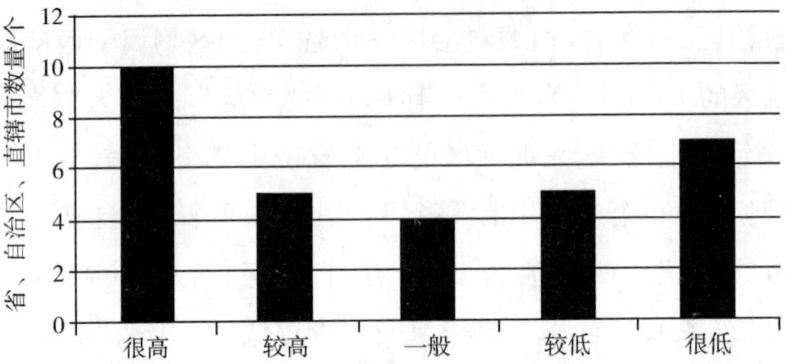

图2-6　2017年各省、自治区、直辖市省级公共图书馆发展水平层次分布

2017年,各省、自治区、直辖市的省级公共图书馆发展水平层次呈现更加明显的区域特征。东部地区的10个省、直辖市中,除了山东省为"一般",河北省、海南省为"较低",上海市、广东省、江苏省、天津市、浙江省、福建省、北京市7个省、直辖市均为"很高"。东北地区3个省中,辽宁省为"很高",吉林省为"较高",黑龙江省为"一般"。中部地区的6个省中,湖北省为"很高",河南省、湖南省为"较高",山西省为"一般",江西省和安徽省为"较低"。西部地区12个省、自治区、直辖市中,广西壮族自治区为"很高",重庆市、陕西省为"较高",甘肃省为"一般",四川省为"较低",内蒙古自治区、云南省、贵州省、宁夏回族自治区、青海省、新疆维吾尔自治区、西藏自治区为"很低"。

2.1.3.3　2018年黑龙江省省级公共图书馆发展水平层次

2018年黑龙江省省级公共图书馆发展水平层次依旧为"一般"。各省、自治区、直辖市的具体情况是:上海市、广东省、天津市、广西壮族自治区、江苏省、江西省、福建省、北京市、浙江省、湖北省10个省、自治区、直辖市的省级公共图书馆发展水平层次为"很高";辽宁省、吉林省、重庆市、湖南省、山东省 5 个省、直辖市的省级公共图书馆发展水平层次为"较高"；海南省、陕西省、河北省、山西省、四川省、黑龙江省 6 个省的省级公共图书馆发展水平层次为"一般"；云南省、甘肃省、河南省、宁夏回族自治区、安徽省 5 个省、自治区的省级公共图书馆发展水平层次为"较低"；内蒙古自治区、贵州省、青海省、新疆维吾尔自治区、西藏自治区 5 个省、自治区的省级公共图书馆发展水平层次为"很低"。与 2017 年相比，各省、自治区、直辖市省级公共图书馆发展水平层次两极分化趋势得到缓解。（见图 2－7）

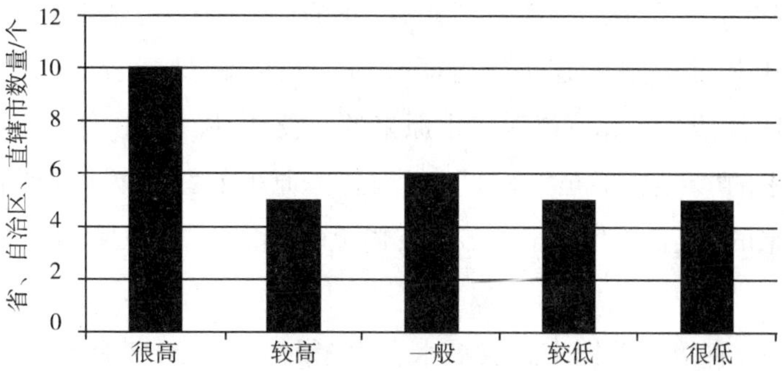

图 2－7　2018 年各省、自治区、直辖市省级公共图书馆发展水平层次分布

2018 年，各省、自治区、直辖市的省级公共图书馆发展水平层次呈现更加明显的区域特征。东部地区的 10 个省、直辖市，除了海南省、河北省为"一般"、山东省为"较高"以外，上海市、广东省、天津市、江苏省、福建省、北京市、浙江省 7 个省、直辖市均为"很高"。东北地区 3 个省中，辽宁省和吉林省为"较高"，黑龙江省为"一般"。中部地区的 6 个省中江西省和湖北省为"很高"，湖南省为"较高"，山西省为"一般"，河南省和安徽省为"较低"。西部地区 12 个省、自治区、直辖市中，广西壮族自治区为"很高"，重庆市为"较高"，陕西省和四川省为"一般"，云南省、甘肃省、宁夏回族自治区为"较低"，内蒙古自治区、贵州省、青海省、新疆维吾尔自治区、西藏自治区为

"很低"。

2.1.3.4 黑龙江省省级公共图书馆发展水平层次2016年、2017年、2018年比较

黑龙江省省级公共图书馆发展水平层次2016年、2017年、2018年均为"一般",2016年接近全国平均水平,2017年、2018年与全国平均水平距离逐年拉大。

2017年,省级公共图书馆发展水平为"很高"的省、自治区、直辖市由2016年的8个增加到了10个,"较高"的省、自治区、直辖市由7个减少到了5个,"一般"的省、自治区、直辖市由7个减少到了4个,"较低"的省、自治区、直辖市由3个增加到5个,"很低"的省、自治区、直辖市由6个增加到了7个。其中,浙江省和辽宁省由原来的"较高"跻身"很高";河南省由原来的"较低"跻身"较高";江西省由原来的"较高"降至"较低";河北省、四川省由原来的"一般"降至"较低";云南省由原来的"一般"降至"很低";海南省由原来的"很低"上升至"较低";内蒙古自治区由原来的"较低"降至"很低"。

2018年,省级公共图书馆发展水平为"很高"的省、自治区、直辖市依然保持10个,"较高"的省、自治区、直辖市依然保持5个,"一般"的省、自治区、直辖市由4个增加到了6个,"较低"的省、自治区、直辖市依然保持5个,"很低"的省、自治区、直辖市由7个减少到了5个。其中,江西省由原来的"较低"跻身"很高",山东省由原来的"一般"跻身"较高",海南省、河北省、四川省由原来的"较低"跻身"一般",云南省、宁夏回族自治区由原来的"很低"跻身"较低",辽宁省由原来的"很高"降至"较高",陕西省由原来的"较高"降至"一般",河南省由原来的"较高"降至"较低",甘肃省由原来的"一般"降至"较低"。

2.2 黑龙江省地市级公共图书馆发展水平评价

2.2.1 黑龙江省地市级公共图书馆发展水平指数

2.2.1.1 2016年黑龙江省地市级公共图书馆发展水平指数

经测算,2016年黑龙江省的地市级公共图书馆发展水平指数为69.8%。其他各省、自治区的具体情况是:河北省为103.1%,山西省为67.6%,内蒙古自治区为69.0%,辽宁省为202.1%,吉林省为101.2%,江苏省为264.5%,浙江省为304.4%,安徽省为85.3%,福建省为154.4%,江西省为78.7%,山东省为139.9%,河南省为96.8%,湖北省为125.4%,湖南省为86.8%,广东省为299.0%,广西壮族自治区为67.2%,海南省为37.6%,四川省为67.1%,贵州省为42.7%,云南省为57.7%,西藏自治区为13.9%,陕西省为48.1%,甘肃省为33.6%,青海省为27.2%,宁夏回族自治区为66.2%,新疆维吾尔自治区为44.2%。北京市、天津市、上海市、重庆市四个直辖市没有地市级公共图书馆。(见表2-5)

表 2-5(a)　2016 年各省、自治区地市级公共图书馆发展水平指数

指标	全国		河北		山西		内蒙古		辽宁		吉林		黑龙江	
	实际值	指数/%	实际值	指数/%	实际值	指数/%	实际值	指数/%	实际值	指数/%	实际值	指数/%	实际值	指数/%
A	—	100	—	103.1	—	67.6	—	69.0	—	202.1	—	101.2	—	69.8
*B*1	—	100	—	109.1	—	72.7	—	100	—	164.3	—	111.1	—	84.6
*C*1	—	100	109.1	109.1	72.7	72.7	100	100	164.3	164.3	111.1	111.1	84.6	84.6
*B*2	—	20	—	18.0	—	23.4	—	20.1	—	17.5	—	20.5	—	17.3
*C*2	3769	5	2921	3.9	2840	3.8	6017	8.0	3324	4.4	3841	5.1	2688	3.6
*C*3	1183	5	1016	4.3	1595	6.7	1052	4.4	1202	5.1	1132	4.8	1098	4.6
*C*4	1173	5	1125	4.8	1629	6.9	1119	4.8	1098	4.7	1260	5.4	1169	5.0
*C*5	242	5	217	5.0	288	6.0	128	2.9	159	3.3	253	5.2	201	4.1
*B*3	—	30	—	32.5	—	37.1	—	25.1	—	29.5	—	29.9	—	29.4
*C*6	1.14	6	1.25	6.6	1.60	8.4	1.18	6.2	1.00	5.3	1.09	5.7	1.05	5.6
*C*7	65.3	6	72.2	6.6	48.5	4.5	40.5	3.8	86.3	8.0	78.2	7.2	73.1	6.8
*C*8	5.0	6	4.6	5.6	6.2	7.5	1.4	1.8	4.1	5.0	4.4	5.3	4.7	5.7

续表

指标	全国		河北		山西		内蒙古		辽宁		吉林		黑龙江	
	实际值	指数/%	实际值	指数/%	实际值	指数/%	实际值	指数/%	实际值	指数/%	实际值	指数/%	实际值	指数/%
*C*9	131	6	147	6.8	176	8.1	153	7.1	140	6.5	131	6.0	135	6.2
*C*10	708	6	810	6.9	1012	8.6	735	6.2	548	4.7	667	5.7	596	5.1
*B*4	—	50	—	44.0	—	32.5	—	23.8	—	76.0	—	40.7	—	35.8
*C*11	41	5	43	5.2	53	6.4	46	5.6	53	6.4	54	6.6	47	5.7
*C*12	5.8	5	3.0	4.3	7.4	6.4	1.5	1.3	3.0	2.6	6.6	5.7	2.5	2.2
*C*13	54.3	10	62.8	11.6	29.3	5.4	27.4	5.0	52.8	9.8	31.8	5.8	36.1	6.6
*C*14	43.4	10	34.7	8.0	15.6	3.6	16.4	3.8	39.2	9.0	32.6	7.6	21.4	5.0
*C*15	95	5	115	6.0	71	3.7	37	1.9	118	6.2	73	3.8	43	2.7
*C*16	6.1	5	8.1	6.6	1.5	1.8	1.8	1.5	4.6	3.8	2.7	2.2	4.4	3.6
*C*17	2.9	5	0.6	1.1	1.5	2.6	1.2	2.1	8.5	14.6	3.2	5.5	2.7	4.7
*C*18	5.0	5	1.2	1.2	2.6	2.6	2.6	2.6	23.6	23.6	3.5	3.5	5.3	5.3

数据来源：根据《中国文化文物统计年鉴　2017》《中国图书馆年鉴　2017》中的相关统计数据整理。

表 2-5(b) 2016 年各省、自治区地市级公共图书馆发展水平指数

指标	江苏		浙江		安徽		福建		江西		山东		河南	
	实际值	指数/%	实际值	指数/%	实际值	指数/%	实际值	指数/%	实际值	指数/%	实际值	指数/%	实际值	指数/%
A	—	264.5	—	304.4	—	85.3	—	154.4	—	78.7	—	139.9	—	96.8
*B*1	—	123.1	—	127.3	—	131.3	—	133.3	—	100	—	100	—	105.9
*C*1	123.1	123.1	127.3	127.3	131.3	131.3	133.3	133.3	100	100	100	100	105.9	105.9
*B*2	—	42.7	—	47.7	—	11.6	—	23.9	—	10.7	—	26.7	—	13.7
*C*2	7283	9.7	9648	12.8	2057	2.7	3318	4.4	1900	2.5	4651	6.2	2361	3.1
*C*3	2663	11.3	2616	11.1	641	2.7	1342	5.7	772	3.3	1471	6.2	827	3.5
*C*4	2664	11.4	2604	11.1	644	2.7	1260	5.4	688	2.9	1526	6.5	814	3.5
*C*5	497	10.3	613	12.7	170	3.5	405	8.4	97	2.0	376	7.8	176	3.6
*B*3	—	53.0	—	56.2	—	26.2	—	32.4	—	26.8	—	46.1	—	32.9
*C*6	2.09	11.0	1.99	10.5	0.91	4.8	0.88	4.7	1.11	5.9	2.14	11.3	1.48	7.8
*C*7	135.7	12.5	147.4	13.5	36.7	3.5	71.7	6.6	52.7	4.8	84.2	7.8	54.4	5.0
*C*8	10.6	12.8	11.6	14.0	5.5	6.6	6.9	8.3	2.7	3.2	7.2	8.6	3.6	4.4

续表

指标	江苏		浙江		安徽		福建		江西		山东		河南	
	实际值	指数/%	实际值	指数/%	实际值	指数/%	实际值	指数/%	实际值	指数/%	实际值	指数/%	实际值	指数/%
*C*9	176	8.1	203	9.3	113	5.3	137	6.3	110	5.1	187	8.6	155	7.1
*C*10	1016	8.6	1052	8.9	709	6.0	755	6.5	917	7.8	1152	9.8	1011	8.6
*B*4	—	119.2	—	135.2	—	27.2	—	59.5	—	41.2	—	67.1	—	44.8
*C*11	62	7.6	78	9.5	26	3.2	36	4.4	32	3.9	52	6.3	43	5.3
*C*12	42.0	36.0	15.8	13.6	2.6	2.2	4.5	3.8	3.1	2.7	8.5	7.3	2.9	2.5
*C*13	152.9	28.2	163.8	30.2	34.2	6.4	71.2	13.2	39.2	7.2	101.8	18.8	61.0	11.2
*C*14	114.0	26.2	144.5	33.2	29.0	6.6	73.0	12.6	40.9	9.4	61.3	14.2	39.1	9.0
*C*15	105	5.5	282	14.8	66	3.5	159	8.4	60	3.1	146	7.7	111	5.9
*C*16	6.8	5.6	13.1	10.8	2.6	2.2	4.7	3.8	2.6	2.1	7.7	6.3	3.8	3.1
*C*17	3.3	5.7	7.2	12.4	0.9	1.5	4.5	7.7	4.6	7.9	2.1	3.7	2.4	4.2
*C*18	4.4	4.4	10.7	10.7	1.6	1.6	5.6	5.6	4.9	4.9	2.8	2.8	3.6	3.6

数据来源：根据《中国文化文物统计年鉴　2017》《中国图书馆年鉴　2017》中的相关统计数据整理。

表 2-5(c)　2016 年各省、自治区地市级公共图书馆发展水平指数

指标	湖北		湖南		广东		广西		海南		四川		贵州	
	实际值	指数/%	实际值	指数/%	实际值	指数/%	实际值	指数/%	实际值	指数/%	实际值	指数/%	实际值	指数/%
A	—	125.4	—	86.8	—	299.0	—	67.2	—	37.6	—	67.1	—	42.7
*B*1	—	123.1	—	114.3	—	128.6	—	107.1	—	100	—	104.8	—	111.1
*C*1	123.1	123.1	114.3	114.3	128.6	128.6	107.1	107.1	100	100	104.8	104.8	111.1	111.1
*B*2	—	18.1	—	9.9	—	57.9	—	11.3	—	7.4	—	10.5	—	8.8
*C*2	3776	5.0	1578	2.1	12907	17.1	2020	2.7	1786	2.4	1899	2.5	1222	1.6
*C*3	1038	4.4	673	2.8	3056	12.9	694	2.9	427	1.8	667	2.8	631	2.7
*C*4	1026	4.4	637	2.7	3098	13.2	663	2.8	486	2.1	681	2.9	638	2.7
*C*5	207	4.3	112	2.3	710	14.7	138	2.9	51	1.1	111	2.3	85	1.8
*B*3	—	32.0	—	27.1	—	58.7	—	21.7	—	14.4	—	22.7	—	13.8
*C*6	1.88	9.9	0.79	4.2	2.05	10.8	0.74	3.9	0.43	2.3	0.67	3.5	0.43	2.3
*C*7	71.8	6.6	47.3	4.4	136.6	12.6	57.4	5.3	29.2	2.7	52.2	5.6	30.0	2.7
*C*8	3.5	4.2	8.1	9.6	12.0	14.4	2.8	3.3	2.7	3.2	3.9	4.7	1.5	1.8

续表

指标	湖北		湖南		广东		广西		海南		四川		贵州	
	实际值	指数/%	实际值	指数/%	实际值	指数/%	实际值	指数/%	实际值	指数/%	实际值	指数/%	实际值	指数/%
*C*9	103	4.7	98	4.5	228	10.5	102	4.7	82	3.8	102	4.7	68	3.2
*C*10	774	6.6	520	4.4	1217	10.4	528	4.5	277	2.4	492	4.2	441	3.8
*B*4	—	51.8	—	38.9	—	115.9	—	29.7	—	15.8	—	30.8	—	15.8
*C*11	42	5.1	34	4.1	64	7.8	34	4.1	18	2.2	31	3.8	30	3.7
*C*12	4.4	3.8	3.3	2.8	12.2	10.5	1.9	1.6	0.9	0.8	2.5	2.2	1.0	0.8
*C*13	52.4	9.6	36.9	6.8	112.8	20.8	37.8	7.0	21.2	3.8	33.0	6.0	14.7	2.8
*C*14	48.2	11.2	30.2	7.0	107.3	24.8	19.3	4.4	10.0	2.4	29.0	6.6	13.9	3.2
*C*15	106	5.6	76	4.0	223	11.7	75	4.0	33	1.7	65	3.4	27	1.4
*C*16	3.4	2.8	14.9	12.2	27.0	22.2	3.3	2.7	3.7	3.0	3.5	2.9	1.0	0.8
*C*17	4.1	7.0	0.5	0.9	5.8	10.0	1.4	2.4	0.5	0.9	1.6	2.7	0.9	1.5
*C*18	6.7	6.7	1.1	1.1	8.1	8.1	3.5	3.5	1.0	1.0	3.2	3.2	1.6	1.6

数据来源：根据《中国文化文物统计年鉴　2017》《中国图书馆年鉴　2017》中的相关统计数据整理。

表 2 - 5(d)　2016 年各省、自治区地市级公共图书馆发展水平指数

指标	云南		西藏		陕西		甘肃		青海		宁夏		新疆	
	实际值	指数/%	实际值	指数/%	实际值	指数/%	实际值	指数/%	实际值	指数/%	实际值	指数/%	实际值	指数/%
A	—	57.7	—	13.9	—	48.1	—	33.6	—	27.2	—	66.2	—	44.2
*B*1	—	112.5	—	85.7	—	70.0	—	121.4	—	87.5	—	100	—	100
*C*1	112.5	112.5	85.7	85.7	70.0	70.0	121.4	121.4	87.5	87.5	100	100	100	100
*B*2	—	12.4	—	5.6	—	16.9	—	5.6	—	8.5	—	12.9	—	9.2
*C*2	1557	2.1	493	0.7	2831	3.8	1488	2.0	634	0.8	3116	4.1	1257	1.7
*C*3	673	2.8	237	1.0	1256	5.3	313	1.3	838	3.5	796	3.4	722	3.1
*C*4	711	3.0	232	1.0	825	3.5	319	1.4	723	3.1	718	3.1	632	2.7
*C*5	216	4.5	142	2.9	206	4.3	44	0.9	55	1.1	112	2.3	81	1.7
*B*3	—	17.2	—	8.7	—	16.9	—	10.4	—	8.9	—	19.2	—	16.6
*C*6	0.53	2.9	0.68	4.4	0.37	2.0	0.37	2.0	0.33	1.8	0.85	4.5	0.60	3.2
*C*7	29.8	2.7	7.6	0.8	46.6	5.0	17.1	1.7	15.2	1.4	38.4	3.6	30.1	2.7
*C*8	2.6	3.2	0.3	0.3	3.0	3.6	1.1	1.4	1.0	1.2	1.1	1.4	1.2	1.5

续表

指标	云南		西藏		陕西		甘肃		青海		宁夏		新疆	
	实际值	指数/%	实际值	指数/%	实际值	指数/%	实际值	指数/%	实际值	指数/%	实际值	指数/%	实际值	指数/%
*C*9	110	5.1	43	2.0	93	4.2	52	2.4	66	3.0	127	5.9	102	4.7
*C*10	394	3.3	135	1.2	256	2.1	331	2.9	182	1.5	449	3.8	537	4.5
*B*4	—	21.7	—	1.9	—	34.9	—	11.7	—	13.7	—	34.1	—	18.4
*C*11	29	3.5	6	0.7	43	5.2	19	2.3	17	2.1	29	3.5	21	2.5
*C*12	0.9	0.8	0.06	0.05	1.8	1.6	0.4	0.3	1.0	0.9	1.5	1.3	1.0	0.9
*C*13	18.1	3.4	1.9	0.4	44.8	8.2	12.4	2.2	8.9	1.6	21.8	4.0	14.2	2.6
*C*14	14.4	3.4	0.4	0.08	22.2	5.2	14.2	3.2	6.8	1.6	24.0	5.6	15.3	3.6
*C*15	54	2.8	10	0.5	80	4.2	26	1.4	18	0.9	23	1.2	47	2.5
*C*16	3.0	2.5	0.2	0.17	4.1	3.4	0.9	0.7	0.3	0.3	0.7	0.6	2.1	1.7
*C*17	1.7	3.0	0.017	0.03	2.1	3.6	0.4	0.7	2.0	3.5	4.8	8.2	1.4	2.4
*C*18	2.3	2.3	0.013	0.01	3.5	3.5	0.9	0.9	2.8	2.8	9.7	9.7	2.2	2.2

数据来源:根据《中国文化文物统计年鉴　2017》《中国图书馆年鉴　2017》中的相关统计数据整理。

2.2.1.2　2017 年黑龙江省地市级公共图书馆发展水平指数

经测算，2017 年黑龙江省的地市级公共图书馆发展水平指数为 65.9%。其他各省、自治区的具体情况是：河北省为 105.1%，山西省为 74.8%，内蒙古自治区为 70.3%，辽宁省为 204.2%，吉林省为 89.1%，江苏省为 265.5%，浙江省为 293.3%，安徽省为 89.4%，福建省为 197.5%，江西省为 85.1%，山东省为 135.1%，河南省为 101.3%，湖北省为 128.6%，湖南省为 90.8%，广东省为 300.7%，广西壮族自治区为 81.1%，海南省为 38.7%，四川省为 64.3%，贵州省为 40.0%，云南省为 54.0%，西藏自治区为 9.1%，陕西省为 56.8%，甘肃省为 34.4%，青海省为 25.0%，宁夏回族自治区为 77.0%，新疆维吾尔自治区为 38.2%。北京市、天津市、上海市、重庆市四个直辖市没有地市级公共图书馆。（见表 2－6）

表 2-6(a)　2017 年各省、自治区地市级公共图书馆发展水平指数

指标	全国		河北		山西		内蒙古		辽宁		吉林		黑龙江	
	实际值	指数/%	实际值	指数/%	实际值	指数/%	实际值	指数/%	实际值	指数/%	实际值	指数/%	实际值	指数/%
A	—	100	—	105.1	—	74.8	—	70.3	—	204.2	—	89.1	—	65.9
*B*1	—	100	—	109.1	—	81.8	—	100	—	164.3	—	111.1	—	92.3
*C*1	—	100	109.1	109.1	81.8	81.8	100	100	164.3	164.3	111.1	111.1	92.3	92.3
*B*2	—	20	—	16.4	—	27.2	—	19.0	—	15.6	—	17.8	—	12.5
*C*2	4252	5	3219	3.8	3025	3.6	6492	7.6	3525	4.1	3951	4.6	2573	3.0
*C*3	1427	5	1172	4.1	1990	7.0	1501	5.3	1124	3.9	1325	4.6	956	3.3
*C*4	1335	5	1166	4.4	1944	7.3	1054	3.9	1174	4.4	1336	5.0	987	3.7
*C*5	277	5	225	4.1	518	9.3	123	2.2	179	3.2	200	3.6	138	2.5
*B*3	—	30	—	32.1	—	28.5	—	25.7	—	29.6	—	28.3	—	28.0
*C*6	1.19	6	1.25	6.3	1.64	8.3	1.18	5.9	1.04	5.3	1.09	5.6	1.07	5.4
*C*7	68.8	6	76.7	6.8	44.4	3.9	39.6	3.5	88.0	7.7	79.7	6.9	73.6	6.5
*C*8	4.6	6	4.4	5.9	1.5	2.0	2.4	3.2	4.4	5.7	3.3	4.2	3.2	4.2

续表

指标	全国		河北		山西		内蒙古		辽宁		吉林		黑龙江	
	实际值	指数/%	实际值	指数/%	实际值	指数/%	实际值	指数/%	实际值	指数/%	实际值	指数/%	实际值	指数/%
*C*9	136	6	145	6.5	150	6.6	160	7.1	148	6.5	136	6.0	135	6.0
*C*10	759	6	839	6.6	967	7.7	752	6.0	558	4.4	697	5.6	747	5.9
*B*4	—	50	—	47.8	—	35.8	—	25.6	—	79.1	—	34.1	—	30.9
*C*11	41	5	43	5.2	46	5.6	44	5.4	52	6.3	55	6.6	47	5.8
*C*12	6.5	5	5.6	4.3	7.1	5.5	2.4	1.8	3.4	2.6	7.2	5.5	2.8	2.2
*C*13	61.6	10	93.4	15.2	37.2	6.0	37.6	6.2	50.6	8.2	37.3	6.0	34.5	5.6
*C*14	47.1	10	46.4	9.8	17.8	3.8	18.9	4.0	41.5	8.8	36.8	7.8	24.3	5.2
*C*15	114	5	140	6.1	83	3.6	54	2.4	137	6.0	68	3.0	73	3.2
*C*16	7.9	5	6.6	4.2	10.0	6.3	1.0	0.7	3.6	2.2	4.0	2.5	2.3	1.5
*C*17	2.4	5	0.6	1.3	1.3	2.6	1.1	2.3	9.6	20.0	0.8	1.8	1.8	3.7
*C*18	4.3	5	1.5	1.7	2.1	2.4	2.4	2.8	21.5	25.0	0.7	0.9	3.2	3.7

数据来源：根据《中国文化文物统计年鉴　2018》《中国图书馆年鉴　2018》中的相关统计数据整理。

表 2 -6(b)　2017 年各省、自治区地市级公共图书馆发展水平指数

指标	江苏		浙江		安徽		福建		江西		山东		河南	
	实际值	指数/%	实际值	指数/%	实际值	指数/%	实际值	指数/%	实际值	指数/%	实际值	指数/%	实际值	指数/%
A	—	265.5	—	293.3	—	89.4	—	197.5	—	85.1	—	135.1	—	101.3
*B*1	—	123.1	—	127.3	—	131.3	—	144.4	—	100	—	100	—	105.9
*C*1	123.1	123.1	127.3	127.3	131.3	131.3	144.4	144.4	100	100	100	100	105.9	105.9
*B*2	—	39.5	—	41.9	—	9.5	—	37.2	—	11.8	—	26.2	—	18.2
*C*2	8657	10.2	8377	9.9	2162	2.5	3919	4.6	2241	2.6	5041	5.9	5294	6.2
*C*3	3069	10.8	3015	10.6	663	2.3	2180	7.6	948	3.3	1716	6.0	968	3.4
*C*4	2544	9.5	2932	11.0	665	2.5	2075	7.8	790	3.0	1769	6.6	1010	3.8
*C*5	497	9.0	574	10.4	122	2.2	954	17.2	159	2.9	427	7.7	266	4.8
*B*3	—	59.0	—	57.5	—	22.9	—	44.0	—	28.3	—	45.9	—	32.0
*C*6	2.09	10.5	1.99	10.1	0.94	4.8	1.55	7.8	1.11	5.7	2.02	10.2	1.42	7.1
*C*7	148.8	12.9	159.3	14.0	40.1	3.5	83.2	7.2	56.0	5.0	92.0	8.0	58.2	5.1
*C*8	13.1	17.1	12.1	15.8	2.2	2.9	10.4	13.5	4.4	5.7	7.5	9.8	4.1	5.4

续表

指标	江苏		浙江		安徽		福建		江西		山东		河南	
	实际值	指数/%	实际值	指数/%	实际值	指数/%	实际值	指数/%	实际值	指数/%	实际值	指数/%	实际值	指数/%
*C*9	196	8.7	201	8.9	115	5.1	145	6.5	114	5.1	201	8.9	157	6.9
*C*10	1228	9.8	1095	8.7	826	6.6	1134	9.0	861	6.8	1135	9.0	944	7.5
*B*4	—	117.2	—	131.0	—	35.7	—	55.6	—	45.0	—	63.0	—	45.5
*C*11	62	7.6	81	9.8	26	3.1	44	5.4	32	3.9	53	6.5	42	5.1
*C*12	50.0	38.4	14.6	11.2	4.1	3.1	5.1	3.9	5.6	4.3	8.0	6.1	3.3	2.6
*C*13	169.8	27.6	180.6	29.4	35.9	5.8	76.7	12.4	49.4	8.0	102.1	16.6	70.7	11.4
*C*14	111.8	23.8	144.3	30.2	28.9	6.2	86.4	18.4	43.4	9.2	59.8	12.8	40.9	8.6
*C*15	138	6.0	348	15.3	230	10.1	104	4.6	84	3.7	168	7.4	161	7.1
*C*16	6.0	3.8	17.1	10.8	6.4	4.0	7.6	4.8	5.4	3.4	9.7	6.2	5.7	3.6
*C*17	2.8	5.7	5.6	11.6	0.8	1.7	1.4	2.9	4.1	8.5	2.0	4.2	2.6	5.4
*C*18	3.7	4.3	10.9	12.7	1.4	1.7	2.7	3.2	3.4	4.0	2.7	3.2	1.5	1.7

数据来源：根据《中国文化文物统计年鉴　2018》《中国图书馆年鉴　2018》中的相关统计数据整理。

表 2-6(c) 2017 年各省、自治区地市级公共图书馆发展水平指数

指标	湖北		湖南		广东		广西		海南		四川		贵州	
	实际值	指数/%	实际值	指数/%	实际值	指数/%	实际值	指数/%	实际值	指数/%	实际值	指数/%	实际值	指数/%
A	—	128.6	—	90.8	—	300.7	—	81.1	—	38.7	—	64.3	—	40.0
B1	—	123.1	—	121.4	—	128.6	—	107.1	—	100	—	104.8	—	111.1
C1	123.1	123.1	121.4	121.4	128.6	128.6	107.1	107.1	100	100	104.8	104.8	111.1	111.1
B2	—	19.1	—	11.2	—	58.9	—	16.7	—	7.6	—	11.1	—	7.9
C2	3585	4.2	1712	2.0	13935	16.4	2502	2.9	1897	2.2	2080	2.4	1187	1.4
C3	1982	6.9	986	3.5	3731	13.1	1182	4.1	560	2.0	865	3.0	714	2.5
C4	1123	4.2	808	3.0	3720	13.9	1176	6.4	554	2.1	802	3.0	671	2.5
C5	209	3.8	152	2.7	860	15.5	181	3.3	70	1.3	148	2.7	84	1.5
B3	—	31.1	—	21.5	—	58.8	—	23.0	—	14.9	—	19.7	—	13.3
C6	1.88	9.5	0.79	3.9	2.06	10.4	0.88	4.5	0.43	2.1	0.67	3.3	0.43	2.1
C7	73.7	6.5	48.2	4.2	145.7	12.8	58.9	5.1	31.1	2.7	54.7	4.8	30.9	2.7
C8	3.1	4.1	3.6	4.7	12.0	15.8	2.7	3.6	2.1	2.7	1.8	2.4	1.0	1.4

续表

指标	湖北		湖南		广东		广西		海南		四川		贵州	
	实际值	指数/%	实际值	指数/%	实际值	指数/%	实际值	指数/%	实际值	指数/%	实际值	指数/%	实际值	指数/%
*C*9	110	4. 8	95	4. 2	238	10. 5	107	4. 8	108	4. 8	106	4. 7	77	3. 5
*C*10	778	6. 2	548	4. 5	1168	9. 3	630	5. 0	316	2. 6	570	4. 5	453	3. 6
*B*4	—	54. 3	—	42. 1	—	116. 1	—	36. 0	—	16. 2	—	30. 6	—	14. 8
*C*11	42	5. 1	35	4. 3	65	7. 9	39	4. 7	17	2. 1	31	3. 8	30	3. 7
*C*12	5. 1	3. 9	4. 1	3. 2	11. 8	9. 0	2. 8	2. 1	1. 3	1. 0	3. 1	2. 4	1. 2	0. 9
*C*13	64. 6	10. 4	37. 7	6. 2	133. 6	21. 6	50. 2	8. 2	29. 7	4. 8	36. 7	6. 0	18. 3	3. 0
*C*14	57. 8	12. 2	30. 6	6. 4	132. 6	28. 2	20. 1	4. 2	12. 3	2. 6	30. 4	6. 4	14. 5	3. 0
*C*15	125	5. 5	177	7. 7	259	11. 3	75	3. 3	24	1. 1	61	2. 7	33	1. 5
*C*16	3. 0	1. 9	16. 9	10. 7	35. 0	22. 1	13. 0	8. 2	2. 1	1. 4	4. 3	2. 7	1. 0	0. 6
*C*17	3. 9	8. 1	1. 0	2. 0	3. 4	7. 1	0. 8	1. 8	0. 6	1. 3	1. 7	3. 6	0. 7	1. 5
*C*18	6. 2	7. 2	1. 4	1. 6	7. 6	8. 9	3. 0	3. 5	1. 6	1. 9	2. 6	3. 0	0. 5	0. 6

数据来源：根据《中国文化文物统计年鉴　2018》《中国图书馆年鉴　2018》中的相关统计数据整理。

表 2－6(d)　2017 年各省、自治区地市级公共图书馆发展水平指数

指标	云南		西藏		陕西		甘肃		青海		宁夏		新疆	
	实际值	指数/%	实际值	指数/%	实际值	指数/%	实际值	指数/%	实际值	指数/%	实际值	指数/%	实际值	指数/%
A	—	54.0	—	9.1	—	56.8	—	34.4	—	25.0	—	77.0	—	38.2
*B*1	—	112.5	—	85.7	—	70.0	—	121.4	—	87.5	—	100	—	100
*C*1	112.5	112.5	85.7	85.7	70.0	70.0	121.4	121.4	87.5	87.5	100	100	100	100
*B*2	—	8.2	—	2.4	—	17.6	—	6.1	—	6.5	—	17.5	—	7.9
*C*2	1659	2.0	480	0.6	3449	4.0	1992	2.3	677	0.8	10223	12.0	1494	1.8
*C*3	621	2.2	241	0.8	1343	4.7	422	1.5	449	1.6	627	2.2	722	2.5
*C*4	631	2.4	228	0.9	1275	4.8	404	1.5	585	2.2	638	2.4	713	2.7
*C*5	87	1.6	3	0.1	228	4.1	46	0.8	108	1.9	49	0.9	52	0.9
*B*3	—	16.2	—	5.3	—	22.5	—	10.6	—	9.3	—	21.6	—	18.0
*C*6	0.66	3.3	0.28	1.4	0.69	3.4	0.41	2.1	0.37	2.0	0.85	4.4	0.73	3.8
*C*7	27.2	2.4	8.2	0.7	50.8	4.5	18.7	1.7	14.7	1.4	39.9	3.5	30.3	2.7
*C*8	1.3	1.7	0.3	0.4	4.2	5.5	1.1	1.5	1.0	1.4	1.5	2.0	1.0	1.4

续表

指标	云南		西藏		陕西		甘肃		青海		宁夏		新疆	
	实际值	指数/%	实际值	指数/%	实际值	指数/%	实际值	指数/%	实际值	指数/%	实际值	指数/%	实际值	指数/%
*C*9	111	5.0	46	2.0	106	4.7	56	2.4	70	3.0	136	6.0	119	5.3
*C*10	479	3.8	107	0.8	549	4.4	361	2.9	187	1.5	717	5.7	599	4.8
*B*4	—	23.6	—	2.9	—	41.0	—	11.6	—	12.8	—	37.9	—	12.3
*C*11	27	3.3	7	0.9	42	5.1	19	2.3	19	2.3	28	3.4	21	2.6
*C*12	0.8	0.6	0.05	0.04	2.3	1.8	0.5	0.4	1.4	1.1	1.5	1.1	1.3	1.0
*C*13	17.9	2.9	2.0	0.3	68.3	11.0	12.9	2.1	8.9	1.4	26.5	4.4	14.8	2.4
*C*14	13.8	2.9	0.3	0.06	28.7	6.2	14.5	3.1	8.3	1.8	26.8	5.6	10.2	2.2
*C*15	69	3.0	33	1.5	129	5.7	28	1.2	16	0.7	29	1.3	31	1.4
*C*16	2.9	1.8	0.1	0.07	6.5	4.1	1.0	0.6	0.15	0.1	1.1	0.7	1.7	1.1
*C*17	2.6	5.4	—	—	1.7	3.4	0.4	0.8	1.2	2.5	4.8	10.0	0.6	1.2
*C*18	3.2	3.7	—	—	3.2	3.7	0.9	1.1	2.5	2.9	9.8	11.4	0.4	0.4

数据来源:根据《中国文化文物统计年鉴　2018》《中国图书馆年鉴　2018》中的相关统计数据整理。

2.2.1.3 2018年黑龙江省地市级公共图书馆发展水平指数

经测算,2018年黑龙江省的地市级公共图书馆发展水平指数为60.0%。其他省、自治区的情况是:河北省为109.6%,山西省为91.9%,内蒙古自治区为79.6%,辽宁省为205.9%,吉林省为82.3%,江苏省为261.1%,浙江省为290.9%,安徽省为90.5%,福建省为197.7%,江西省为74.8%,山东省为132.7%,河南省为108.3%,湖北省为138.1%,湖南省为92.6%,广东省为307.2%,广西壮族自治区为71.2%,海南省为37.1%,四川省为55.3%,贵州省为51.8%,云南省为50.5%,西藏自治区为12.5%,陕西省为59.9%,甘肃省为37.5%,青海省为22.3%,宁夏回族自治区为66.1%,新疆维吾尔自治区为35.3%。北京市、天津市、上海市、重庆市四个直辖市没有地市级公共图书馆。(见表2-7)

表 2－7(a)　2018 年各省、自治区地市级公共图书馆发展水平指数

指标	全国		河北		山西		内蒙古		辽宁		吉林		黑龙江	
	实际值	指数/%	实际值	指数/%	实际值	指数/%	实际值	指数/%	实际值	指数/%	实际值	指数/%	实际值	指数/%
A	—	100	—	109.6	—	91.9	—	79.6	—	205.9	—	82.3	—	60.0
B1	—	100	—	109.1	—	90.9	—	100	—	164.3	—	111.1	—	92.3
C1	—	100	109.1	109.1	90.9	90.9	100	100	164.3	164.3	111.1	111.1	92.3	92.3
B2	—	20	—	16.6	—	17.0	—	26.3	—	15.2	—	16.2	—	10.2
C2	4794	5	3688	3.8	3186	3.3	6741	7.0	4120	4.3	4208	4.4	2629	2.7
C3	1423	5	1360	4.8	1476	5.2	1236	4.3	1151	4.0	1114	3.9	880	3.1
C4	1400	5	1238	4.4	1413	5.0	1534	5.5	1141	4.1	1132	4.0	877	3.1
C5	292	5	208	3.6	205	3.5	553	9.5	166	2.8	225	3.9	77	1.3
B3	—	30	—	31.5	—	33.5	—	25.9	—	28.0	—	26.2	—	26.0
C6	1.23	6	1.40	6.8	1.48	7.2	1.20	5.9	1.09	5.3	1.04	5.0	1.12	5.4
C7	72.8	6	81.3	6.7	46.4	3.8	43.3	3.6	90.7	7.5	82.7	6.8	75.0	6.2
C8	5.4	6	4.6	5.1	6.7	7.5	3.8	4.2	3.7	4.2	3.3	3.6	1.5	1.7

续表

指标	全国		河北		山西		内蒙古		辽宁		吉林		黑龙江	
	实际值	指数/%	实际值	指数/%	实际值	指数/%	实际值	指数/%	实际值	指数/%	实际值	指数/%	实际值	指数/%
*C*9	139	6	144	6.2	165	7.1	148	6.4	151	6.5	123	5.3	133	5.8
*C*10	797	6	884	6.7	1051	7.9	775	5.8	596	4.5	725	5.5	914	6.9
*B*4	—	50	—	52.4	—	50.6	—	27.4	—	82.1	—	31.7	—	28.8
*C*11	41	5	45	5.5	41	5.0	44	5.4	50	6.2	53	6.5	49	6.1
*C*12	7.3	5	6.3	4.3	7.4	5.1	2.9	2.0	3.7	2.6	7.5	5.2	2.4	1.7
*C*13	67.5	10	96.6	14.3	72.0	10.7	48.9	7.2	63.8	9.5	32.5	4.8	35.5	5.3
*C*14	47.8	10	42.3	8.7	36.8	7.7	20.2	4.2	42.3	8.9	29.2	6.1	30.9	6.5
*C*15	132	5	148	6.6	158	6.0	54	2.0	142	5.4	83	3.1	84	3.2
*C*16	10.2	5	20.1	9.9	24.9	12.2	3.3	1.6	3.5	1.7	4.7	2.3	2.4	1.2
*C*17	2.2	5	0.7	1.6	0.8	1.9	1.0	2.2	9.4	21.7	0.9	2.2	1.1	2.6
*C*18	4.2	5	1.3	1.5	1.7	2.0	2.3	2.8	22.2	26.1	1.3	1.5	1.8	2.2

数据来源：根据《中国文化和旅游统计年鉴　2019》《中国图书馆年鉴　2019》中的相关统计数据整理。

表 2-7(b) 2018 年各省、自治区地市级公共图书馆发展水平指数

指标	江苏		浙江		安徽		福建		江西		山东		河南	
	实际值	指数/%	实际值	指数/%	实际值	指数/%	实际值	指数/%	实际值	指数/%	实际值	指数/%	实际值	指数/%
A	—	261.1	—	290.9	—	90.5	—	197.7	—	74.8	—	132.7	—	108.3
*B*1	—	123.1	—	127.3	—	131.3	—	144.4	—	100	—	106.3	—	111.8
*C*1	123.1	123.1	127.3	127.3	131.3	131.3	144.4	144.4	100	100	106.3	106.3	111.8	111.8
*B*2	—	44.4	—	45.3	—	15.5	—	30.8	—	10.2	—	23.7	—	22.9
*C*2	9870	10.3	9629	10.0	6870	7.2	4835	5.0	2226	2.3	5632	5.9	5640	5.9
*C*3	3587	12.6	3219	11.3	767	2.7	2196	7.7	866	3.0	1775	6.2	1308	4.6
*C*4	3561	12.7	3210	11.5	754	2.7	1909	6.8	786	2.8	1595	5.7	1294	4.6
*C*5	511	8.8	728	12.5	170	2.9	662	11.3	120	2.1	345	5.9	458	7.8
*B*3	—	52.9	—	57.1	—	24.2	—	46.4	—	24.0	—	44.7	—	30.8
*C*6	2.11	10.2	2.25	11.0	0.94	4.6	1.94	9.5	1.11	5.4	2.35	11.5	1.46	7.1
*C*7	160.7	13.2	171.7	14.1	44.7	3.7	91.7	7.6	58.1	4.8	99.7	8.2	59.8	4.9
*C*8	10.8	11.9	12.3	13.6	4.6	5.1	9.2	10.2	2.4	2.7	7.0	7.8	4.5	5.0

续表

指标	江苏		浙江		安徽		福建		江西		山东		河南	
	实际值	指数/%	实际值	指数/%	实际值	指数/%	实际值	指数/%	实际值	指数/%	实际值	指数/%	实际值	指数/%
C9	192	8.3	210	9.0	109	4.7	224	9.7	107	4.6	200	8.7	153	6.6
C10	1235	9.3	1244	9.4	816	6.1	1246	9.4	866	6.5	1133	8.5	963	7.2
B4	—	114.8	—	126.1	—	29.2	—	59.7	—	40.6	—	56.4	—	43.2
C11	62	7.6	78	9.6	24	3.0	47	5.8	31	3.8	54	6.6	41	5.0
C12	54.1	37.2	17.1	11.7	4.8	3.3	5.5	3.8	6.0	4.1	9.2	6.3	4.2	2.9
C13	181.2	26.8	169.7	25.1	39.3	5.8	94.9	14.1	57.7	8.5	116.9	8.7	80.7	12.0
C14	123.3	25.8	134.7	28.2	28.5	6.0	84.6	17.7	48.8	10.2	63.1	13.2	37.5	7.9
C15	170	6.4	425	16.1	115	4.4	139	5.3	77	2.9	25	8.5	165	6.3
C16	8.3	4.1	18.0	8.8	6.2	3.0	12.8	6.3	4.8	2.3	10.0	4.9	6.9	3.4
C17	1.7	4.0	5.5	12.7	0.9	2.0	1.3	3.0	2.8	6.4	2.1	4.8	1.5	3.5
C18	2.5	2.9	11.8	13.9	1.5	1.7	3.2	3.7	2.0	2.4	2.9	3.4	1.9	2.2

数据来源：根据《中国文化和旅游统计年鉴　2019》《中国图书馆年鉴　2019》中的相关统计数据整理。

表 2-7(c)　2018 年各省、自治区地市级公共图书馆发展水平指数

指标	湖北		湖南		广东		广西		海南		四川		贵州	
	实际值	指数/%	实际值	指数/%	实际值	指数/%	实际值	指数/%	实际值	指数/%	实际值	指数/%	实际值	指数/%
A	—	138.1	—	92.6	—	307.2	—	71.2	—	37.1	—	55.3	—	51.8
*B*1	—	123.1	—	121.4	—	128.6	—	107.1	—	100	—	104.8	—	122.8
*C*1	123.1	123.1	121.4	121.4	128.6	128.6	107.1	107.1	100	100	104.8	104.8	122.8	122.8
*B*2	—	18.7	—	12.3	—	57.6	—	12.1	—	7.4	—	9.9	—	9.5
*C*2	3918	4.1	2129	2.2	14742	15.4	2657	2.8	2037	2.1	2218	2.3	1482	1.5
*C*3	1358	4.8	873	3.1	3966	13.9	852	3.0	611	2.1	797	2.8	854	3.0
*C*4	1351	4.8	928	3.3	3917	14.0	890	3.2	591	2.1	786	2.8	775	2.8
*C*5	289	5.0	216	3.7	837	14.3	181	3.1	65	1.1	114	2.0	127	2.2
*B*3	—	38.9	—	23.9	—	59.7	—	23.7	—	14.2	—	19.0	—	13.7
*C*6	1.52	7.4	0.89	4.4	2.16	10.5	0.97	4.7	0.43	2.1	0.67	3.3	0.43	2.1
*C*7	83.5	6.9	54.4	4.5	158.4	13.1	47.8	3.9	33.1	2.7	56.5	4.7	33.2	2.7
*C*8	12.1	13.4	5.7	6.4	14.6	16.3	4.7	5.2	1.7	1.9	1.8	2.0	2.0	2.2

续表

指标	湖北		湖南		广东		广西		海南		四川		贵州	
	实际值	指数/%	实际值	指数/%	实际值	指数/%	实际值	指数/%	实际值	指数/%	实际值	指数/%	实际值	指数/%
*C*9	117	5.1	99	4.3	241	10.4	112	4.8	111	4.8	104	4.5	77	3.3
*C*10	812	6.1	573	4.3	1248	9.4	677	5.1	361	2.7	596	4.5	455	3.4
*B*4	—	54.6	—	40.1	—	121.6	—	30.7	—	15.5	—	23.9	—	19.0
*C*11	40	4.9	35	4.3	65	8.0	39	4.8	16	2.0	28	3.4	31	3.8
*C*12	5.4	3.7	5.0	3.5	12.8	8.8	3.2	2.2	1.4	0.9	4.8	3.3	1.7	1.2
*C*13	65.3	9.7	41.2	6.1	147.0	21.8	50.9	7.5	29.1	4.3	35.0	2.6	21.2	3.1
*C*14	58.1	12.2	34.2	7.2	138.2	28.9	20.3	4.2	12.3	2.6	27.2	5.7	15.5	3.2
*C*15	90	3.4	182	6.9	340	12.9	105	4.0	45	1.7	66	2.5	33	1.2
*C*16	6.7	3.3	15.2	7.5	48.1	23.6	8.2	4.0	2.4	1.2	3.6	1.7	1.2	0.6
*C*17	4.0	9.4	1.1	2.5	3.4	7.9	0.6	1.3	0.7	1.5	1.1	2.5	1.7	3.9
*C*18	6.8	8.0	1.8	2.1	8.2	9.7	2.3	2.7	1.1	1.3	1.9	2.2	1.7	2.0

数据来源：根据《中国文化和旅游统计年鉴　2019》《中国图书馆年鉴　2019》中的相关统计数据整理。

表 2-7(d)　2018 年各省、自治区地市级公共图书馆发展水平指数

指标	云南		西藏		陕西		甘肃		青海		宁夏		新疆	
	实际值	指数/%	实际值	指数/%	实际值	指数/%	实际值	指数/%	实际值	指数/%	实际值	指数/%	实际值	指数/%
A	—	50.5	—	12.5	—	59.9	—	37.5	—	22.3	—	66.1	—	35.3
*B*1	—	112.5	—	85.7	—	80.0	—	121.4	—	87.5	—	100	—	100
*C*1	112.5	112.5	85.7	85.7	80.0	80.0	121.4	121.4	87.5	87.5	100	100	100	100
*B*2	—	7.8	—	2.6	—	17.5	—	7.0	—	4.8	—	9.1	—	7.0
*C*2	1625	1.7	1012	1.1	3315	3.5	1987	2.1	791	0.8	3449	3.6	1644	1.7
*C*3	659	2.3	187	0.7	1150	4.0	453	1.6	475	1.7	571	2.0	603	2.1
*C*4	662	2.4	184	0.7	1032	3.7	457	1.6	514	1.8	618	2.2	599	2.1
*C*5	81	1.4	5	0.1	368	6.3	97	1.7	27	0.5	78	1.3	66	1.1
*B*3	—	14.2	—	9.7	—	21.5	—	11.5	—	8.1	—	20.5	—	16.6
*C*6	0.66	3.2	0.32	1.6	0.74	3.6	0.47	2.3	0.37	1.8	0.77	3.8	0.73	3.6
*C*7	28.2	2.3	10.6	0.9	53.8	4.4	20.3	1.7	15.2	1.3	33.5	2.8	30.7	2.5
*C*8	1.1	1.2	2.4	2.7	3.7	4.2	1.2	1.4	0.4	0.5	2.3	2.6	1.0	1.1

续表

指标	云南		西藏		陕西		甘肃		青海		宁夏		新疆	
	实际值	指数/%	实际值	指数/%	实际值	指数/%	实际值	指数/%	实际值	指数/%	实际值	指数/%	实际值	指数/%
*C*9	91	3.9	61	2.6	109	4.7	64	2.8	71	3.1	138	5.9	114	4.9
*C*10	482	3.6	255	1.9	612	4.6	438	3.3	192	1.4	717	5.4	594	4.5
*B*4	—	22.9	—	2.3	—	35.9	—	12.4	—	12.6	—	36.5	—	11.7
*C*11	27	3.3	9	1.1	41	5.0	18	2.3	20	2.5	27	3.3	22	2.7
*C*12	0.8	0.5	0.09	0.06	2.9	2.0	0.6	0.4	1.5	1.0	2.3	1.6	1.3	0.9
*C*13	20.5	3.0	2.3	0.3	75.3	11.2	14.4	2.1	7.7	1.1	24.5	3.6	16.3	2.4
*C*14	13.9	2.9	0.7	0.14	28.5	6.0	13.1	2.7	7.9	1.7	19.1	4.0	9.5	2.0
*C*15	58	2.2	8	0.28	115	4.4	37	1.4	21	0.8	27	1.0	36	1.3
*C*16	4.1	2.0	0.2	0.08	5.5	2.7	2.6	1.3	0.4	0.2	0.9	0.4	3.0	1.5
*C*17	2.5	5.7	0.05	0.1	1.0	2.4	0.4	0.9	1.0	2.4	4.8	11.2	0.3	0.6
*C*18	2.8	3.3	0.2	0.2	1.9	2.2	1.1	1.3	2.4	2.9	9.7	11.4	0.3	0.3

数据来源：根据《中国文化和旅游统计年鉴　2019》《中国图书馆年鉴　2019》中的相关统计数据整理。

2.2.1.4 黑龙江省地市级公共图书馆发展水平指数2016年、2017年、2018年比较

2017年同2016年相比，黑龙江省地市级公共图书馆发展水平指数A下降了3.9个百分点，其中公共图书馆覆盖水平指数$B1$上升了7.7个百分点，公共图书馆投入水平指数$B2$下降了4.8个百分点，公共图书馆设施水平指数$B3$下降了1.4个百分点，公共图书馆服务水平指数$B4$下降了4.9个百分点。具体分析，公共图书馆覆盖率指数$C1$上升了7.7个百分点，馆均资产指数$C2$下降了0.6个百分点，馆均年收入指数$C3$下降了1.3个百分点，馆均年支出指数$C4$下降了1.3个百分点，馆均年各种设备购置费指数$C5$下降了1.6个百分点，馆均建筑面积指数$C6$下降了0.2个百分点，馆均总藏量指数$C7$下降了0.3个百分点，馆均年新购藏量指数$C8$下降了1.5个百分点，馆均计算机台数指数$C9$下降了0.2个百分点，馆均阅览室座席数指数$C10$上升了0.8个百分点，馆均从业人员指数$C11$上升了0.1个百分点，馆均累计发放有效借书证数指数$C12$持平，馆均年流通人次指数$C13$下降了1.0个百分点，馆均年书刊外借册次指数$C14$上升了0.2个百分点，馆均年举办讲座展览培训次数指数$C15$上升了0.5个百分点，馆均年举办讲座展览培训参加人次指数$C16$下降了2.1个百分点，馆均年流动图书馆车书刊借阅人次指数$C17$下降了1.0个百分点，馆均年流动图书馆车书刊借阅册次指数$C18$下降了1.6个百分点。2017年同2016年相比，黑龙江省地市级公共图书馆发展水平指数下降的根本问题出在政府经费投入减少和讲座展览培训参加人次减少、流动图书馆车书刊借阅服务人次及册次减少上。

2018年同2017年相比，黑龙江省地市级公共图书馆发展水平指数A下降了5.9个百分点，其中公共图书馆覆盖水平指数$B1$持平，公共图书馆投入水平指数$B2$下降了2.3个百分点，公共图书馆设施水平指数$B3$下降了2.0个百分点，公共图书馆服务水平指数$B4$下降了2.1个百分点。具体分析，公共图书馆覆盖率指数$C1$持平，馆均资产指数$C2$下降了0.3个百分点，馆均年收入指数$C3$下降了0.2个百分点，馆均年支出指数$C4$下降了

0.6 个百分点，馆均年各种设备购置费指数 C5 下降了 1.2 个百分点，馆均建筑面积指数 C6 持平，馆均总藏量指数 C7 下降了 0.3 个百分点，馆均年新购藏量指数 C8 下降了 2.5 个百分点，馆均计算机台数指数 C9 下降了 0.2 个百分点，馆均阅览室座席数指数 C10 上升了 1.0 个百分点，馆均从业人员指数 C11 上升了 0.3 个百分点，馆均累计发放有效借书证数指数 C12 下降了 0.5 个百分点，馆均年流通人次指数 C13 下降了 0.3 个百分点，馆均年书刊外借册次指数 C14 上升了 1.3 个百分点，馆均年举办讲座展览培训次数指数 C15 持平，馆均年举办讲座展览培训参加人次指数 C16 下降了 0.3 个百分点，馆均年流动图书馆车书刊借阅人次指数 C17 下降了 1.1 个百分点，馆均年流动图书馆车书刊借阅册次指数 C18 下降了 1.5 个百分点。2018 年同 2017 年相比，黑龙江省地市级公共图书馆发展水平指数下降的根本问题依旧出在政府经费投入减少和讲座展览培训参加人次减少、流动图书馆车书刊借阅服务人次及册次减少上。（见图 2－8 和表 2－8）

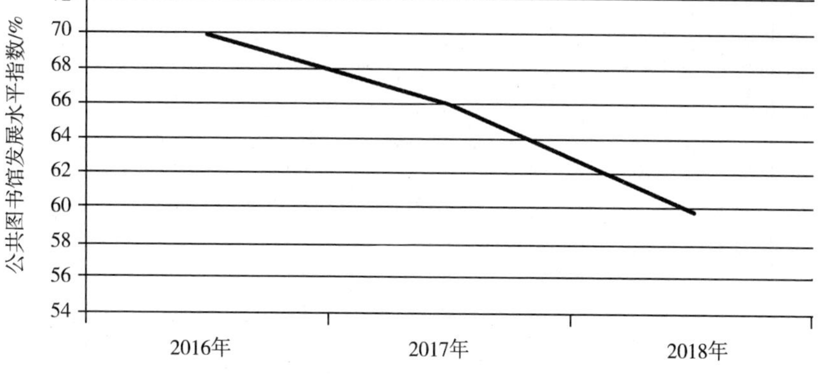

图 2－8　2016 年、2017 年、2018 年黑龙江省地市级公共图书馆发展水平指数比较

表 2－8　2016 年、2017 年、2018 年黑龙江省地市级公共图书馆发展水平指数比较

指标	2016 年		2017 年				2018 年			
	实际值	指数/%	实际值	2017 年实际值比 2016 年实际值	指数/%	2017 年指数比 2016 年指数/%	实际值	2018 年实际值比 2017 年实际值	指数/%	2018 年指数比 2017 年指数/%
A	—	69.8	—	—	65.9	－3.9	—	—	60.0	－5.9
*B*1	—	84.6	—	—	92.3	＋7.7	—	—	92.3	0
*C*1	84.6	84.6	92.3	＋7.7	92.3	＋7.7	92.3	0	92.3	0
*B*2	—	17.3	—	—	12.5	－4.8	—	—	10.2	－2.3
*C*2	2688	3.6	2573	－115	3.0	－0.6	2629	＋56	2.7	－0.3
*C*3	1098	4.6	956	－142	3.3	－1.3	880	－76	3.1	－0.2
*C*4	1169	5.0	987	－182	3.7	－1.3	877	－110	3.1	－0.6
*C*5	201	4.1	138	－63	2.5	－1.6	77	－61	1.3	－1.2
*B*3	—	29.4	—	—	28.0	－1.4	—	—	26.0	－2.0
*C*6	1.05	5.6	1.07	＋0.02	5.4	－0.2	1.12	＋0.05	5.4	0
*C*7	73.1	6.8	73.6	＋0.5	6.5	－0.3	75.0	＋1.4	6.2	－0.3
*C*8	4.7	5.7	3.2	－1.5	4.2	－1.5	1.5	－1.7	1.7	－2.5

续表

指标	2016 年		2017 年				2018 年			
	实际值	指数/%	实际值	2017 年实际值比 2016 年实际值	指数/%	2017 年指数比 2016 年指数/%	实际值	2018 年实际值比 2017 年实际值	指数/%	2018 年指数比 2017 年指数/%
*C*9	135	6.2	135	0	6.0	-0.2	133	-2	5.8	-0.2
*C*10	596	5.1	747	+151	5.9	+0.8	914	+167	6.9	+1.0
*B*4	—	35.8	—	—	30.9	-4.9	—	—	28.8	-2.1
*C*11	47	5.7	47	0	5.8	+0.1	49	+2	6.1	+0.3
*C*12	2.5	2.2	2.8	+0.3	2.2	0	2.4	-0.4	1.7	-0.5
*C*13	36.1	6.6	34.5	-1.6	5.6	-1.0	35.5	+1	5.3	-0.3
*C*14	21.4	5.0	24.3	-0.1	5.2	+0.2	30.9	+6.6	6.5	+1.3
*C*15	43	2.7	73	+30	3.2	+0.5	84	+11	3.2	0
*C*16	4.4	3.6	2.3	-2.1	1.5	-2.1	2.4	+0.1	1.2	-0.3
*C*17	2.7	4.7	1.8	-0.9	3.7	-1.0	1.1	-0.7	2.6	-1.1
*C*18	5.3	5.3	3.2	-2.1	3.7	-1.6	1.8	-1.4	2.2	-1.5

数据来源：根据《中国文化文物统计年鉴》(2017 年、2018 年)、《中国文化和旅游统计年鉴 2019》、《中国图书馆年鉴》(2017 年、2018 年、2019 年)中的相关统计数据整理。

2.2.2 黑龙江省地市级公共图书馆发展水平位次

2.2.2.1 2016年黑龙江省地市级公共图书馆发展水平位次

根据以上计算得出的数据,将2016年各省、自治区地市级公共图书馆发展水平进行排位,其中,黑龙江省排在第14位。各省、自治区地市级公共图书馆发展水平位次由高到低依次为:浙江省(第1位)、广东省(第2位)、江苏省(第3位)、辽宁省(第4位)、福建省(第5位)、山东省(第6位)、湖北省(第7位)、河北省(第8位)、吉林省(第9位)、河南省(第10位)、湖南省(第11位)、安徽省(第12位)、江西省(第13位)、黑龙江省(第14位)、内蒙古自治区(第15位)、山西省(第16位)、广西壮族自治区(第17位)、四川省(第18位)、宁夏回族自治区(第19位)、云南省(第20位)、陕西省(第21位)、新疆维吾尔自治区(第22位)、贵州省(第23位)、海南省(第24位)、甘肃省(第25位)、青海省(第26位)、西藏自治区(第27位)。北京市、天津市、上海市、重庆市四个直辖市没有地市级公共图书馆。(见图2-9)

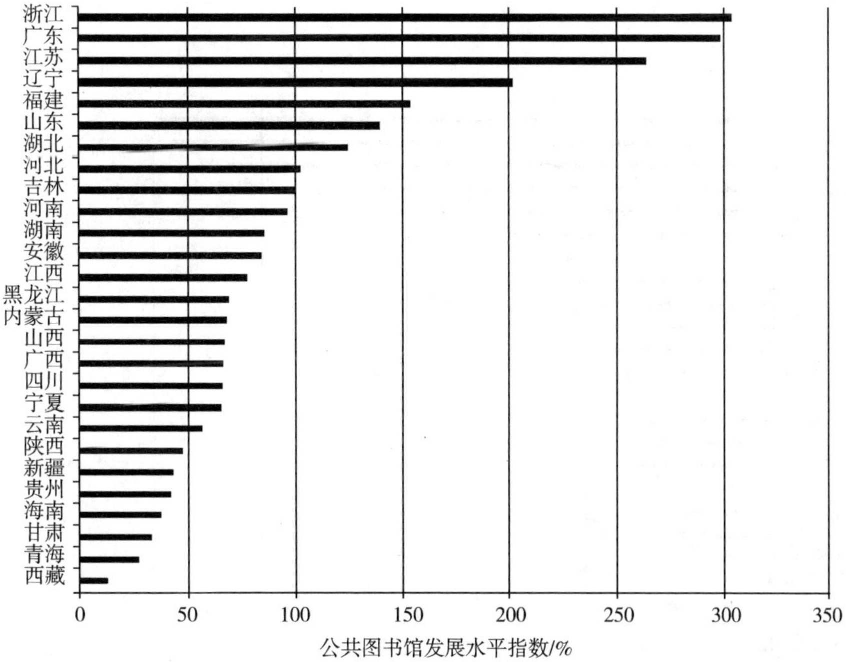

图 2－9　2016 年各省、自治区地市级公共图书馆发展水平位次

2.2.2.2　2017 年黑龙江省地市级公共图书馆发展水平位次

根据以上计算得出的数据，将 2017 年各省、自治区地市级公共图书馆发展水平进行排位，其中，黑龙江省排在第 16 位。各省、自治区地市级公共图书馆发展水平位次由高到低依次为：广东省（第 1 位）、浙江省（第 2 位）、江苏省（第 3 位）、辽宁省（第 4 位）、福建省（第 5 位）、山东省（第 6 位）、湖北省（第 7 位）、河北省（第 8 位）、河南省（第 9 位）、湖南省（第 10 位）、安徽省（第 11 位）、吉林省（第 12 位）、江西省（第 13 位）、广西壮族自治区（第 14 位）、宁夏回族自治区（第 15 位）、黑龙江省（第 16 位）、山西省（第 17 位）、内蒙古自治区（第 18 位）、四川省（第 19 位）、云南省（第 20 位）、陕西省（第 21 位）、贵州省（第 22 位）、海南省（第 23 位）、新疆维吾尔自治区（第 24 位）、甘肃省（第 25 位）、青海省（第 26 位）、西藏自治区（第 27 位）。北京市、天津市、上海市、重庆市四个直辖市没有地市级公共图书馆。（见图

2－10）

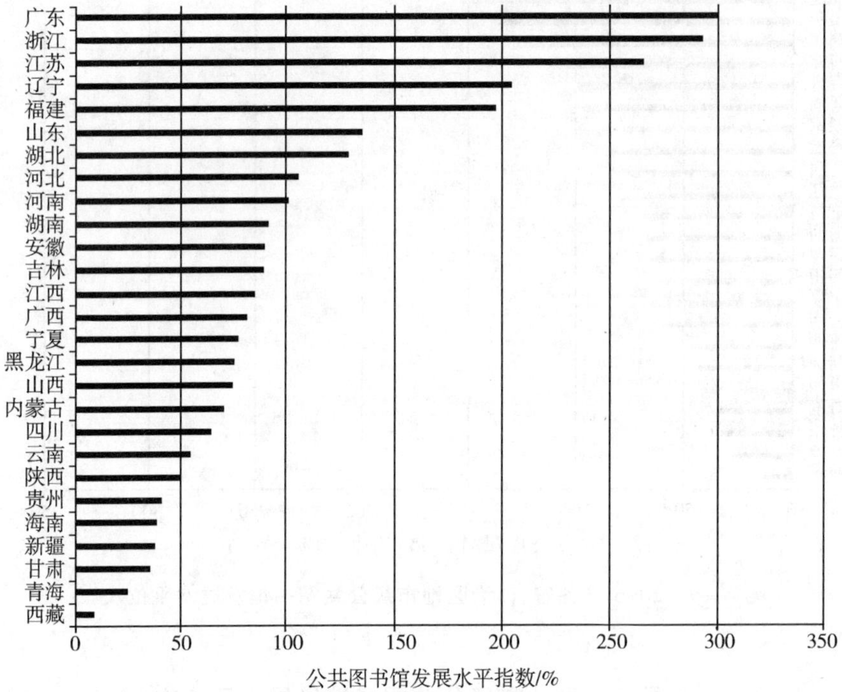

图2－10　2017年各省、自治区地市级公共图书馆发展水平位次

2.2.2.3　2018年黑龙江省地市级公共图书馆发展水平位次

根据以上计算得出的数据，将2018年各省、自治区地市级公共图书馆发展水平进行排位，其中，黑龙江省排在第18位。各省、自治区地市级公共图书馆发展水平位次由高到低依次为：广东省（第1位）、浙江省（第2位）、江苏省（第3位）、辽宁省（第4位）、福建省（第5位）、湖北省（第6位）、山东省（第7位）、河北省（第8位）、河南省（第9位）、湖南省（第10位）、山西省（第11位）、安徽省（第12位）、吉林省（第13位）、内蒙古自治区（第14位）、江西省（第15位）、广西壮族自治区（第16位）、宁夏回族自治区（第17位）、黑龙江省（第18位）、陕西省（第19位）、四川省（第20位）、贵州省（第 21 位）、云南省（第 22 位）、甘肃省（第 23 位）、海南省（第 24 位）、新疆维吾尔自治区（第 25 位）、青海省（第 26 位）、西藏自治区（第 27 位）。北京市、天津市、上海市、重庆市四个直辖市没有地市级公共图书馆。（见图 2－11）

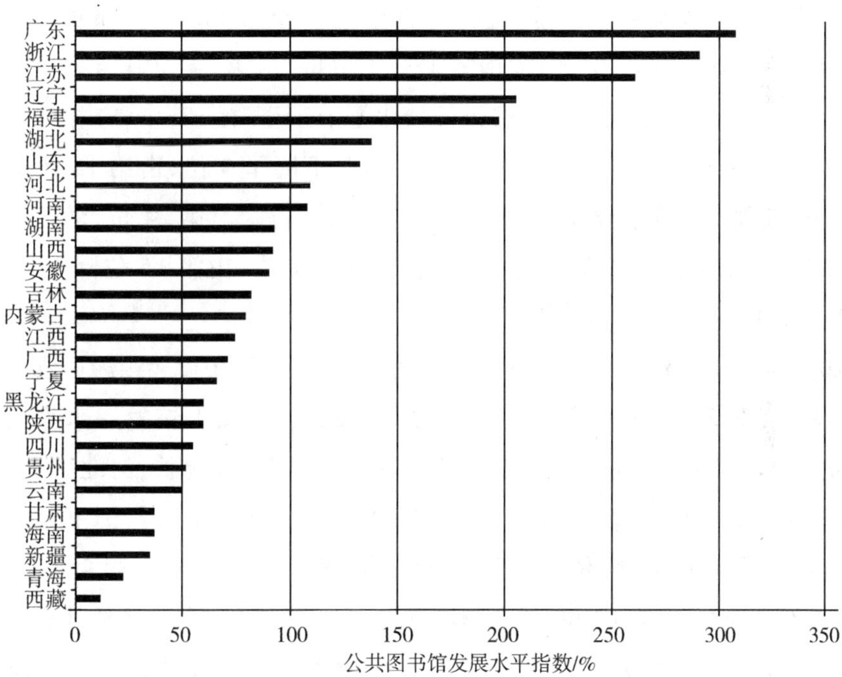

图 2－11　2018 年各省、自治区地市级公共图书馆发展水平位次

2.2.2.4　黑龙江省地市级公共图书馆发展水平位次 2016 年、2017 年、2018 年比较

2017 年，黑龙江省地市级公共图书馆发展水平由 2016 年第 14 位下降至第 16 位，下降了 2 位。其他省、自治区地市级公共图书馆发展水平位次变化的具体情况是：江苏省、辽宁省、福建省、山东省、湖北省、河北省、江西省、云南省、陕西省、甘肃省、青海省、西藏自治区 12 个省、自治区的地市级公共图书馆发展水平保持原来位次不变，依旧分别为第 3 位、第 4 位、第 5

位、第6位、第7位、第8位、第13位、第20位、第21位、第25位、第26位、第27位。8个省、自治区的地市级公共图书馆发展水平位次有所上升。其中,宁夏回族自治区上升了4位,由第19位升至第15位;广西壮族自治区上升了3位,由第17位升至第14位;广东省上升了1位,由第2位升至第1位;河南省上升了1位,由第10位升至第9位;湖南省上升了1位,由第11位升至第10位;安徽省上升了1位,由第12位升至第11位;贵州省上升了1位,由第23位升至第22位;海南省上升了1位,由第24位升至第23位。6个省、自治区的地市级公共图书馆发展水平有所下降。其中,吉林省下降了3位,由第9位降至第12位;内蒙古自治区下降了3位,由第15位降至第18位;新疆维吾尔自治区下降了2位,由第22位降至第24位;浙江省下降了1位,由第1位降至第2位;山西省下降了1位,由第16位降至第17位;四川省下降了1位,由第18位降至第19位。

2018年,黑龙江省地市级公共图书馆发展水平由2017年第16位下降至第18位,下降了2位。其他省、自治区地市级公共图书馆发展水平位次变化的具体情况是:广东省、浙江省、江苏省、辽宁省、福建省、河北省、河南省、湖南省、青海省、西藏自治区10个省、自治区的地市级公共图书馆发展水平保持原来位次不变,依旧分别为第1位、第2位、第3位、第4位、第5位、第8位、第9位、第10位、第26位、第27位。6个省、自治区的地市级公共图书馆发展水平位次有所上升。其中,山西省上升了6位,由第17位升至第11位;内蒙古自治区上升了4位,由第18位升至第14位;陕西省上升了2位,由第21位升至第19位;甘肃省上升了2位,由第25位升至第23位;湖北省上升了1位,由第7位升至第6位;贵州省上升了1位,由第22位升至第21位。10个省、自治区的地市级公共图书馆发展水平有所下降。其中,江西省下降了2位,由第13位降至第15位;广西壮族自治区下降了2位,由第14位降至第16位;宁夏回族自治区下降了2位,由第15位降至第17位;云南省下降了2位,由第20位降至第22位;山东省下降了1位,由第6位降至第7位;安徽省下降了1位,由第11位降至第12位;吉林省下降了1位,由第12位降至第13位;四川省下降了1位,由第19位降至第20位;

海南省下降了 1 位,由第 23 位降至第 24 位;新疆维吾尔自治区下降了 1 位,由第 24 位降至第 25 位。

2.2.3 黑龙江省地市级公共图书馆发展水平层次

地市级公共图书馆发展水平分为“很高”“较高”“一般”“较低”“很低”五个层次。地市级公共图书馆发展水平指数在 150% 以上的为“很高”,100%—150% 的为“较高”,80%—100% 的为“一般”,60%—80% 的为“较低”,60% 以下的为“很低”。

2.2.3.1 2016 年黑龙江省地市级公共图书馆发展水平层次

2016 年黑龙江省的地市级公共图书馆发展水平层次为“较低”。各省、自治区的具体情况是:浙江省、广东省、江苏省、辽宁省、福建省 5 个省的地市级公共图书馆发展水平层次为“很高”;山东省、湖北省、河北省、吉林省 4 个省的地市级公共图书馆发展水平层次为“较高”;河南省、湖南省、安徽省 3 个省的地市级公共图书馆发展水平层次为“一般”;江西省、黑龙江省、内蒙古自治区、山西省、广西壮族自治区、四川省、宁夏回族自治区 7 个省、自治区的地市级公共图书馆发展水平层次为“较低”;云南省、陕西省、新疆维吾尔自治区、贵州省、海南省、甘肃省、青海省、西藏自治区 8 个省、自治区的地市级公共图书馆发展水平层次为“很低”。各省、自治区地市级公共图书馆发展水平层次呈现放倒的“工”字形状。(见图 2 - 12)

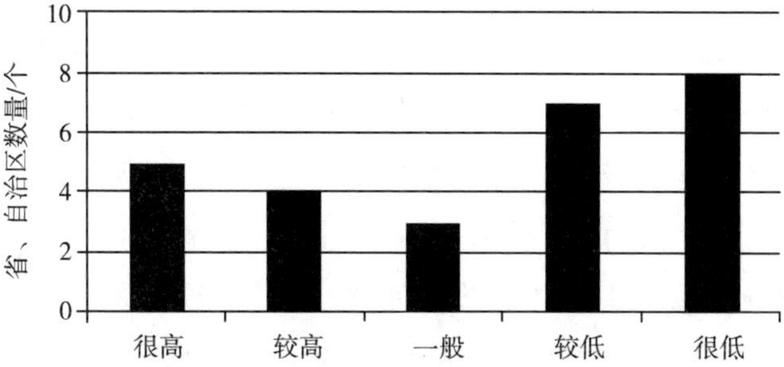

图 2 - 12 2016 年各省、自治区地市级公共图书馆发展水平层次分布

2016 年,各省、自治区的地市级公共图书馆发展水平层次呈现十分明显的区域特征。地市级公共图书馆发展水平层次为“很高”的浙江省、广东省、江苏省、辽宁省、福建省 5 个省中,4 个属于东部沿海地区,1 个属于东北地区。地市级公共图书馆发展水平层次为“较高”的 4 个省中,山东省、河北省 2 个省属于东部沿海地区,湖北省属于中部地区,吉林省属于东北地区。地市级公共图书馆发展水平层次为“一般”的河南省、湖南省、安徽省 3 个省,都属于中部地区。地市级公共图书馆发展水平层次为“较低”的 7 个省、自治区中,江西省、山西省属于中部地区,黑龙江省属于东北地区,广西壮族自治区、内蒙古自治区、四川省、宁夏回族自治区属于西部地区。地市级公共图书馆发展水平层次为“很低”的 8 个省、自治区中,除了海南省属于东部沿海地区以外,云南省、陕西省、新疆维吾尔自治区、贵州省、甘肃省、青海省、西藏自治区 7 个省、自治区均属于西部地区。东部沿海地区的 7 个省中,除了海南省为“很低”,其余 6 个省均为“很高”或“较高”。东北地区的 3 个省中有 1 个“很高”,1 个“较高”,1 个“较低”。中部地区的 6 个省中有 1 个“较高”,3 个“一般”,2 个“较低”,没有“很高”也没有“很低”。西部地区 11 个省、自治区中,4 个“较低”,7 个“很低”。

2.2.3.2 2017 年黑龙江省地市级公共图书馆发展水平层次

2017 年黑龙江省的地市级公共图书馆发展水平层次为“较低”。各省、自治区的具体情况是:广东省、浙江省、江苏省、辽宁省、福建省 5 个省的地市级公共图书馆发展水平层次为“很高”;山东省、湖北省、河北省、河南省 4 个省的地市级公共图书馆发展水平层次为“较高”;湖南省、安徽省、吉林省、江西省、广西壮族自治区 5 个省、自治区的地市级公共图书馆发展水平层次为“一般”;宁夏回族自治区、黑龙江省、山西省、内蒙古自治区、四川省 5 个省、自治区的地市级公共图书馆发展水平层次为“较低”;云南省、陕西省、贵州省、海南省、新疆维吾尔自治区、甘肃省、青海省、西藏自治区 8 个省、自治区的地市级公共图书馆发展水平层次为“很低”。各省、自治区地市级公共图书馆发展水平层次呈现放倒的“且”字形状。(见图 2 - 13)

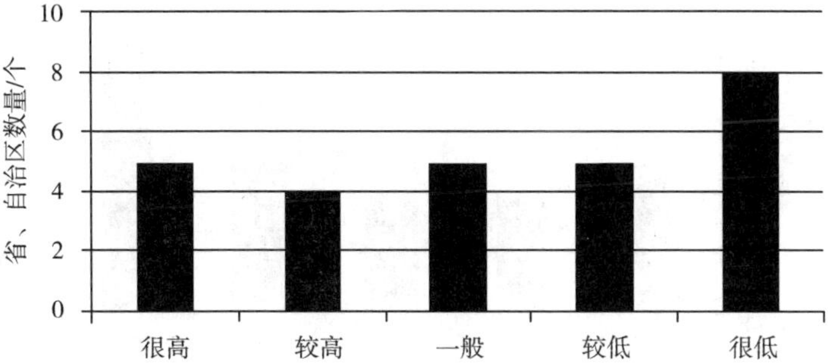

图 2－13　2017 年各省、自治区地市级公共图书馆发展水平层次分布

2017 年，各省、自治区的地市级公共图书馆发展水平层次继续呈现十分明显的区域特征。东部沿海地区的 7 个省中，除了海南省为“很低”，其余 6 个均为“很高”或“较高”。东北地区 3 个省中，1 个为“很高”，1 个为“一般”，1 个为“较低”。中部地区的 6 个省中有 2 个为“较高”，3 个为“一般”，1 个为“较低”，没有“很高”也没有“很低”。西部地区 11 个省、自治区中，1 个为“一般”，3 个为“较低”，7 个为“很低”。

2.2.3.3　2018 年黑龙江省地市级公共图书馆发展水平层次

2018 年黑龙江省的地市级公共图书馆发展水平层次为“较低”。各省、自治区的具体情况是：广东省、浙江省、江苏省、辽宁省、福建省 5 个省的地市级公共图书馆发展水平层次为“很高”；湖北省、山东省、河北省、河南省 4 个省的地市级公共图书馆发展水平层次为“较高”；湖南省、山西省、安徽省、吉林省 4 个省的地市级公共图书馆发展水平层次为“一般”；内蒙古自治区、江西省、广西壮族自治区、宁夏回族自治区、黑龙江省 5 个省、自治区的地市级公共图书馆发展水平层次为“较低”；陕西省、四川省、贵州省、云南省、甘肃省、海南省、新疆维吾尔自治区、青海省、西藏自治区 9 个省、自治区的地市级公共图书馆发展水平层次为“很低”。各省、自治区地市级公共图书馆发展水平层次呈现放倒的“且”字形状。（见图 2－14）

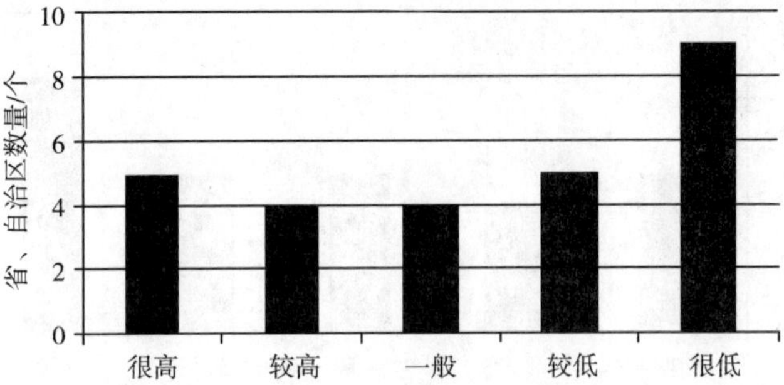

图 2－14　2018 年各省、自治区地市级公共图书馆发展水平层次分布

2018 年,各省、自治区的地市级公共图书馆发展水平层次更加呈现十分明显的区域特征。东部沿海地区的 7 个省中,除了海南省为"很低",其余 6 个均为"很高"或"较高"。东北地区 3 个省中,1 个为"很高",1 个为"一般",1 个为"较低"。中部地区的 6 个省中,2 个为"较高",3 个为"一般",1 个为"较低",没有"很高"也没有"很低"。西部地区 11 个省、自治区中,3 个为"较低",8 个为"很低"。

2.2.3.4　黑龙江省地市级公共图书馆发展水平层次 2016 年、2017 年、2018 年比较

黑龙江省地市级公共图书馆发展水平层次 2016 年、2017 年、2018 年均为"较低"。

2017 年同 2016 年相比,地市级公共图书馆发展水平为"很高"的省依然是 5 个,"较高"的省由 5 个减少到了 4 个,"一般"的省、自治区由 2 个增加到了 5 个,"较低"的省、自治区由 7 个减少到了 5 个,"很低"的省、自治区依然是 8 个。其中,吉林省由"较高"下降为"一般",江西省、广西壮族自治区由"较低"上升至"一般"。

2018 年同 2017 年相比,地市级公共图书馆发展水平为"很高"的省份依然是 5 个,"较高"的省依然是 4 个,"一般"的省由 5 个减少到 4 个,"较低"的省、自治区依然是 5 个,"很低"的省、自治区由 8 个增加到 9 个。其

中，山西省由“较低”上升为“一般”，江西省、广西壮族自治区由“一般”下降至“较低”，四川省由“较低”下降至“很低”。

2.3 黑龙江省县级公共图书馆发展水平评价

2.3.1 黑龙江省县级公共图书馆发展水平指数

2.3.1.1 2016 年黑龙江省县级公共图书馆发展水平指数

经测算，2016 年黑龙江省县级公共图书馆发展水平指数为 38.5%。其他省、自治区、直辖市的具体情况是：北京市为 604.1%，天津市为 332.1%，河北省为 39.5%，山西省为 53.4%，内蒙古自治区为 53.4%，辽宁省为 73.1%，吉林省为 66.7%，上海市为 1004.6%，江苏省为 236.2%，浙江省为 387.5%，安徽省为 69.2%，福建省为 111.4%，江西省为 68.2%，山东省为 109.1%，河南省为 56.9%，湖北省为 97.3%，湖南省为 77.9%，广东省为 209.4%，广西壮族自治区为 54.5%，海南省为 41.6%，重庆市为 228.3%，四川省为 68.3%，贵州省为 53.7%，云南省为 61.8%，西藏自治区为 10.1%，陕西省为 55.8%，甘肃省为 47.3%，青海省为 23.1%，宁夏回族自治区为 72.0%，新疆维吾尔自治区为 43.5%。（见表 2 -9）

表 2 -9(a)　2016 年各省、自治区、直辖市县级公共图书馆发展水平指数

指标	全国		北京		天津		河北		山西		内蒙古		辽宁		吉林	
	实际值	指数/%	实际值	指数/%	实际值	指数/%	实际值	指数/%	实际值	指数/%	实际值	指数/%	实际值	指数/%	实际值	指数/%
A	—	100	—	604.1	—	332.1	—	39.5	—	53.4	—	53.4	—	73.1	—	66.7
*B*1	—	100	—	143.8	—	181.3	—	94.6	—	99.2	—	101.0	—	106.0	—	91.7
*C*1	—	100	143.8	143.8	181.3	181.3	94.6	94.6	99.2	99.2	101.0	101.0	106.0	106.0	91.7	91.7
*B*2	—	20	—	153.7	—	54.9	—	6.3	—	11.4	—	12.5	—	11.4	—	15.7
*C*2	647.2	5	5016.4	38.8	1164.0	9.0	171.2	1.3	391.4	3.0	289.1	2.2	311.7	2.4	316.7	2.4
*C*3	228.2	5	1658.6	36.3	774.9	17.0	83.7	1.8	118.6	2.6	175.5	3.8	159.8	3.5	230.9	5.1
*C*4	224.1	5	1744.0	38.9	753.7	16.8	74.1	1.7	139.5	3.1	174.3	3.9	161.4	3.6	213.4	4.8
*C*5	39.9	5	31.6.6	39.7	96.8	12.1	12.1	1.5	21.8	2.7	20.9	2.6	14.9	1.9	27.3	3.4
*B*3	—	30	—	118.9	—	47.9	—	16.5	—	19.7	—	19.1	—	22.9	—	22.0
*C*6	0.29	6	0.79	16.3	0.47	9.7	0.17	3.6	0.23	4.8	0.20	4.2	0.21	4.5	0.19	3.9
*C*7	15.4	6	77.7	30.3	27.7	10.8	7.4	2.9	8.6	3.3	8.3	3.2	12.2	4.8	11.3	4.4
*C*8	1.3	6	8.2	37.9	2.0	9.0	0.4	2.0	0.6	2.7	0.6	2.6	0.6	3.0	0.6	2.9

续表

指标	全国		北京		天津		河北		山西		内蒙古		辽宁		吉林	
	实际值	指数/%	实际值	指数/%	实际值	指数/%	实际值	指数/%	实际值	指数/%	实际值	指数/%	实际值	指数/%	实际值	指数/%
*C*9	51	6	157	18.5	80	9.5	34	3.9	38	4.5	40	4.7	50	5.9	49	5.7
*C*10	235	6	623	15.9	348	8.9	161	4.1	173	4.4	169	4.4	182	4.7	199	5.1
*B*4	—	50	—	147.5	—	80.4	—	19.0	—	22.7	—	21.3	—	34.7	—	35.0
*C*11	12	5	39	16.3	22	9.0	7	3.1	9	3.6	12	5.0	12	5.2	15	6.3
*C*12	0.88	5	2.52	14.3	0.93	5.3	0.20	1.2	0.20	1.1	0.19	1.1	0.58	3.3	0.39	2.2
*C*13	13.1	10	38.1	29.0	18.1	13.8	3.9	3.0	3.7	2.8	3.4	2.6	8.1	6.2	6.5	5.0
*C*14	10.1	10	34.4	34.0	17.3	17.0	3.2	3.2	2.7	2.6	3.4	3.4	7.3	7.2	5.8	5.8
*C*15	31	5	120	19.3	78	12.5	15	2.5	19	3.1	15	2.5	22	3.5	14	2.3
*C*16	1.3	5	4.7	18.0	1.9	7.5	1.0	3.8	0.6	2.3	0.4	1.4	0.9	3.3	1.0	4.0
*C*17	0.60	5	0.37	3.1	0.73	6.2	0.15	1.2	0.49	4.0	0.32	2.6	0.29	2.4	0.54	4.5
*C*18	1.02	5	2.70	13.5	1.82	9.1	0.20	1.0	0.64	3.2	0.53	2.7	0.71	3.6	0.99	4.9

数据来源：根据《中国文化文物统计年鉴　2017》《中国图书馆年鉴　2017》中的相关统计数据整理。

表 2-9(b)　2016 年各省、自治区、直辖市县级公共图书馆发展水平指数

指标	黑龙江		上海		江苏		浙江		安徽		福建		江西		山东	
	实际值	指数/%	实际值	指数/%	实际值	指数/%	实际值	指数/%	实际值	指数/%	实际值	指数/%	实际值	指数/%	实际值	指数/%
A	—	38.5	—	1004.6	—	236.2	—	387.5	—	69.2	—	111.4	—	68.2	—	109.1
*B*1	—	75.0	—	137.5	—	101.0	—	97.8	—	96.2	—	88.4	—	101.0	—	99.3
*C*1	75.0	75.0	137.5	137.5	101.0	101.0	97.8	97.8	96.2	96.2	88.4	88.4	101.0	101.0	99.3	99.3
*B*2	—	11.1	—	250.0	—	42.4	—	64.8	—	10.8	—	22.7	—	9.1	—	15.9
*C*2	238.1	1.8	9664.0	74.7	1392.1	10.8	1647.8	12.7	336.6	2.6	685.4	5.3	268.7	2.1	367.0	2.9
*C*3	170.0	3.7	2548.2	55.8	451.3	9.9	731.1	16.0	120.6	2.6	216.1	4.7	123.6	2.7	185.5	4.1
*C*4	166.5	3.7	2495.4	55.7	444.7	9.9	697.5	15.6	118.9	2.7	230.9	5.2	113.3	2.5	186.6	4.2
*C*5	14.9	1.9	509.4	63.8	94.3	11.8	163.6	20.5	23.1	2.9	59.9	7.5	14.4	1.8	35.7	4.7
*B*3	—	17.7	—	133.1	—	67.6	—	88.8	—	23.4	—	38.2	—	25.2	—	38.2
*C*6	0.15	3.2	1.31	27.2	0.75	15.5	0.83	17.1	0.21	4.4	0.34	7.2	0.22	4.6	0.48	9.9
*C*7	7.8	3.0	91.2	35.6	44.2	17.3	48.7	18.9	10.5	4.1	23.5	9.2	12.2	4.8	20.6	8.1
*C*8	0.6	2.7	5.8	26.6	3.8	17.6	6.0	27.6	1.0	4.5	1.8	8.4	0.8	3.6	1.3	5.9

续表

指标	黑龙江		上海		江苏		浙江		安徽		福建		江西		山东	
	实际值	指数/%	实际值	指数/%	实际值	指数/%	实际值	指数/%	实际值	指数/%	实际值	指数/%	实际值	指数/%	实际值	指数/%
*C*9	39	4.7	175	20.6	68	8.0	92	10.8	48	5.6	52	6.2	54	6.3	58	6.8
*C*10	157	4.1	905	23.1	361	9.2	561	14.4	188	4.8	282	7.2	231	5.9	294	7.5
*B*4	—	22.5	—	347.5	—	123.9	—	242.6	—	37.7	—	65.1	—	33.2	—	55.8
*C*11	10	4.1	59	24.7	20	8.2	25	10.5	8	3.4	10	4.1	9	3.6	13	5.3
*C*12	0.20	1.1	5.27	30.0	3.82	21.7	7.09	40.3	0.44	2.5	0.69	3.9	0.43	2.4	1.53	8.7
*C*13	3.8	3.0	118.6	90.6	37.9	29.0	82.3	62.8	11.2	8.6	18.8	14.4	8.0	6.2	13.1	10.0
*C*14	3.2	3.2	100.3	99.4	32.1	31.8	49.9	49.4	9.0	9.0	18.2	18.0	7.5	7.4	12.2	12.2
*C*15	16	2.6	186	29.9	46	7.4	81	13.1	21	3.5	37	6.0	24	3.9	43	7.0
*C*16	0.5	1.8	4.6	17.8	2.4	9.1	4.9	19.0	0.8	3.2	1.4	5.4	0.8	3.2	1.3	4.8
*C*17	0.38	3.2	3.41	28.4	0.96	8.0	2.44	20.4	0.47	3.9	0.81	6.8	0.48	4.0	0.46	3.8
*C*18	0.70	3.5	5.33	26.7	1.74	8.7	5.43	27.1	0.71	3.6	1.29	6.5	0.51	2.5	0.80	4.0

数据来源:根据《中国文化文物统计年鉴　2017》《中国图书馆年鉴　2017》中的相关统计数据整理。

表 2-9(c)　2016 年各省、自治区、直辖市县级公共图书馆发展水平指数

指标	河南		湖北		湖南		广东		广西		海南		重庆		四川	
	实际值	指数/%	实际值	指数/%	实际值	指数/%	实际值	指数/%	实际值	指数/%	实际值	指数/%	实际值	指数/%	实际值	指数/%
A	—	56.9	—	97.3	—	77.9	—	209.4	—	54.5	—	41.6	—	228.3	—	68.3
B1	—	87.3	—	92.2	—	97.5	—	94.2	—	86.5	—	78.3	—	107.9	—	98.4
C1	87.3	87.3	92.2	92.2	97.5	97.5	94.2	94.2	86.5	86.5	78.3	78.3	107.9	107.9	98.4	98.4
B2	—	9.2	—	18.6	—	19.8	—	49.5	—	8.6	—	13.6	—	39.3	—	11.5
C2	287.6	2.2	473.3	3.7	1016.6	7.9	1979.5	15.3	255.8	2.0	428.6	3.3	1049.5	8.1	375.9	2.9
C3	109.1	2.4	221.6	4.9	161.6	3.5	511.4	11.2	107.4	2.4	149.5	3.3	462.4	10.1	143.9	3.2
C4	107.3	2.4	216.7	4.8	159.4	3.6	692.4	11.0	106.0	2.4	140.7	3.1	446.5	10.0	143.0	3.2
C5	17.7	2.2	41.6	5.2	38.2	4.8	95.8	12.0	14.6	1.8	31.3	3.9	88.3	11.1	17.4	2.2
B3	—	22.1	—	34.2	—	24.4	—	65.8	—	20.7	—	20.7	—	62.2	—	22.1
C6	0.22	4.8	0.31	6.5	0.22	4.5	0.57	11.7	0.18	3.6	0.21	4.4	0.62	12.8	0.22	4.7
C7	9.4	3.6	14.8	5.7	12.5	5.0	29.6	11.6	12.3	4.8	10.6	4.1	24.6	9.6	10.2	4.1
C8	0.6	2.9	2.0	9.2	1.0	4.7	4.6	21.2	0.4	2.1	0.5	2.6	3.3	15.3	0.58	2.7

续表

指标	河南		湖北		湖南		广东		广西		海南		重庆		四川	
	实际值	指数/%	实际值	指数/%	实际值	指数/%	实际值	指数/%	实际值	指数/%	实际值	指数/%	实际值	指数/%	实际值	指数/%
*C*9	46	5.4	49	5.9	41	4.8	79	9.3	44	5.1	48	5.7	91	10.7	45	5.3
*C*10	209	5.4	270	6.9	210	5.4	467	12.0	199	5.1	155	3.9	541	13.8	206	5.3
*B*4	—	33.9	—	52.7	—	35.7	—	107.0	—	33.7	—	18.8	—	110.1	—	35.8
*C*11	14	5.9	13	5.4	10	4.4	20	8.5	8	3.3	8	3.4	15	6.2	8	3.2
*C*12	0.39	2.2	0.73	4.1	0.50	2.8	2.26	12.9	0.29	1.6	0.11	0.6	1.02	5.8	0.41	2.3
*C*13	8.6	6.6	10.3	7.8	8.3	6.4	34.0	26.0	10.7	8.2	3.6	2.8	23.5	18.0	8.0	6.2
*C*14	7.1	7.0	9.4	9.2	7.9	7.8	17.6	17.4	6.9	6.8	2.9	2.8	21.3	21.0	6.0	6.0
*C*15	25	4.1	31	5.0	29	4.6	63	10.2	31	5.0	13	2.0	97	15.6	25	4.1
*C*16	0.7	2.8	1.3	5.2	0.7	2.9	3.1	12.1	0.8	3.1	0.4	1.5	5.3	8.6	1.2	4.6
*C*17	0.35	2.9	1.06	8.8	0.42	3.5	1.16	9.6	0.35	2.9	0.36	3.0	1.97	16.4	0.58	4.8
*C*18	0.47	2.4	1.44	7.2	0.65	3.3	2.07	10.3	0.57	2.8	0.54	2.7	3.69	18.5	0.93	4.6

数据来源：根据《中国文化文物统计年鉴　2017》《中国图书馆年鉴　2017》中的相关统计数据整理。

表 2-9(d) 2016 年各省、自治区、直辖市县级公共图书馆发展水平指数

指标	贵州		云南		西藏		陕西		甘肃		青海		宁夏		新疆	
	实际值	指数/%	实际值	指数/%	实际值	指数/%	实际值	指数/%	实际值	指数/%	实际值	指数/%	实际值	指数/%	实际值	指数/%
A	—	53.7	—	61.8	—	10.1	—	55.8	—	47.3	—	23.1	—	72.0	—	43.5
B1	—	98.9	—	102.3	—	100	—	95.3	—	98.8	—	95.3	—	90.9	—	87.6
C1	98.9	98.9	102.3	102.3	100	100	95.3	95.3	98.8	98.8	95.3	95.3	90.9	90.9	87.6	87.6
B2	—	10.1	—	11.0	—	4.2	—	11.6	—	9.3	—	6.1	—	17.1	—	10.0
C2	610.3	4.7	428.9	3.3	329.9	2.5	220.3	1.7	312.6	2.4	80.1	0.6	539.7	4.2	265.2	2.0
C3	91.5	2.0	142.4	3.1	25.0	0.5	151.6	3.3	124.5	2.7	72.9	1.6	185.5	4.1	125.5	2.8
C4	89.8	2.0	134.1	3.0	18.8	0.4	159.4	3.6	123.4	2.8	71.4	1.6	214.4	4.8	124.3	2.8
C5	11.2	1.4	13.2	1.6	6.6	0.8	23.8	3.0	11.3	1.4	18.7	2.3	32.3	4.0	19.1	2.4
B3	—	19.5	—	17.9	—	4.3	—	19.3	—	17.5	—	9.5	—	29.3	—	18.6
C6	0.18	3.9	0.18	3.8	0.03	0.6	0.17	3.6	0.16	3.5	0.06	1.4	0.24	5.0	0.18	3.8
C7	8.7	3.5	9.2	3.6	1.1	0.5	8.0	3.2	7.6	3.0	4.2	1.7	13.4	5.3	8.2	3.2
C8	0.4	1.8	0.4	2.0	0.2	0.9	0.64	3.0	0.4	1.8	0.2	0.9	0.8	3.8	0.4	1.8

续表

指标	贵州		云南		西藏		陕西		甘肃		青海		宁夏		新疆	
	实际值	指数/%	实际值	指数/%	实际值	指数/%	实际值	指数/%	实际值	指数/%	实际值	指数/%	实际值	指数/%	实际值	指数/%
C9	47	5.6	40	4.7	14	1.7	45	5.4	44	5.3	37	4.4	71	.8.4	43	5.1
C10	181	4.7	145	3.8	26	0.6	157	4.1	152	3.9	43	1.1	263	6.8	182	4.7
B4	—	24.7	—	31.5	—	1.6	—	27.7	—	21.1	—	8.6	—	32.8	—	21.1
C11	7	3.0	9	3.7	1	0.6	15	6.1	11	4.6	5	2.2	14	5.9	8	3.2
C12	0.31	1.8	0.17	1.0	0.03	0.17	0.17	0.9	0.18	1.0	0.05	0.3	0.27	1.5	0.14	0.8
C13	4.7	3.6	5.8	4.4	0.15	0.12	4.8	3.6	4.2	3.2	1.2	1.0	7.1	5.4	3.8	3.0
C14	3.6	3.6	4.7	4.6	0.07	0.06	3.3	3.2	3.3	3.2	0.8	0.8	5.8	5.8	2.8	2.8
C15	24	3.8	23	3.7	1.7	0.3	29	4.8	13	2.0	5	0.8	19	3.1	18	3.0
C16	0.6	2.4	1.1	4.4	0.05	0.18	0.8	3.1	0.6	2.2	0.1	0.5	0.3	1.3	0.9	3.3
C17	0.44	3.6	0.63	5.2	0.01	0.12	0.40	3.4	0.34	2.8	0.21	1.8	0.54	4.5	0.33	2.7
C18	0.59	2.9	0.90	4.5	0.01	0.07	0.53	2.6	0.42	2.1	0.24	1.2	1.07	5.3	0.45	2.3

数据来源：根据《中国文化文物统计年鉴　2017》《中国图书馆年鉴　2017》中的相关统计数据整理。

2.3.1.2 2017年黑龙江省县级公共图书馆发展水平指数

经测算,2017年黑龙江省县级公共图书馆发展水平指数为40.7%。其他省、自治区、直辖市的情况是:北京市为563.1%,天津市为426.6%,河北省为41.8%,山西省为50.0%,内蒙古自治区为53.4%,辽宁省为66.6%,吉林省为66.0%,上海市为920.0%,江苏省为243.4%,浙江省为384.2%,安徽省为72.2%,福建省为106.9%,江西省为77.5%,山东省为112.0%,河南省为59.5%,湖北省为96.4%,湖南省为72.8%,广东省为209.0%,广西壮族自治区为51.3%,海南省为46.5%,重庆市为243.4%,四川省为68.2%,贵州省为64.2%,云南省为57.1%,西藏自治区为9.3%,陕西省为55.1%,甘肃省为46.9%,青海省为23.3%,宁夏回族自治区为86.0%,新疆维吾尔自治区为37.4%。(见表2-10)

表 2－10(a)　2017 年各省、自治区、直辖市县级公共图书馆发展水平指数

指标	全国		北京		天津		河北		山西		内蒙古		辽宁		吉林	
	实际值	指数/%	实际值	指数/%	实际值	指数/%	实际值	指数/%	实际值	指数/%	实际值	指数/%	实际值	指数/%	实际值	指数/%
A	—	100	—	563.1	—	426.6	—	41.8	—	50.0	—	53.4	—	66.6	—	66.0
*B*1	—	100	—	137.5	—	187.5	—	95.2	—	99.2	—	101.0	—	106.0	—	91.7
*C*1	—	100	137.5	137.5	187.5	187.5	95.2	95.2	99.2	99.2	101.0	101.0	106.0	106.0	91.7	91.7
*B*2	—	20	—	146.7	—	78.5	—	7.3	—	9.0	—	11.6	—	10.1	—	17.9
*C*2	813.9	5	5489.7	33.7	1425.5	8.8	314.9	1.9	331.4	2.9	337.1	2.1	339.9	2.1	368.4	2.3
*C*3	261.3	5	1982.2	37.9	1062.3	20.3	91.8	1.8	116.6	2.2	186.4	3.6	166.3	3.2	305.0	5.8
*C*4	260.0	5	1952.4	37.5	1045.0	20.1	89.2	1.7	113.1	2.2	187.3	3.6	164.9	3.2	303.7	5.8
*C*5	44.4	5	298.6	37.6	260.6	29.3	17.0	1.9	15.5	1.7	20.7	2.3	14.2	1.6	35.5	4.0
*B*3	—	30	—	100.0	—	58.6	—	17.4	—	18.5	—	20.5	—	21.2	—	21.6
*C*6	0.31	6	0.94	18.2	0.66	12.8	0.18	3.6	0.24	4.7	0.22	4.4	0.22	4.4	0.21	4.1
*C*7	17.1	6	87.0	30.6	30.6	10.8	8.2	2.9	8.9	3.2	9.0	3.2	11.9	4.2	12.8	4.5
*C*8	1.6	6	4.6	17.1	3.6	13.5	0.7	2.7	0.4	1.7	1.0	3.6	0.6	2.3	0.8	2.9

续表

指标	全国		北京		天津		河北		山西		内蒙古		辽宁		吉林	
	实际值	指数/%	实际值	指数/%	实际值	指数/%	实际值	指数/%	实际值	指数/%	实际值	指数/%	实际值	指数/%	实际值	指数/%
*C*9	53	6	166	18.8	106	12.0	35	4.1	39	4.5	46	5.1	52	5.9	47	5.3
*C*10	254	6	650	15.3	402	9.5	172	4.1	186	4.4	170	4.2	182	4.4	203	4.8
*B*4	—	50	—	162.8	—	90.4	—	19.2	—	22.9	—	20.8	—	31.5	—	32.5
*C*11	12	5	41	17.1	22	9.1	7	3.1	9	3.6	12	5.0	12	5.0	15	6.2
*C*12	1.12	5	4.30	19.2	1.47	6.6	0.28	1.2	0.25	1.1	0.31	1.4	0.52	2.3	0.44	1.9
*C*13	15.4	10	46.7	30.4	36.7	23.8	5.7	3.6	5.4	3.6	4.7	3.0	10.1	6.6	6.3	4.0
*C*14	11.8	10	37.9	32.2	21.9	18.6	4.6	3.8	3.3	2.8	4.1	3.6	7.7	6.6	5.5	4.6
*C*15	35	5	172	24.5	75	10.7	22	3.2	20	2.8	16	2.3	27	3.8	15	2.1
*C*16	1.4	5	5.6	19.9	1.9	6.7	0.4	1.6	0.9	3.1	0.4	1.6	0.6	2.3	1.0	3.7
*C*17	0.60	5	0.58	5.0	0.78	6.5	0.17	1.4	0.38	3.2	0.23	1.9	0.25	2.1	0.60	5.0
*C*18	1.03	5	2.91	14.5	1.68	8.4	0.27	1.3	0.55	2.7	0.39	2.0	0.56	2.8	1.03	5.0

数据来源:根据《中国文化文物统计年鉴　2018》《中国图书馆年鉴　2018》中的相关统计数据整理。

表 2-10(b)　2017 年各省、自治区、直辖市县级公共图书馆发展水平指数

指标	黑龙江		上海		江苏		浙江		安徽		福建		江西		山东	
	实际值	指数/%	实际值	指数/%	实际值	指数/%	实际值	指数/%	实际值	指数/%	实际值	指数/%	实际值	指数/%	实际值	指数/%
A	—	40.7	—	920.0	—	243.4	—	384.2	—	72.2	—	106.9	—	77.5	—	112.0
*B*1	—	75.0	—	137.5	—	102.0	—	96.6	—	97.1	—	88.2	—	101.0	—	99.3
*C*1	75.0	75.0	137.5	137.5	102.0	102.0	96.6	96.6	97.1	97.1	88.2	88.2	101.0	101.0	99.3	99.3
*B*2	—	8.2	—	205.1	—	41.8	—	64.2	—	10.1	—	20.6	—	12.1	—	16.7
*C*2	257.3	1.6	9930.0	61.0	1490.0	9.2	1907.9	11.7	362.1	2.2	746.2	4.6	685.7	4.2	412.5	2.7
*C*3	136.0	2.6	2653.2	50.8	517.9	9.9	856.0	16.4	132.2	2.5	255.9	4.9	137.0	2.6	220.2	4.2
*C*4	132.4	2.5	2608.3	50.2	525.8	10.1	862.3	16.6	136.5	2.6	246.2	4.7	138.6	2.7	221.8	4.3
*C*5	12.5	1.5	382.5	43.1	111.7	12.6	173.1	19.5	24.9	2.8	56.6	6.4	22.8	2.6	48.4	5.5
*B*3	—	20.3	—	129.2	—	73.7	—	85.8	—	24.0	—	38.2	—	27.9	—	41.5
*C*6	0.17	3.3	1.34	26.0	0.80	15.5	0.86	16.7	0.24	4.7	0.35	6.9	0.25	5.0	0.51	9.9
*C*7	9.2	3.3	95.7	33.6	51.4	18.0	56.9	20.0	13.3	4.7	24.1	8.4	14.2	5.0	22.9	8.1
*C*8	1.3	5.0	7.3	27.3	5.6	20.9	6.4	24.0	1.1	4.2	2.7	10.1	1.4	5.3	2.5	9.5

续表

指标	黑龙江		上海		江苏		浙江		安徽		福建		江西		山东	
	实际值	指数/%	实际值	指数/%	实际值	指数/%	实际值	指数/%	实际值	指数/%	实际值	指数/%	实际值	指数/%	实际值	指数/%
*C*9	40	4.5	180	20.4	76	8.6	95	10.8	49	5.6	54	6.2	55	6.3	59	6.8
*C*10	176	4.2	926	21.9	448	10.7	601	14.3	204	4.8	277	6.6	251	6.3	307	7.2
*B*4	—	25.8	—	334.8	—	123.1	—	247.7	—	40.3	—	62.4	—	36.7	—	54.6
*C*11	10	4.1	60	24.8	20	8.4	26	10.7	8	3.5	10	4.1	9	3.8	13	5.3
*C*12	0.26	1.1	8.77	39.1	4.38	19.6	9.86	43.1	0.69	3.1	0.80	3.6	0.64	2.9	1.32	5.9
*C*13	4.6	3.0	121.4	78.8	49.2	32.0	91.4	59.4	14.3	9.2	22.0	14.2	10.4	6.8	15.5	10.0
*C*14	4.2	3.6	95.8	81.2	37.3	31.6	55.8	47.3	11.2	9.4	24.6	20.8	9.7	8.2	14.0	11.8
*C*15	19	2.7	197	28.1	48	6.8	109	15.6	30	4.2	50	7.1	28	4.0	51	7.3
*C*16	0.6	2.1	5.2	18.7	1.9	6.9	6.8	24.3	1.1	3.9	1.7	6.1	1.1	3.8	1.5	5.3
*C*17	0.50	4.2	4.17	34.7	1.04	8.6	2.38	19.8	0.43	3.6	0.44	3.7	0.51	4.3	0.52	4.4
*C*18	1.01	5.0	5.87	29.4	1.84	9.2	5.53	27.6	0.68	3.4	0.56	2.8	0.57	2.9	0.91	4.6

数据来源：根据《中国文化文物统计年鉴　2018》《中国图书馆年鉴　2018》中的相关统计数据整理。

表 2－10(c)　2017 年各省、自治区、直辖市县级公共图书馆发展水平指数

指标	河南		湖北		湖南		广东		广西		海南		重庆		四川	
	实际值	指数/%	实际值	指数/%	实际值	指数/%	实际值	指数/%	实际值	指数/%	实际值	指数/%	实际值	指数/%	实际值	指数/%
A	—	59.5	—	96.4	—	72.8	—	209.0	—	51.3	—	46.5	—	243.4	—	68.2
*B*1	—	87.3	—	96.1	—	98.4	—	95.0	—	87.4	—	78.3	—	107.9	—	98.9
*C*1	87.3	87.3	96.1	96.1	98.4	98.4	95.0	95.0	87.4	87.4	78.3	78.3	107.9	107.9	98.9	98.9
*B*2	—	9.9	—	17.4	—	16.3	—	45.5	—	7.9	—	21.7	—	35.1	—	11.4
*C*2	440.9	2.7	617.4	3.8	1078.1	6.6	992.3	6.1	235.2	1.4	448.9	2.8	968.9	6.0	418.3	2.6
*C*3	127.6	2.4	243.7	4.7	169.1	3.2	666.5	12.8	118.1	2.3	428.9	8.2	505.1	9.7	155.5	3.0
*C*4	125.4	2.4	242.6	4.7	169.8	3.3	657.3	12.6	112.4	2.2	421.8	8.1	494.2	9.5	155.1	3.0
*C*5	21.4	2.4	37.1	4.2	28.1	3.2	124.4	14.0	17.3	2.0	30.1	2.6	88.0	9.9	25.2	2.8
*B*3	—	21.5	—	31.8	—	22.5	—	60.7	—	20.0	—	19.3	—	66.0	—	23.8
*C*6	0.23	4.5	0.34	6.6	0.24	4.8	0.60	11.7	0.19	3.6	0.22	4.2	0.69	13.4	0.24	4.7
*C*7	10.4	3.6	16.3	5.7	13.6	4.8	33.8	11.9	12.2	4.4	11.1	3.9	29.7	10.4	11.3	4.1
*C*8	0.7	2.7	2.0	7.4	0.8	3.0	4.2	15.6	0.5	2.0	0.4	1.5	4.5	16.8	1.1	4.4

续表

指标	河南		湖北		湖南		广东		广西		海南		重庆		四川	
	实际值	指数/%	实际值	指数/%	实际值	指数/%	实际值	指数/%	实际值	指数/%	实际值	指数/%	实际值	指数/%	实际值	指数/%
*C*9	48	5.4	49	5.6	43	4.8	88	9.9	44	5.0	49	5.6	96	10.8	47	5.3
*C*10	225	5.3	273	6.5	217	5.1	487	11.6	211	5.0	173	4.1	616	14.6	219	5.3
*B*4	—	36.7	—	51.1	—	35.2	—	113.8	—	30.8	—	18.4	—	124.5	—	33.8
*C*11	14	5.9	12	5.0	10	4.3	21	8.7	8	3.3	8	3.3	16	6.6	8	3.3
*C*12	0.51	2.3	0.74	3.3	0.54	2.4	2.66	11.9	0.26	1.2	0.22	1.0	2.96	13.2	0.60	2.7
*C*13	10.3	6.6	11.0	7.2	9.7	6.4	37.9	24.6	11.1	7.2	3.7	2.4	29.4	19.0	8.8	5.8
*C*14	8.5	7.2	10.1	8.6	9.3	7.8	26.5	22.4	7.0	6.0	2.9	2.4	26.3	22.2	6.3	5.4
*C*15	28	4.0	30	4.4	32	4.6	60	8.6	30	4.4	14	2.0	102	14.6	27	3.8
*C*16	0.9	3.3	1.3	4.7	1.0	3.7	4.2	15.0	0.9	3.4	0.5	1.7	4.2	14.9	1.7	6.1
*C*17	0.49	4.1	1.21	10.1	0.37	3.1	1.23	10.2	0.33	2.7	0.35	2.9	1.96	16.3	0.42	3.5
*C*18	0.65	3.3	1.56	7.8	0.57	2.9	2.48	12.4	0.52	2.6	0.55	2.7	3.54	17.7	0.65	3.2

数据来源：根据《中国文化文物统计年鉴　2018》《中国图书馆年鉴　2018》中的相关统计数据整理。

表 2-10(d) 2017 年各省、自治区、直辖市县级公共图书馆发展水平指数

指标	贵州		云南		西藏		陕西		甘肃		青海		宁夏		新疆	
	实际值	指数/%	实际值	指数/%	实际值	指数/%	实际值	指数/%	实际值	指数/%	实际值	指数/%	实际值	指数/%	实际值	指数/%
A	—	64.2	—	57.1	—	9.3	—	55.1	—	46.9	—	23.3	—	86.0	—	37.4
*B*1	—	98.9	—	102.3	—	100	—	95.3	—	98.8	—	95.3	—	90.9	—	87.6
*C*1	98.9	98.9	102.3	102.3	100	100	95.3	95.3	98.8	98.8	95.3	95.3	90.9	90.9	87.6	87.6
*B*2	—	14.0	—	9.5	—	3.7	—	10.7	—	9.5	—	7.0	—	23.3	—	7.2
*C*2	695.9	4.3	439.8	2.7	353.9	2.2	261.4	1.6	364.5	2.2	211.0	1.3	765.3	4.7	286.2	1.8
*C*3	151.2	2.9	141.9	2.7	25.8	0.5	166.5	3.2	137.1	2.6	92.1	1.8	303.7	5.8	111.2	2.1
*C*4	148.3	2.9	144.0	2.8	22.5	0.4	173.4	3.3	140.9	2.7	92.7	1.8	351.2	6.8	111.2	2.1
*C*5	34.9	3.9	11.7	1.3	5.0	0.6	23.3	2.6	17.6	2.0	18.6	2.1	53.4	6.0	10.5	1.2
*B*3	—	22.9	—	17.4	—	3.9	—	18.4	—	17.9	—	9.1	—	35.0	—	18.4
*C*6	0.22	4.2	0.19	3.8	0.03	0.6	0.18	3.5	0.17	3.5	0.09	1.7	0.29	5.6	0.19	3.8
*C*7	9.7	3.5	9.7	3.5	1.3	0.4	8.5	3.0	8.6	3.0	4.4	1.5	15.3	5.4	9.0	3.2
*C*8	1.1	4.2	0.5	1.8	0.2	0.6	0.7	2.4	0.7	2.4	0.2	0.6	2.1	7.8	0.4	1.7

续表

指标	贵州		云南		西藏		陕西		甘肃		青海		宁夏		新疆	
	实际值	指数/%	实际值	指数/%	实际值	指数/%	实际值	指数/%	实际值	指数/%	实际值	指数/%	实际值	指数/%	实际值	指数/%
*C*9	52	5.9	40	4.5	14	1.7	46	5.3	45	5.1	37	4.2	72	8.1	43	5.0
*C*10	218	5.1	159	3.8	27	0.6	179	4.2	165	3.9	46	1.1	344	8.1	198	4.7
*B*4	—	28.0	—	28.9	—	1.7	—	28.7	—	20.1	—	8.4	—	36.3	—	17.1
*C*11	7	3.0	9	3.6	2	0.7	15	6.3	11	4.6	5	2.2	15	6.1	8	3.2
*C*12	0.50	2.2	0.20	0.9	0.01	0.04	0.20	0.9	0.20	1.0	0.04	0.2	0.37	1.6	0.16	0.7
*C*13	6.3	4.0	5.5	3.6	0.1	0.08	5.7	3.6	4.4	2.8	1.2	0.8	9.0	5.8	3.7	2.4
*C*14	4.3	3.6	4.9	4.2	0.07	0.06	3.7	3.2	3.7	3.2	0.8	0.4	6.2	5.2	2.5	2.2
*C*15	29	4.1	25	3.6	2.6	0.4	33	4.7	16	2.3	6	0.9	20	2.9	17	2.5
*C*16	0.8	2.9	1.0	3.7	0.04	0.14	0.9	3.2	0.5	1.8	0.2	0.6	0.6	2.2	0.6	2.1
*C*17	0.55	4.6	0.58	4.9	0.02	0.15	0.45	3.7	0.30	2.5	0.23	1.9	0.78	6.5	0.23	1.9
*C*18	0.72	3.6	0.87	4.4	0.02	0.09	0.62	3.1	0.39	1.9	0.27	1.4	1.21	6.0	0.43	2.1

数据来源：根据《中国文化文物统计年鉴　2018》《中国图书馆年鉴　2018》中的相关统计数据整理。

2.3.1.3 2018 年黑龙江省县级公共图书馆发展水平指数

经测算,2018 年黑龙江省县级公共图书馆发展水平指数为 34.5%。其他省、自治区、直辖市的情况是:北京市为 610.5%,天津市为 443.4%,河北省为 41.9%,山西省为 52.8%,内蒙古自治区为 71.2%,辽宁省为 59.6%,吉林省为 67.2%,上海市为 828.4%,江苏省为 238.5%,浙江省为 395.0%,安徽省为 105.0%,福建省为 107.8%,江西省为 74.0%,山东省为 119.2%,河南省为 62.7%,湖北省为 87.9%,湖南省为 74.3%,广东省为 210.9%,广西壮族自治区为 47.5%,海南省为 48.1%,重庆市为 230.8%,四川省为 65.6%,贵州省为 59.4%,云南省为 53.8%,西藏自治区为 8.4%,陕西省为 56.0%,甘肃省为 45.0%,青海省为 22.7%,宁夏回族自治区为 80.0%,新疆维吾尔自治区为 33.6%。(见表 2-11)

表 2－11(a)　2018 年各省、自治区、直辖市县级公共图书馆发展水平指数

指标	全国		北京		天津		河北		山西		内蒙古		辽宁		吉林	
	实际值	指数/%	实际值	指数/%	实际值	指数/%	实际值	指数/%	实际值	指数/%	实际值	指数/%	实际值	指数/%	实际值	指数/%
A	—	100	—	610.5	—	443.4	—	41.9	—	52.8	—	71.2	—	59.6	—	67.2
*B*1	—	100	—	137.5	—	168.8	—	95.2	—	98.3	—	101.0	—	106.0	—	91.7
*C*1	—	100	137.5	137.5	168.8	168.8	95.2	95.2	98.3	98.3	101.0	101.0	106.0	106.0	91.7	91.7
*B*2	—	20	—	164.1	—	91.9	—	7.2	—	10.1	—	28.8	—	8.6	—	16.4
*C*2	897.8	5	5159.5	28.7	2190.3	12.2	342.9	1.9	385.1	2.1	3646.7	20.3	371.5	2.1	525.2	2.9
*C*3	276.6	5	2386.7	43.1	1394.8	25.2	93.5	1.7	155.3	2.8	174.6	3.2	148.3	2.7	256.1	4.6
*C*4	275.8	5	2332.8	42.3	2250.1	22.7	95.7	1.7	142.7	2.6	177.7	3.2	147.3	2.7	250.0	4.5
*C*5	45.5	5	455.2	50.0	289.0	31.8	17.6	1.9	23.6	2.6	18.7	2.1	10.4	1.1	39.9	4.4
*B*3	—	30	—	106.0	—	77.9	—	17.3	—	18.1	—	19.4	—	20.2	—	20.8
*C*6	0.34	6	0.93	16.4	1.03	18.2	0.20	3.5	0.25	4.4	0.24	4.2	0.23	4.1	0.22	3.9
*C*7	18.6	6	90.8	29.3	38.9	12.6	8.8	2.8	9.3	3.0	9.6	3.1	13.1	4.2	13.4	4.3
*C*8	1.5	6	7.1	28.6	5.6	22.5	0.7	2.9	0.5	1.8	0.7	2.8	0.5	1.9	0.6	2.6

续表

指标	全国		北京		天津		河北		山西		内蒙古		辽宁		吉林	
	实际值	指数/%	实际值	指数/%	实际值	指数/%	实际值	指数/%	实际值	指数/%	实际值	指数/%	实际值	指数/%	实际值	指数/%
*C*9	54	6	164	18.2	116	12.9	36	4.0	40	4.4	45	5.0	51	5.7	48	5.3
*C*10	266	6	597	13.5	519	11.7	183	4.1	198	4.5	189	4.3	190	4.3	207	4.7
*B*4	—	50	—	173.9	—	92.9	—	19.5	—	25.5	—	22.3	—	27.4	—	36.1
*C*11	12	5	40	16.7	27	11.2	7	3.0	9	3.6	11	4.7	11	4.7	15	6.1
*C*12	1.16	5	5.32	22.9	1.68	7.2	0.34	1.4	0.24	1.1	0.31	1.3	0.55	1.4	0.45	1.9
*C*13	17.0	10	63.3	37.2	35.6	20.9	6.2	3.6	6.7	3.9	5.8	3.4	9.5	5.6	6.4	3.8
*C*14	12.6	10	45.2	35.9	29.5	23.4	4.9	3.9	3.8	3.0	4.4	3.5	7.6	6.0	4.4	3.5
*C*15	44	5	202	22.9	104	11.8	26	2.9	21	2.3	16	1.9	27	3.1	18	2.1
*C*16	1.7	5	8.8	25.8	3.2	9.5	0.7	2.0	1.0	3.0	0.7	2.0	0.7	2.0	0.8	2.4
*C*17	0.54	5	0.21	1.9	0.51	4.7	0.15	1.4	0.50	4.6	0.28	2.6	0.21	1.9	0.93	8.6
*C*18	0.92	5	2.0	10.6	0.77	4.2	0.24	1.3	0.73	4.0	0.54	2.9	0.51	2.7	1.42	7.7

数据来源：根据《中国文化和旅游统计年鉴 2019》《中国图书馆年鉴 2019》中的相关统计数据整理。

表 2 - 11(b)　2018 年各省、自治区、直辖市县级公共图书馆发展水平指数

指标	黑龙江		上海		江苏		浙江		安徽		福建		江西		山东	
	实际值	指数/%	实际值	指数/%	实际值	指数/%	实际值	指数/%	实际值	指数/%	实际值	指数/%	实际值	指数/%	实际值	指数/%
A	—	34.5	—	828.4	—	238.5	—	395.0	—	105.0	—	107.8	—	74.0	—	119.2
*B*1	—	75.0	—	131.3	—	103.1	—	98.9	—	99.0	—	89.4	—	101.0	—	99.3
*C*1	75.0	75.0	131.3	131.3	103.1	103.1	98.9	98.9	99.0	99.0	89.4	89.4	101.0	101.0	99.3	99.3
*B*2	—	7.0	—	211.7	—	41.1	—	68.9	—	12.9	—	21.8	—	13.7	—	16.2
*C*2	277.9	1.5	10909.1	60.8	1596.7	8.9	2434.5	13.6	819.1	4.6	777.1	4.3	865.2	4.8	596.4	3.3
*C*3	124.4	2.2	2929.7	53.0	570.0	10.3	1003.0	18.1	143.5	2.6	268.5	4.9	146.4	2.6	223.1	4.0
*C*4	121.5	2.2	2761.8	50.1	580.4	10.5	972.3	17.6	149.2	2.7	272.0	4.9	151.3	2.7	223.8	4.1
*C*5	10.3	1.1	435.0	47.8	103.4	11.4	178.3	19.6	27.7	3.0	69.8	7.7	33.1	3.6	44.0	4.8
*B*3	—	17.3	—	124.2	—	71.0	—	85.4	—	27.6	—	41.5	—	24.7	—	47.4
*C*6	0.18	3.2	1.45	25.6	0.91	16.1	0.94	16.6	0.26	4.6	0.35	6.2	0.27	4.8	0.52	9.2
*C*7	9.7	3.1	102.8	33.2	56.0	18.1	62.5	20.2	15.6	5.0	27.6	8.9	14.9	5.0	26.7	8.6
*C*8	0.6	2.3	5.5	22.0	4.2	16.9	5.4	21.6	1.8	7.0	3.2	12.7	0.7	3.0	3.7	14.9

续表

指标	黑龙江		上海		江苏		浙江		安徽		福建		江西		山东	
	实际值	指数/%	实际值	指数/%	实际值	指数/%	实际值	指数/%	实际值	指数/%	实际值	指数/%	实际值	指数/%	实际值	指数/%
*C*9	41	4.5	189	21.0	79	8.7	107	11.9	52	5.8	53	5.9	55	6.1	58	6.4
*C*10	185	4.2	991	22.4	492	11.2	668	15.1	229	5.2	292	7.8	258	5.8	314	8.3
*B*4	—	21.7	—	295.0	—	119.2	—	245.1	—	65.6	—	57.3	—	34.9	—	56.4
*C*11	9	3.8	62	26.0	20	8.5	29	12.0	8	3.3	10	4.2	9	3.8	13	5.2
*C*12	0.30	1.3	7.72	33.3	4.83	20.8	8.06	34.7	0.73	3.1	0.90	3.9	0.72	3.1	1.51	6.5
*C*13	5.0	3.0	126.9	74.6	49.4	29.0	95.9	56.4	22.6	13.3	23.8	14.0	10.7	6.3	17.6	10.4
*C*14	4.9	3.9	87.3	69.3	37.9	30.1	57.8	45.9	14.4	11.4	26.7	21.2	10.1	8.0	15.8	12.5
*C*15	22	2.5	191	21.8	62	7.1	150	17.1	63	7.1	45	5.1	30	3.4	58	6.6
*C*16	0.9	2.6	6.6	19.4	2.8	8.1	7.3	21.5	4.1	12.0	1.5	4.5	1.1	3.1	1.5	4.3
*C*17	0.25	2.3	2.56	23.7	0.70	6.5	2.76	25.5	0.84	7.8	0.26	2.4	0.44	4.1	0.59	5.5
*C*18	0.42	2.3	4.96	26.9	1.68	9.1	5.90	32.0	1.41	7.6	0.37	2.0	0.56	3.1	1.00	5.4

数据来源:根据《中国文化和旅游统计年鉴　2019》《中国图书馆年鉴　2019》中的相关统计数据整理。

表 2－11(c)　2018 年各省、自治区、直辖市县级公共图书馆发展水平指数

指标	河南		湖北		湖南		广东		广西		海南		重庆		四川	
	实际值	指数/%	实际值	指数/%	实际值	指数/%	实际值	指数/%	实际值	指数/%	实际值	指数/%	实际值	指数/%	实际值	指数/%
A	—	62.7	—	87.9	—	74.3	—	210.9	—	47.5	—	48.1	—	230.8	—	65.6
*B*1	—	88.0	—	95.1	—	99.2	—	95.0	—	88.3	—	82.6	—	107.9	—	98.9
*C*1	88.0	88.0	95.1	95.1	99.2	99.2	95.0	95.0	88.3	88.3	82.6	82.6	107.9	107.9	98.9	98.9
*B*2	—	11.1	—	16.0	—	15.3	—	44.7	—	7.5	—	19.3	—	35.9	—	10.7
*C*2	363.6	2.0	667.4	3.7	1163.3	6.5	1157.1	6.4	257.8	1.4	465.7	2.6	1333.1	7.4	434.2	2.4
*C*3	150.4	2.7	241.7	4.4	169.0	3.1	685.5	12.4	132.6	2.4	304.6	5.5	524.1	9.5	159.0	2.9
*C*4	151.3	2.7	247.1	4.5	166.3	3.0	678.2	12.3	117.7	2.1	400.1	7.3	507.2	9.2	183.6	3.3
*C*5	33.3	3.7	31.0	3.4	24.2	2.7	123.9	13.6	14.1	1.6	35.7	3.9	88.9	9.8	18.8	2.1
*B*3	—	24.1	—	28.3	—	22.1	—	58.7	—	19.3	—	23.1	—	59.3	—	25.7
*C*6	0.26	4.6	0.35	6.2	0.26	4.6	0.61	10.8	0.19	3.4	0.23	4.1	0.75	13.2	0.46	8.1
*C*7	11.7	3.8	17.7	5.7	14.6	4.7	37.9	12.2	12.6	4.1	12.3	4.0	32.5	10.5	11.9	3.8
*C*8	1.1	4.5	1.3	5.2	0.7	2.9	3.7	14.9	0.6	2.3	1.3	5.4	2.4	9.8	0.7	3.0

续表

指标	河南		湖北		湖南		广东		广西		海南		重庆		四川	
	实际值	指数/%	实际值	指数/%	实际值	指数/%	实际值	指数/%	实际值	指数/%	实际值	指数/%	实际值	指数/%	实际值	指数/%
*C*9	52	5.7	48	5.3	43	4.8	84	9.3	44	4.9	48	5.3	96	10.6	50	5.6
*C*10	245	5.5	262	5.9	224	5.1	509	11.5	206	4.6	189	4.3	674	15.2	230	5.2
*B*4	—	36.1	—	48.1	—	37.5	—	118.6	—	27.0	—	15.8	—	118.7	—	29.8
*C*11	14	5.8	12	5.0	10	4.3	22	9.1	8	3.2	8	3.2	17	6.9	8	3.2
*C*12	0.62	2.7	0.89	3.8	0.66	2.8	2.94	12.7	0.27	1.1	0.22	1.0	3.25	14.0	0.67	2.9
*C*13	11.6	6.8	11.9	7.0	11.6	6.8	46.2	27.2	10.9	6.4	5.0	3.0	32.1	18.9	8.8	5.2
*C*14	9.9	7.8	10.9	8.6	12.1	9.6	27.2	21.6	6.7	5.3	2.8	2.2	28.9	22.9	6.3	5.0
*C*15	31	3.5	33	3.8	36	4.1	112	12.8	25	2.9	12	1.4	84	9.5	26	2.9
*C*16	1.0	2.9	1.4	4.1	1.0	2.8	6.7	19.6	1.0	2.8	0.5	1.6	5.0	14.6	1.5	4.4
*C*17	0.40	3.7	0.96	8.9	0.40	3.7	0.85	7.9	0.29	2.7	0.19	1.8	1.6	14.7	0.35	3.3
*C*18	0.53	2.9	1.27	6.9	0.62	3.4	1.42	7.7	0.48	2.6	0.29	1.6	3.16	17.2	0.52	2.9

数据来源:根据《中国文化和旅游统计年鉴 2019》《中国图书馆年鉴 2019》中的相关统计数据整理。

表 2－11(d)　2018 年各省、自治区、直辖市县级公共图书馆发展水平指数

指标	贵州		云南		西藏		陕西		甘肃		青海		宁夏		新疆	
	实际值	指数/%	实际值	指数/%	实际值	指数/%	实际值	指数/%	实际值	指数/%	实际值	指数/%	实际值	指数/%	实际值	指数/%
A	—	59.4	—	53.8	—	8.4	—	56.0	—	45.0	—	22.7	—	80.0	—	33.6
*B*1	—	98.9	—	102.3	—	100	—	95.3	—	98.8	—	100	—	95.5	—	87.6
*C*1	98.9	98.9	102.3	102.3	100	100	95.3	95.3	98.8	98.8	100	100	95.5	95.5	87.6	87.6
*B*2	—	12.0	—	8.9	—	3.5	—	11.2	—	8.4	—	4.8	—	19.1	—	6.5
*C*2	766.5	4.3	392.4	2.2	359.4	2.0	328.7	1.8	353.0	2.0	119.8	0.7	741.0	4.1	332.1	1.8
*C*3	147.2	2.7	147.3	2.7	25.3	0.5	187.6	3.4	131.2	2.4	97.5	1.8	211.6	3.8	104.9	1.9
*C*4	147.5	2.7	147.3	2.7	21.0	0.4	192.5	3.5	135.4	2.5	100.7	1.8	287.5	5.2	106.2	1.9
*C*5	21.2	2.3	12.0	1.3	5.4	0.6	22.7	2.5	12.6	1.5	4.7	0.5	54.9	6.0	8.5	0.9
*B*3	—	20.7	—	16.1	—	3.6	—	18.5	—	16.1	—	8.7	—	30.3	—	18.0
*C*6	0.23	4.1	0.20	3.5	0.03	0.5	0.21	3.7	0.19	3.4	0.09	1.6	0.28	4.9	0.29	5.1
*C*7	10.3	3.3	9.8	3.2	1.4	0.5	9.2	3.0	8.9	2.9	4.6	1.5	15.8	5.1	8.1	2.6
*C*8	0.7	2.7	0.3	1.3	0.1	0.5	0.6	2.3	0.2	1.0	0.1	0.5	1.3	5.1	0.2	0.9

续表

指标	贵州		云南		西藏		陕西		甘肃		青海		宁夏		新疆	
	实际值	指数/%	实际值	指数/%	实际值	指数/%	实际值	指数/%	实际值	指数/%	实际值	指数/%	实际值	指数/%	实际值	指数/%
*C*9	51	5.6	40	4.4	13	1.5	47	5.2	45	5.0	34	3.8	68	7.5	43	4.8
*C*10	220	5.0	164	3.7	26	0.6	192	4.3	169	3.8	56	1.3	342	7.7	202	4.6
*B*4	—	27.4	—	27.6	—	1.3	—	29.1	—	21.0	—	9.2	—	34.4	—	13.9
*C*11	7	3.0	8	3.5	1.3	0.6	15	6.3	11	4.5	6	2.4	1	6.6	8	3.1
*C*12	0.69	3.0	1.24	1.0	0.004	0.02	0.27	1.2	0.25	1.1	0.08	0.3	0.42	1.8	0.16	0.7
*C*13	7.2	4.2	7.1	4.2	0.1	0.08	6.5	3.8	4.9	2.9	1.2	0.7	11.7	6.9	3.6	2.1
*C*14	4.9	3.9	4.9	3.9	0.08	0.07	4.3	3.4	3.9	3.1	0.8	0.6	7.5	6.0	2.3	1.8
*C*15	27	3.0	23	2.6	2	0.2	35	4.0	18	2.0	10	1.2	21	2.4	14	1.6
*C*16	0.8	2.3	1.2	3.6	0.02	0.05	1.0	2.9	0.6	1.8	0.3	0.9	1.0	2.8	0.7	2.0
*C*17	0.48	4.4	0.53	4.9	0.02	0.2	0.48	4.4	0.33	3.1	0.19	1.8	0.40	3.7	0.14	1.3
*C*18	0.66	3.6	0.72	3.9	0.02	0.1	0.57	3.1	0.46	2.5	0.24	1.3	0.77	4.2	0.23	1.3

数据来源：根据《中国文化和旅游统计年鉴 2019》《中国图书馆年鉴 2019》中的相关统计数据整理。

2.3.1.4 黑龙江省县级公共图书馆发展水平指数2016年、2017年、2018年比较

2017年与2016年相比，黑龙江省县级公共图书馆发展水平指数A上升了2.2个百分点，其中公共图书馆覆盖水平指数$B1$持平，公共图书馆投入水平指数$B2$下降了2.9个百分点，公共图书馆设施水平指数$B3$上升了2.6个百分点，公共图书馆服务水平指数$B4$上升了3.3个百分点。具体分析，公共图书馆覆盖率指数$C1$持平，馆均资产指数$C2$下降了0.2个百分点，馆均年收入指数$C3$下降了1.1个百分点，馆均年支出指数$C4$下降了1.2个百分点，馆均年各种设备购置费指数$C5$下降了0.4个百分点，馆均建筑面积指数$C6$上升了0.1个百分点，馆均总藏量指数$C7$上升了0.3个百分点，馆均年新购藏量指数$C8$上升了2.3个百分点，馆均计算机台数指数$C9$下降了0.2个百分点，馆均阅览室座席数指数$C10$上升了0.1个百分点，馆均从业人员指数$C11$持平，馆均累计发放有效借书证数指数$C12$持平，馆均年流通人次指数$C13$持平，馆均年书刊外借册次指数$C14$上升了0.4个百分点，馆均年举办讲座展览培训次数指数$C15$上升了0.1个百分点，馆均年举办讲座展览培训参加人次指数$C16$上升了0.3个百分点，馆均年流动图书馆车书刊借阅人次指数$C17$上升了1.0个百分点，馆均年流动图书馆车书刊借阅册次指数$C18$上升了1.5个百分点。2017年同2016年相比，黑龙江省县级公共图书馆发展水平指数上升，主要得益于书刊外借册次、讲座展览培训次数和人数、流动图书馆车书刊借阅人次和册次增加上。

2018年与2017年相比，黑龙江省县级公共图书馆发展水平指数下降了6.2个百分点，其中公共图书馆覆盖水平指数$B1$持平，公共图书馆投入水平指数$B2$下降了1.2个百分点，公共图书馆设施水平指数$B3$下降了3.0个百分点，公共图书馆服务水平指数$B4$下降了4.1个百分点。具体分析，公共图书馆覆盖率指数$C1$持平，馆均资产指数$C2$下降了0.1个百分点，馆均年收入指数$C3$下降了0.4个百分点，馆均年支出指数$C4$下降了0.3个百分点，馆均年各种设备购置费指数$C5$下降了0.4个百分点，馆均建筑面积指数$C6$下降了0.1个百分点，馆均总藏量指数$C7$下降了0.2个百分点，

馆均年新购藏量指数 C8 下降了 2.7 个百分点，馆均计算机台数指数 C9 持平，馆均阅览室座席数指数 C10 持平，馆均从业人员指数 C11 下降了 0.3 个百分点，馆均累计发放有效借书证数指数 C12 上升了 0.2 个百分点，馆均年流通人次指数 C13 持平，馆均年书刊外借册次指数 C14 上升了 0.3 个百分点，馆均年举办讲座展览培训次数指数 C15 下降了 0.2 个百分点，馆均年举办讲座展览培训参加人次指数 C16 上升了 0.5 个百分点，馆均年流动图书馆车书刊借阅人次指数 C17 下降了 1.9 个百分点，馆均年流动图书馆车书刊借阅册次指数 C18 下降了 2.7 个百分点。2018 年同 2017 年相比，黑龙江省县级公共图书馆发展水平指数下降，主要原因在于政府经费投入、流动图书馆车书刊借阅人次和册次减少。（见图 2－15 和表 2－12）

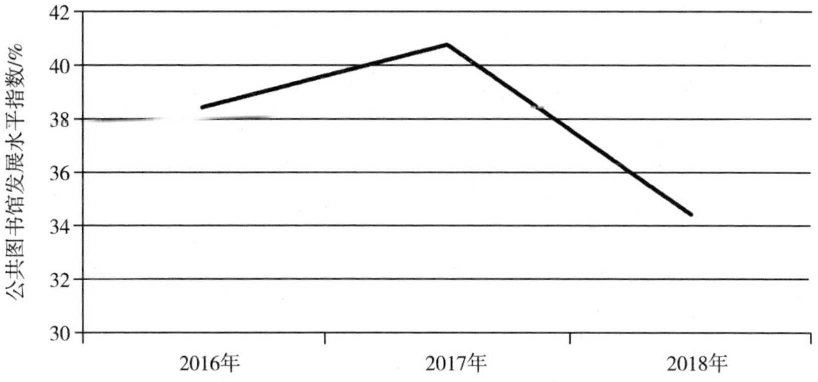

图 2－15　2016 年、2017 年、2018 年黑龙江省县级公共图书馆发展水平指数比较

表 2-12　2016 年、2017 年、2018 年黑龙江省县级公共图书馆发展水平指数比较

指标	2016 年		2017 年				2018 年			
	实际值	指数/%	实际值	2017 年实际值比2016 年实际值	指数/%	2017 年指数比 2016 年指数/%	实际值	2018 年实际值比 2017 年实际值	指数/%	2018 年指数比 2017 年指数/%
A	—	38.5	—	—	40.7	+2.2	—	—	34.5	-6.2
*B*1	—	75.0	—	—	75.0	0	—	—	75.0	0
*C*1	75.0	75.0	75.0	0	75.0	0	75.0	0	75.0	0
*B*2	—	11.1	—	—	8.2	-2.9	—	—	7.0	-1.2
*C*2	238.1	1.8	257.3	+19.2	1.6	-0.2	277.9	+20.6	1.5	-0.1
*C*3	170.0	3.7	136.0	-34.0	2.6	-1.1	124.4	-11.6	2.2	-0.4
*C*4	166.5	3.7	132.4	-34.1	2.5	-1.2	121.5	-10.9	2.2	-0.3
*C*5	14.9	1.9	12.5	-2.4	1.5	-0.4	10.3	-2.2	1.1	-0.4
*B*3	—	17.7	—	—	20.3	+2.6	—	—	17.3	-3.0
*C*6	0.15	3.2	0.17	+0.02	3.3	+0.1	0.18	+0.01	3.2	-0.1
*C*7	7.8	3.0	9.2	+1.4	3.3	+0.3	9.7	+0.5	3.1	-0.2
*C*8	0.6	2.7	1.3	+0.7	5.0	+2.3	0.6	-0.7	2.3	-2.7

续表

指标	2016 年		2017 年				2018 年			
	实际值	指数/%	实际值	2017 年实际值比2016 年实际值	指数/%	2017 年指数比 2016 年指数/%	实际值	2018 年实际值比 2017 年实际值	指数/%	2018 年指数比 2017 年指数/%
C9	39	4.7	40	+1	4.5	-0.2	41	+1	4.5	0
C10	157	4.1	176	+19	4.2	+0.1	185	+9	4.2	0
B4	—	22.5	—	—	25.8	+3.3	—	—	21.7	-4.1
C11	10	4.1	10	0	4.1	0	9	-1	3.8	-0.3
C12	0.20	1.1	0.26	+0.06	1.1	0	0.30	+0.04	1.3	+0.2
C13	3.8	3.0	4.6	+0.8	3.0	0	5.0	+0.4	3.0	0
C14	3.2	3.2	4.2	+1.0	3.6	+0.4	4.9	+0.7	3.9	+0.3
C15	16	2.6	19	+3	2.7	+0.1	22	+3	2.5	-0.2
C16	0.5	1.8	0.6	+0.1	2.1	+0.3	0.9	+0.3	2.6	+0.5
C17	0.38	3.2	0.5	+0.12	4.2	+1.0	0.25	-0.25	2.3	-1.9
C18	0.7	3.5	1.0	+0.3	5.0	+1.5	0.42	-0.58	2.3	-2.7

数据来源：根据《中国文化文物统计年鉴》（2017 年、2018 年）、《中国文化和旅游统计年鉴 2019》和《中国图书馆年鉴 2018》中的相关统计数据整理。

2.3.2 黑龙江省县级公共图书馆发展水平位次

2.3.2.1 2016年黑龙江省县级公共图书馆发展水平位次

根据以上计算得出的数据,将2016年各省、自治区、直辖市县级公共图书馆发展水平进行排位,其中,黑龙江省排在第29位。各省、自治区、直辖市县级公共图书馆发展水平位次由高到低依次为:上海市(第1位)、北京市(第2位)、浙江省(第3位)、天津市(第4位)、江苏省(第5位)、重庆市(第6位)、广东省(第7位)、福建省(第8位)、山东省(第9位)、湖北省(第10位)、湖南省(第11位)、辽宁省(第12位)、宁夏回族自治区(第13位)、安徽省(第14位)、四川省(第15位)、江西省(第16位)、吉林省(第17位)、云南省(第18位)、河南省(第19位)、陕西省(第20位)、广西壮族自治区(第21位)、贵州省(第22位)、山西省(第23位)、内蒙古自治区(第24位)、甘肃省(第25位)、新疆维吾尔自治区(第26位)、海南省(第27位)、河北省(第28位)、黑龙江省(第29位)、青海省(第30位)、西藏自治区(第31位)。(见图2-16)

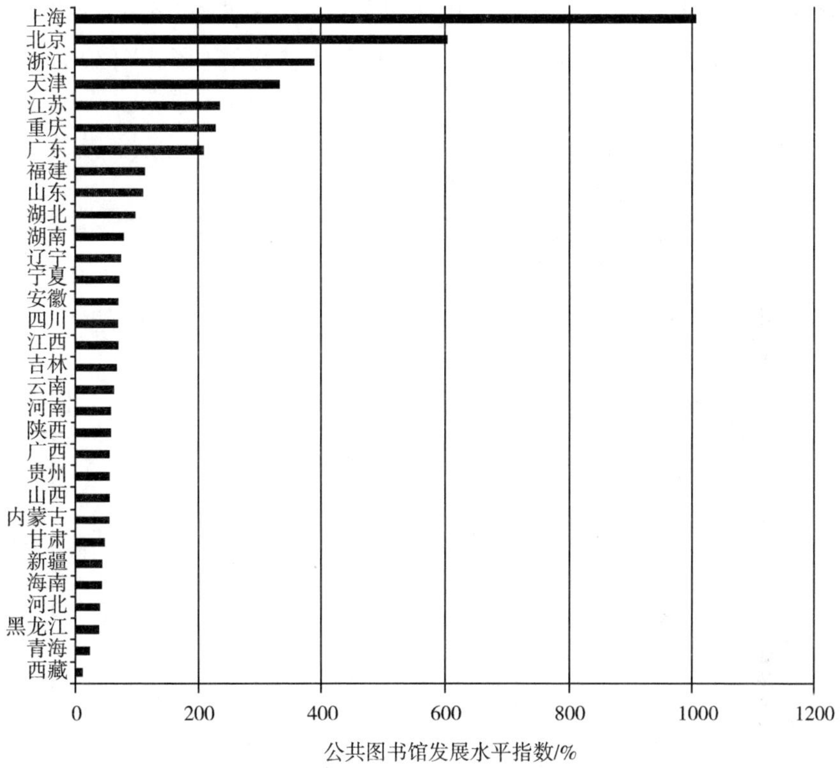

图 2－16　2016 年各省、自治区、直辖市县级公共图书馆发展水平位次

2.3.2.2　2017 年黑龙江省县级公共图书馆发展水平位次

根据以上计算得出的数据，将 2017 年各省、自治区、直辖市县级公共图书馆发展水平进行排位，其中，黑龙江省排在第 28 位。各省、自治区、直辖市县级公共图书馆发展水平位次由高到低依次为：上海市（第 1 位）、北京市（第 2 位）、天津市（第 3 位）、浙江省（第 4 位）、重庆市（第 5 位）、江苏省（第 6 位）、广东省（第 7 位）、山东省（第 8 位）、福建省（第 9 位）、湖北省（第 10 位）、宁夏回族自治区（第 11 位）、江西省（第 12 位）、湖南省（第 13 位）、安徽省（第 14 位）、四川省（第 15 位）、辽宁省（第 16 位）、吉林省（第 17 位）、贵州省（第 18 位）、河南省（第 19 位）、云南省（第 20 位）、陕西省（第 21 位）、内蒙古自治区（第 22 位）、广西壮族自治区（第 23 位）、山西省

(第24位)、甘肃省(第25位)、海南省(第26位)、河北省(第27位)、黑龙江省(第28位)、新疆维吾尔自治区(第29位)、青海省(第30位)、西藏自治区(第31位)。(见图2-17)

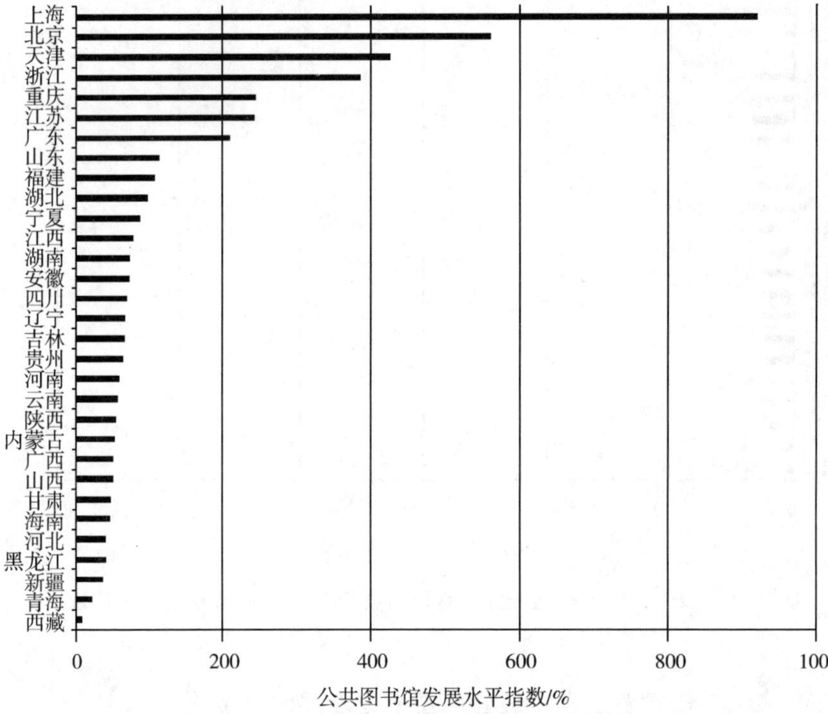

图2-17　2017年各省、自治区、直辖市县级公共图书馆发展水平位次

2.3.2.3　2018年黑龙江省县级公共图书馆发展水平位次

根据以上计算得出的数据，将2018年各省、自治区、直辖市县级公共图书馆发展水平进行排位，其中，黑龙江省排在第28位。各省、自治区、直辖市县级公共图书馆发展水平位次由高到低依次为：上海市(第1位)、北京市(第2位)、天津市(第3位)、浙江省(第4位)、江苏省(第5位)、重庆市(第6位)、广东省(第7位)、山东省(第8位)、福建省(第9位)、安徽省(第10位)、湖北省(第11位)、宁夏回族自治区(第12位)、湖南省(第13

位）、江西省（第 14 位）、内蒙古自治区（第 15 位）、吉林省（第 16 位）、四川省（第 17 位）、河南省（第 18 位）、辽宁省（第 19 位）、贵州省（第 20 位）、陕西省（第 21 位）、云南省（第 22 位）、山西省（第 23 位）、海南省（第 24 位）、广西壮族自治区（第 25 位）、甘肃省（第 26 位）、河北省（第 27 位）、黑龙江省（第 28 位）、新疆维吾尔自治区（第 29 位）、青海省（第 30 位）、西藏自治区（第 31 位）。（见图 2－18）

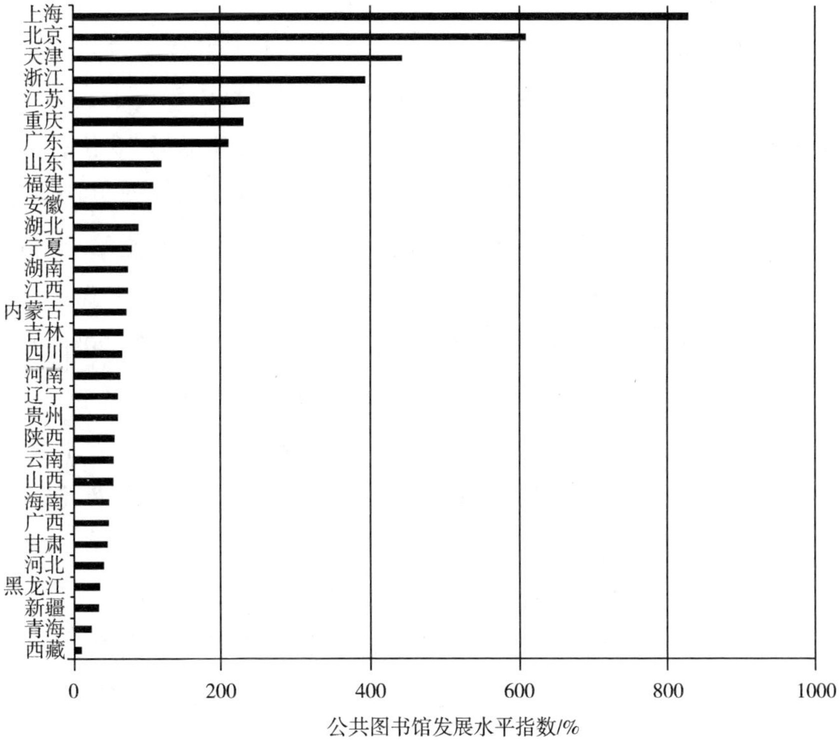

图 2－18　2018 年各省、自治区、直辖市县级公共图书馆发展水平比较

2.3.2.4　黑龙江省县级公共图书馆发展水平位次 2016 年、2017 年、2018 年比较

2017 年黑龙江省县级公共图书馆发展水平位次上升了 1 位，由 2016 年

第29位上升至第28位。其他省、自治区、直辖市县级公共图书馆发展水平位次变化的具体情况是：上海市、北京市、广东省、湖北省、安徽省、四川省、吉林省、河南省、甘肃省、青海省、西藏自治区11个省、自治区、直辖市的县级公共图书馆发展水平位次没有变化，依然分别是第1位、第2位、第7位、第10位、第14位、第15位、第17位、第19位、第25位、第30位、第31位。9个省、自治区、直辖市的县级公共图书馆发展水平位次有所上升，其中。江西省上升了4位，由第16位升至第12位；贵州省上升了4位，由第22位升至第18位；宁夏回族自治区上升了2位，由第13位升至第11位；内蒙古自治区上升了2位，由第24位升至第22位；天津市上升了1位，由第4位升至第3位；重庆市上升了1位，由第6位升至第5位；山东省上升了1位，由第9位升至第8位；海南省上升了1位，由第27位升至第26位；河北省上升了1位，由第28位升至第27位。10个省、自治区的县级公共图书馆发展水平位次有所下降，其中，辽宁省下降了4位，由第12位降至第16位；新疆维吾尔自治区下降了3位，由第26位降至第29位；湖南省下降了2位，由第11位降至第13位；云南省下降了2位，由第18位降至第20位；广西壮族自治区下降了2位，由第21位降至第23位；浙江省下降了1位，由第3位降至第4位；江苏省下降了1位，由第5位降至第6位；福建省下降了1位，由第8位降至第9位；陕西省下降了1位，由第20位降至第21位；山西省下降了1位，由第23位降至第24位。

2018年黑龙江省县级公共图书馆发展水平位次与2017年持平，仍然是第28位。其他省、自治区、直辖市县级公共图书馆发展水平位次变化的具体情况是：上海市、北京市、天津市、浙江省、广东省、山东省、福建省、湖南省、陕西省、河北省、新疆维吾尔自治区、青海省、西藏自治区13个省、自治区、直辖市的县级公共图书馆发展水平位次没有变化，依然分别是第1位、第2位、第3位、第4位、第7位、第8位、第9位、第13位、第21位、第27位、第29位、第30位、第31位。7个省、自治区的县级公共图书馆发展水平位次有所上升，其中。内蒙古自治区上升了7位，由第22位升至第15位；安徽省上升了4位，由第14位升至第10位；海南省上升了2位，由第26位升至第24位；江苏省上升了1位，由第6位升至第5位；吉林省上升了1位，由第17位升至第16位；河南省上升了1位，由第19位升至第18位；山西省上升了1位，由第24位升至第23位。10个省、自治区、直辖市的县级公共图书馆发展水平位次有所下降，其中，辽宁省下降了3位，由第16位降至第19位；江西省下降了2位，由第12位降至第14位；四川省下降了2位，由第15位降至第17位；贵州省下降了2位，由第18位降至第20位；云南省下降了2位，由第20位降至第22位；广西壮族自治区下降了2位，由第23位降至第25位；重庆市下降了1位，由第5位降至第6位；湖北省下降了1位，由第10位降至第11位；宁夏回族自治区下降了1位，由第11位降至第12位；甘肃省下降了1位，由第25位降至第26位。

2.3.3 黑龙江省县级公共图书馆发展水平层次

县级公共图书馆发展水平分为“很高、较高、一般、较低、很低”五个层次，县级公共图书馆发展水平指数在150%以上的为“很高”，100%—150%的为“较高”，80%—100%的为“一般”，60%—80%的为“较低”，60%以下的为“很低”。

2.3.3.1 2016年黑龙江省县级公共图书馆发展水平层次

2016年黑龙江省县级公共图书馆发展水平层次为“很低”。各省、自治区、直辖市的具体情况是：上海市、北京市、浙江省、天津市、江苏省、重庆市、广东省7个省、直辖市的县级公共图书馆发展水平层次为“很高”；福建省、山东省2个省的县级公共图书馆发展水平层次为“较高”；湖北省1个省的县级公共图书馆发展水平层次为“一般”；湖南省、辽宁省、宁夏回族自治区、安徽省、四川省、江西省、吉林省、云南省8个省、自治区的县级公共图书馆发展水平层次为“较低”；河南省、陕西省、广西壮族自治区、贵州省、山西省、内蒙古自治区、甘肃省、新疆维吾尔自治区、海南省、河北省、黑龙江省、青海省、西藏自治区13个省、自治区的县级公共图书馆发展水平层次为“很低”。

2016年,各省、自治区、直辖市县级公共图书馆发展水平呈现明显的"哑铃型"不正常分布和两极分化态势。上海市、北京市、浙江省、天津市、江苏省、广东省6个东部沿海地区省、直辖市和重庆市这个西部地区直辖市为"很高",远远排在各省、自治区、直辖市的最前面;福建省、山东省2个东部沿海地区省份为"较高",湖北省1个中部地区省份为"一般",孤零零地排在中间;剩下8个"较低"的省、自治区(包括2个东北地区省份、3个中部地区省份、3个西部地区省、自治区)和13个"很低"的省、自治区(包括2个东部沿海地区省份、1个东北地区省份、2个中部地区省份、8个西部地区省、自治区)远远落在后面。(见图2－19)

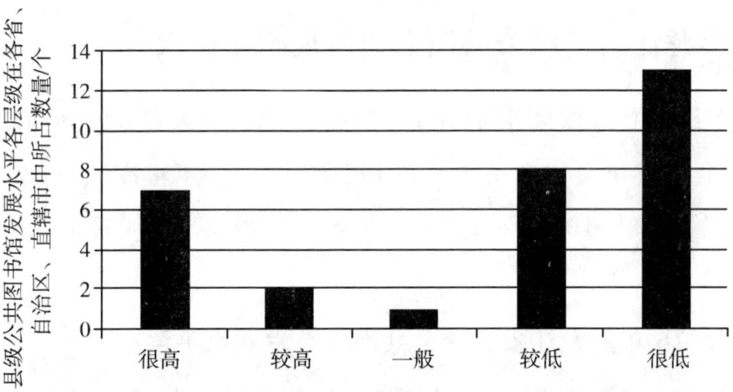

图2－19　2016年各省、自治区、直辖市县级公共图书馆发展水平层次分布

2.3.3.2　2017年黑龙江省县级公共图书馆发展水平层次

2017年黑龙江省县级公共图书馆发展水平层次为"很低"。各省、自治区、直辖市的具体情况是:上海市、北京市、天津市、浙江省、重庆市、江苏省、广东省7个省、直辖市的县级公共图书馆发展水平层次为"很高";山东省、福建省2个省的县级公共图书馆发展水平层次为"较高";湖北省、宁夏回族自治区2个省、自治区的县级公共图书馆发展水平层次为"一般";江西省、湖南省、安徽省、四川省、辽宁省、吉林省、贵州省7个省的县级公共图书馆发展水平层次为“较低”；河南省、云南省、陕西省、内蒙古自治区、广西壮族自治区、山西省、甘肃省、海南省、河北省、黑龙江省、新疆维吾尔自治区、青海省、西藏自治区 13 个省、自治区的县级公共图书馆发展水平层次为“很低”。

2017 年，各省、自治区、直辖市县级公共图书馆发展水平依然呈现明显的“哑铃型”不正常分布和两极分化态势。上海市、北京市、天津市、浙江省、江苏省、广东省 6 个东部沿海地区省、直辖市和重庆市这个西部地区直辖市为“很高”，依然远远排在最前面；排在中间只有山东省、福建省 2 个“较高”的东部沿海地区省份和湖北省、宁夏回族自治区 2 个“一般”的中西部地区省、自治区，剩下 7 个“较低”的省份（2 个东北地区省份、3 个中部地区省份、2 个西部地区省份）和 13 个“很低”的省、自治区（2 个东部沿海地区省份、1 个东北地区省份、2 个中部地区省份、8 个西部地区省、自治区）依然远远落在后面。（见图 2－20）

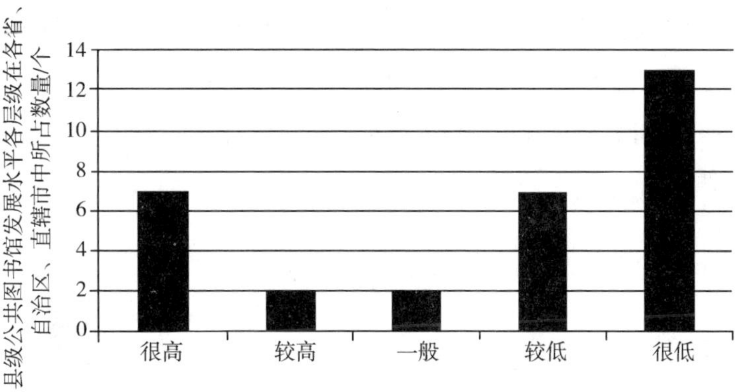

图 2－20　2017 年各省、自治区、直辖市县级公共图书馆发展水平层次分布

2.3.3.3　2018 年黑龙江省县级公共图书馆发展水平层次

2018 年黑龙江省县级公共图书馆发展水平层次为“很低”。各省、自治区、直辖市的具体情况是：上海市、北京市、天津市、浙江省、江苏省、重庆市、广东省7个省、直辖市的县级公共图书馆发展水平层次为“很高”;山东省、福建省、安徽省3个省份的县级公共图书馆发展水平层次为“较高”;湖北省、宁夏回族自治区2个省、自治区的县级公共图书馆发展水平层次为“一般”;湖南省、江西省、内蒙古自治区、吉林省、四川省、河南省6个省、自治区的县级公共图书馆发展水平层次为“较低”;辽宁省、贵州省、陕西省、云南省、山西省、海南省、广西壮族自治区、甘肃省、河北省、黑龙江省、新疆维吾尔自治区、青海省、西藏自治区13个省、自治区的县级公共图书馆发展水平层次为“很低”。

2018年,各省、自治区、直辖市县级公共图书馆发展水平依然呈现明显的“哑铃型”不正常分布和两极分化态势。上海市、北京市、天津市、浙江省、江苏省、广东省6个东部沿海地区省、直辖市和重庆市这个西部地区直辖市为“很高”,依然远远排在最前面。排在中间的“较高”和“一般”的省、自治区只有5个。其中“较高”的山东省、福建省属于东部沿海地区,安徽省属于中部地区;“一般”的湖北省属于中部地区,宁夏回族自治区属于西部地区。剩下6个“较低”的省、自治区(1个东北地区省份、3个中部地区省份、2个西部地区省、自治区)和13个“很低”的省、自治区(2个东部沿海地区省份、2个东北地区省份、1个中部地区省份、8个西部地区省、自治区)依然远远落在后面。(见图2-21)

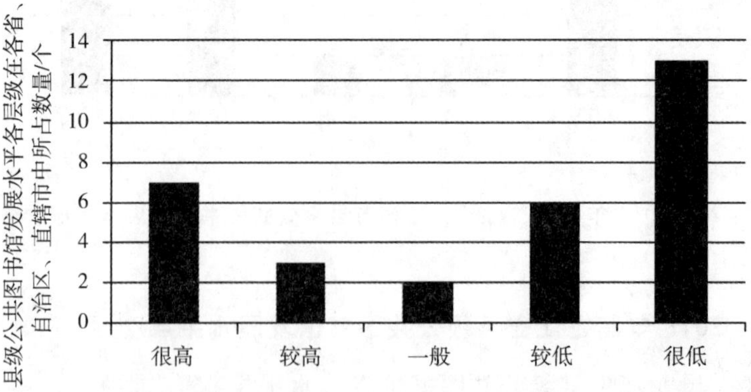

图2-21 2018年各省、自治区、直辖市县级公共图书馆发展水平层次分布

2.3.3.4 黑龙江省县级公共图书馆发展水平层次 2016 年、2017 年、2018 年比较

黑龙江省县级公共图书馆发展水平层次 2016 年、2017 年、2018 年均为“很低”。

2017 年同 2016 年相比，县级公共图书馆发展水平为“很高”的省份依然是 7 个，“较高”的省份依然是 2 个，“一般”的省、自治区由 1 个增加到了 2 个，“较低”的省、自治区由 8 个减少到了 7 个，“很低”的省、自治区依然是 13 个。其中，宁夏回族自治区由“较低”上升为“一般”，其他省、自治区、直辖市的县级公共图书馆发展水平层次没有变化。

2018 年同 2017 年相比，县级公共图书馆发展水平为“很高”的省份依然是 7 个，“较高”的省份由 2 个增加到了 3 个，“一般”的省、自治区依然是 2 个，“较低”的省、自治区由 7 个减少到了 6 个，“很低”的省、自治区依然是 13 个。其中，安徽省由“较低”上升为“较高”；河南省、内蒙古自治区由“很低”上升为“较低”；辽宁省、贵州省由“较低”下降为“很低”，其他省、自治区、直辖市的县级公共图书馆发展水平层次没有变化。

2.4 黑龙江省公共图书馆发展水平评价结论

2.4.1 黑龙江省的公共图书馆发展水平与其经济发展水平总体相符合

2016 年，黑龙江省的省级公共图书馆发展水平位次为第 17 位，地市级公共图书馆发展水平位次为第 14 位（如果考虑北京市、天津市、上海市、重庆市 4 个直辖市因素，实际排名应为第 18 位），略高于当年地区生产总值位次（第 21 位）和人均地区生产总值位次（第 21 位）；黑龙江省的县级公共图书馆发展水平位次为第 29 位，较大幅度低于其当年地区生产总值位次（第 21 位）和人均地区生产总值位次（第 21 位）。（见表 2－13）

表 2-13 2016 年各省、自治区、直辖市省级、地市级、县级公共图书馆发展水平和经济发展水平比较

地区	公共图书馆发展水平位次			经济发展水平位次			
	省级	地市级	县级	地区生产总值		人均地区生产总值	
				数值/亿元	位次	数值/万元	位次
北京	6	—	2	24899.30	12	11.46	1
天津	7	—	4	17885.39	19	11.45	2
河北	20	8	28	31827.90	8	4.26	19
山西	19	16	23	12928.30	24	3.51	27
内蒙古	23	15	24	18632.60	16	7.39	7
辽宁	10	4	12	22037.88	14	5.03	14
吉林	12	9	17	14886.23	22	5.43	12
黑龙江	17	14	29	15386.00	21	4.05	21
上海	1	—	1	27466.15	11	11.36	3
江苏	3	3	5	76086.20	2	9.53	4
浙江	15	1	3	46485.00	4	8.35	5
安徽	25	12	14	24117.90	13	3.91	25
福建	4	5	8	28519.15	10	7.40	6
江西	9	13	16	18364.40	17	4.01	23
山东	16	6	9	67008.20	3	6.77	9
河南	24	10	19	40160.01	5	4.22	20
湖北	8	7	10	32297.91	7	5.49	11
湖南	13	11	11	31244.70	9	4.59	16
广东	2	2	7	79512.05	1	7.28	8
广西	5	17	21	18245.07	18	3.79	26
海南	26	24	27	4044.51	28	4.43	17
重庆	11	—	6	17558.76	20	5.79	10
四川	18	18	15	32680.50	6	3.96	24
贵州	27	23	22	11734.43	25	3.31	29

续表

地区	公共图书馆发展水平位次			经济发展水平位次			
	省级	地市级	县级	地区生产总值		人均地区生产总值	
				数值/亿元	位次	数值/万元	位次
云南	21	20	18	14869.95	23	3.13	30
西藏	31	27	31	1150.07	31	3.50	28
陕西	14	21	20	19165.39	15	5.04	13
甘肃	22	25	25	7152.04	27	2.75	31
青海	30	26	30	2572.49	30	4.35	18
宁夏	28	19	13	3150.06	29	4.69	15
新疆	29	22	26	9617.23	26	4.04	22

数据来源:根据各省、自治区、直辖市 2017 年统计年鉴中的相关数据整理。

2017 年黑龙江省的省级公共图书馆发展水平位次为第 18 位,地市级公共图书馆发展水平位次为第 16 位(如果考虑北京市、天津市、上海市、重庆市 4 个直辖市因素,实际排位应为第 20 位),接近其当年地区生产总值位次(第 21 位),高于当年人均地区生产总值位次(第 25 位)。黑龙江省的县级公共图书馆发展水平位次为第 26 位,低于其当年地区生产总值位次(第 21 位),接近其当年人均地区生产总值位次(第 25 位)。(见表 2 – 14)

表 2 – 14　2017 年各省、自治区、直辖市省级、地市级、县级公共图书馆发展水平和经济发展水平比较

地区	公共图书馆发展水平位次			经济发展水平位次			
	省级	地市级	县级	地区生产总值		人均地区生产总值	
				数值/亿元	位次	数值/万元	位次
北京	10	—	2	28000.4	12	12.90	1
天津	4	—	3	18595.4	19	11.94	3
河北	21	8	27	35964.0	8	4.78	18

续表

地区	公共图书馆发展水平位次			经济发展水平位次			
				地区生产总值		人均地区生产总值	
	省级	地市级	县级	数值/亿元	位次	数值/万元	位次
山西	16	17	24	14973.5	24	4.06	27
内蒙古	25	18	22	16103.2	22	6.37	9
辽宁	5	4	16	23942.0	14	5.47	14
吉林	12	12	17	15288.9	23	5.61	13
黑龙江	18	16	28	16199.9	21	4.27	25
上海	1	—	1	30133.9	11	12.46	2
江苏	3	3	5	85900.9	2	10.72	4
浙江	7	2	4	51768.0	4	9.21	5
安徽	24	11	14	27518.7	13	4.42	24
福建	8	5	9	32298.3	10	8.30	6
江西	20	13	12	20818.5	16	4.52	20
山东	17	6	8	72678.2	3	7.29	8
河南	11	9	19	44988.2	5	4.71	19
湖北	9	7	10	36522.9	7	6.19	11
湖南	13	10	13	34590.6	9	5.06	16
广东	2	1	7	89879.2	1	8.11	7
广西	6	14	23	20396.3	17	4.20	26
海南	23	23	26	4462.5	28	4.84	17
重庆	14	—	5	19500.3	18	6.37	9
四川	22	19	15	36980.2	6	4.47	22
贵州	27	22	18	13540.8	25	3.79	29
云南	26	20	20	16531.3	20	3.45	30
西藏	31	27	31	1310.6	31	3.93	28
陕西	15	21	21	21898.8	15	5.73	12
甘肃	19	25	25	7677.0	27	2.93	31

续表

地区	公共图书馆发展水平位次			经济发展水平位次			
	省级	地市级	县级	地区生产总值		人均地区生产总值	
				数值/亿元	位次	数值/万元	位次
青海	29	26	30	2642.8	30	4.43	23
宁夏	28	15	11	3453.9	29	5.09	15
新疆	30	24	29	10920.1	26	4.51	21

数据来源：根据各省、自治区、直辖市2018年统计年鉴中的相关数据整理。

2018年黑龙江省的省级公共图书馆发展水平位次为第21位，地市级公共图书馆发展水平位次为第18位（如果考虑北京市、天津市、上海市、重庆市4个直辖市因素，实际应为第22位），接近其当年地区生产总值位次（第23位），高于其当年人均地区生产总值位次（第27位）。黑龙江省的县级公共图书馆发展水平位次为第28位，低于其当年地区生产总值位次（第23位），接近其人均地区生产总值位次（第27位）。（见表2－15）

表2－15　2018年各省、自治区、直辖市省级、地市级、县级公共图书馆发展水平和经济发展水平比较

地区	公共图书馆发展水平位次			经济发展水平位次			
	省级	地市级	县级	地区生产总值		人均地区生产总值	
				数值/亿元	位次	数值/万元	位次
北京	8	—	2	30320.0	12	14.07	1
天津	3	—	3	18809.6	19	12.06	3
河北	18	8	27	36010.3	9	4.78	21
山西	19	11	23	16818.1	22	4.53	25
内蒙古	27	14	15	17289.2	21	6.83	9

续表

地区	公共图书馆发展水平位次			经济发展水平位次			
	省级	地市级	县级	地区生产总值		人均地区生产总值	
				数值/亿元	位次	数值/万元	位次
辽宁	11	4	19	25315.4	14	5.80	13
吉林	12	13	16	15074.6	24	5.56	14
黑龙江	21	18	28	16361.6	23	4.33	27
上海	1	—	1	32679.8	11	13.50	2
江苏	5	3	5	92595.4	2	11.52	4
浙江	9	2	4	56197.0	4	9.86	5
安徽	26	12	10	30006.8	13	4.77	22
福建	7	5	9	35804.0	10	9.12	6
江西	6	15	14	21984.8	16	4.74	24
山东	15	7	8	76469.7	3	7.63	8
河南	24	9	18	48055.9	5	5.02	18
湖北	10	6	11	39366.6	7	6.65	10
湖南	14	10	13	36425.8	8	5.29	16
广东	2	1	7	97277.8	1	8.64	7
广西	4	16	25	20352.5	18	4.15	28
海南	16	24	24	4832.1	28	5.19	17
重庆	13	—	6	20363.2	17	6.59	11
四川	20	20	17	40678.1	6	4.89	20
贵州	28	21	20	14806.5	25	4.12	29
云南	22	22	22	17881.1	20	3.71	30
西藏	31	31	31	1477.6	31	4.34	26
陕西	17	19	21	24438.3	15	6.35	12
甘肃	23	23	26	8246.1	27	3.13	31
青海	29	26	30	2865.2	30	4.77	22
宁夏	25	17	12	3705.2	29	5.41	15
新疆	30	25	29	12199.1	26	4.95	19

数据来源：根据各省、自治区、直辖市2019年统计年鉴中的相关数据整理。

这充分说明经济基础决定上层建筑，黑龙江省公共图书馆服务体系建设总体上受其经济发展水平制约。其他省份的情况也大体相同。各省、自治区、直辖市的省级公共图书馆发展水平位次总体上与其地区生产总值位次相符合；地市级和县级公共图书馆发展水平位次总体上与其人均地区生产总值位次相符合。

2.4.2 黑龙江省公共图书馆总体发展水平较低

2016年、2017年、2018年黑龙江省省级公共图书馆发展水平层次均为“一般”，发展水平指数分别为95.0%、83.8%、83.2%，在31个省、自治区、直辖市中分别排第17位、第18位、第21位；在东北三省中均排在第3位；分别为全国平均水平（100%、100%、100%）的95.0%、83.8%、83.2%，辽宁省（130%、186.4%、149.5%）的73.1%、45.0%、55.7%；吉林省（112.6%、133.1%、143.3%）的84.4%、63.0%、58.1%。

2016年、2017年、2018年黑龙江省地市级公共图书馆发展水平层次均为“较低”，发展水平指数分别为69.8%、65.9%、60.0%，在27个省、自治区中分别排第14位、第16位、第18位（不包括北京市、天津市、上海市、重庆市4个直辖市）；在东北地区3个省份中均排在第3位；分别为全国平均水平（100%、100%、100%）的69.8%、65.9%、60.0%，辽宁省（202.1%、204.2%、205.9%）的34.5%、32.3%、29.1%；吉林省（101.2%、89.1%、82.3%）的69.0%、74.0%、72.9%。

2016年、2017年、2018年黑龙江省县级公共图书馆发展水平层次均为“很低”，发展水平指数分别为38.5%、40.7%、34.5%，在31个省、自治区、直辖市中分别排第29位、第28位、第28位；在东北地区均排在第3位；是全国平均水平（100%、100%、100%）的38.5%、40.7%、34.5%，是辽宁省（73.1%、66.6%、59.6%）的52.7%、61.1%、57.9%；吉林省（66.7%、66.0%、67.2%）的57.7%、61.7%、51.3%。

2.4.3 黑龙江省公共图书馆建设没有实现全覆盖

黑龙江省的地市级和县级公共图书馆覆盖率没有达到100%。2016年黑龙江省13个地市中有2个地市没有公共图书馆,覆盖率为84.6%,在27个省、自治区中排第25位(不包括北京市、天津市、上海市、重庆市4个直辖市)。2017年黑龙江省和山西省各新建了1个地市级公共图书馆,黑龙江省还有1个市地还没有公共图书馆,覆盖率为92.3%,在27个省、自治区中排名第23位(不包括北京市、天津市、上海市、重庆市4个直辖市)。2018年,黑龙江省有1个市地还没有公共图书馆,覆盖率为92.3%,在27个省、自治区中排第23位(不包括北京市、天津市、上海市、重庆市4个直辖市)。山西省和陕西省各新建了一个地市级公共图书馆,地市级公共图书馆覆盖率有了提高。黑龙江省、山西省、陕西省、青海省和西藏自治区5个省、自治区的地市级公共图书馆覆盖率没有达到100%。

2016年黑龙江省128个县(市、区)中有32个县(市、区)没有公共图书馆,覆盖率为75.0%,在31个省、自治区、直辖市中排第31位。河北省、山西省、吉林省、黑龙江省、浙江省、安徽省、福建省、山东省、河南省、湖北省、湖南省、广东省、广西壮族自治区、海南省、四川省、贵州省、陕西省、甘肃省、青海省、宁夏回族自治区、新疆维吾尔自治区多达21个省、自治区的县级公共图书馆覆盖率没有达到100%。2017年,黑龙江省没有建设新的县级公共图书馆,覆盖率仍为75.0%。河北省、山西省、吉林省、黑龙江省、浙江省、安徽省、福建省、山东省、河南省、湖北省、湖南省、广东省、广西壮族自治区、海南省、四川省、贵州省、陕西省、甘肃省、宁夏回族自治区、新疆维吾尔自治区等20个省、自治区的县级公共图书馆覆盖率没有达到100%,其中河北省、安徽省、湖北省、湖南省、广东省、广西壮族自治区、四川省7个省、自治区建设了新的县级公共图书馆,县级公共图书馆覆盖率有了提高。2018年,黑龙江省没有建设新的县级公共图书馆,覆盖率仍为75.0%。江苏省、浙江省、安徽省、福建省、河南省、湖南省、广西壮族自治区、海南省、青海省、宁夏回族自治区10个省、自治区建设了新的县级公共图书馆,河北省、山西省、吉林省、黑龙江省、浙江省、安徽省、福建省、山东省、河南省、湖北省、湖南省、广东省、广西壮族自治区、海南省、四川省、贵州省、陕西省、甘肃省、宁夏回族自治区、新疆维吾尔自治区等19个省、自治区的县级公共图书馆覆盖率没有达到100%。(见表2-16)

表2-16　2016年、2017年、2018年各省、自治区、直辖市地市级、县级公共图书馆覆盖率和位次

地区	地市级公共图书馆						县级公共图书馆					
	2016年		2017年		2018年		2016年		2017年		2018年	
	覆盖率/%	位次	覆盖率/%	位次	覆盖率/%	位次	覆盖率/%	位次	覆盖率/%	位次	覆盖率/%	位次
北京	—	—	—	—	—	—	143.8	2	137.5	2	137.5	2
天津	—	—	—	—	—	—	181.3	1	187.5	1	168.8	1
河北	109.1	13	109.1	13	109.1	13	94.6	21	95.2	22	95.2	24
山西	72.7	26	81.8	26	90.9	24	99.2	12	99.2	12	98.3	19
内蒙古	100	17	100	17	100	18	101.0	7	101.0	8	101.0	8
辽宁	164.3	1	164.3	1	164.3	1	106.0	5	106.0	5	106.0	5
吉林	111.1	11	111.1	11	111.1	13	91.7	24	91.7	24	91.7	25
黑龙江	84.6	25	92.3	23	92.3	23	75.0	31	75.0	31	75.0	31
上海	—	—	—	—	—	—	137.5	3	137.5	2	131.3	3
江苏	123.1	6	123.1	6	123.1	6	101.0	7	102.0	7	103.1	6
浙江	127.3	5	127.3	5	127.3	5	97.8	16	96.6	18	98.9	15
安徽	131.3	3	131.3	3	131.3	3	96.2	18	97.1	17	99.0	14
福建	133.3	2	144.4	2	144.4	2	88.4	26	88.2	26	89.4	26
江西	100	17	100	17	100	18	101.0	7	101.0	8	101.0	8
山东	100	17	100	17	106.3	16	99.3	11	99.3	11	99.3	12
河南	105.9	15	105.9	15	111.8	12	87.3	28	87.3	29	88.0	28
湖北	123.1	6	123.1	6	123.1	6	92.2	23	96.1	19	95.1	20
湖南	114.3	9	121.4	8	121.4	9	97.5	17	98.4	16	99.2	13

续表

地区	地市级公共图书馆						县级公共图书馆					
	2016 年		2017 年		2018 年		2016 年		2017 年		2018 年	
	覆盖率/%	位次	覆盖率/%	位次	覆盖率/%	位次	覆盖率/%	位次	覆盖率/%	位次	覆盖率/%	位次
广东	128.6	4	128.6	4	128.6	4	94.2	22	95.0	23	95.0	21
广西	107.1	14	107.1	14	107.1	15	86.5	29	87.4	28	88.3	27
海南	100	17	100	17	100	18	78.3	30	78.3	30	82.6	30
重庆	—	—	—	—	—	—	107.9	4	107.9	4	107.9	4
四川	104.8	16	104.8	16	104.8	17	98.4	15	98.9	13	98.9	15
贵州	111.1	11	111.1	11	122.8	8	98.9	13	98.9	13	98.9	15
云南	112.5	10	112.5	10	112.5	11	102.3	6	102.3	6	102.3	7
西藏	85.7	24	85.7	25	85.7	26	100	10	100	10	100	10
陕西	70.0	27	70.0	27	80.0	27	95.3	19	95.3	20	95.3	23
甘肃	121.4	8	121.4	8	121.4	9	98.8	14	98.8	15	98.8	18
青海	87.5	23	87.5	24	87.5	25	95.3	19	95.3	20	100	10
宁夏	100	17	100	17	100	18	90.9	25	90.9	25	95.5	22
新疆	100	17	100	17	100	18	87.6	27	87.6	27	87.6	29

数据来源：根据《中国文化文物统计年鉴》（2017 年、2018 年）、《中国文化和旅游统计年鉴 2019》和《中国图书馆年鉴》（2017 年、2018 年、2019 年）中的相关统计数据整理。

2.4.4 黑龙江省公共图书馆发展水平位次由上及下递降，指数逐年递减

2016 年，黑龙江省的省级公共图书馆发展水平位次（第 17 位），实际高于其地市级公共图书馆发展水平位次（在 27 个省、自治区中排第 14 位，如果考虑北京市、天津市、上海市、重庆市 4 个直辖市因素，实际排第 18 位），远高于其县级公共图书馆发展水平位次（第 29 位）。2017 年，黑龙江省的省级公共图书馆发展水平位次（第 18 位），实际高于其地市级公共图书馆发

展水平位次(在27个省、自治区中排第16位,如果考虑北京市、天津市、上海市、重庆市4个直辖市因素,实际排第20位),远高于其县级公共图书馆发展水平位次(第28位)。2018年,黑龙江省的省级公共图书馆发展水平位次(第21位),实际高于其地市级公共图书馆发展水平位次(在27个省、自治区中排第18位,如果考虑北京市、天津市、上海市、重庆市4个直辖市因素,实际排第22位),远高于其县级公共图书馆发展水平位次(第28位)。这说明黑龙江省级、地市级、县级公共图书馆发展水平位次由上及下逐级递降,公共图书馆服务体系建设更大的短板、更大的压力在地市级和县级区域。

2016年、2017年、2018年,这三年中,黑龙江省省级公共图书馆发展水平指数由95.0%降至83.8%再降至83.2%,发展水平位次由第17位降至第18位再降至第21位。地市级公共图书馆发展水平指数由69.8%降至65.9%再降至60.0%,发展水平位次由第14位降至第16位再降至第18位。县级公共图书馆发展水平指数由38.5%升至40.7%再降至34.5%,发展水平位次由第29位升至第28位并保持不变。

3　黑龙江省公共图书馆发展水平制约因素分析

3.1　黑龙江省公共图书馆资金投入因素分析

公共图书馆作为面向全体社会成员的公共服务设施,提供的是免费、无偿的公共服务,公益性是其最基本属性,其资金来源不可能通过市场交易途径解决。政府是公共图书馆资金投入的主体,财政资金是公共图书馆的主要经费来源。各级政府的财政资金投入是制约各级公共图书馆发展水平的第一位因素。政府财政资金投入不足,公共图书馆的设施水平、服务水平也就无法得到提高。

3.1.1　黑龙江省省级公共图书馆资金投入因素分析

2016 年、2017 年、2018 年,黑龙江省省级公共图书馆的总体投入水平(即省级公共图书馆投入水平指数 × 省级公共图书馆覆盖率),分别为 14.6%、12.8%、12.0%,在 31 个省、自治区、直辖市中分别排第 19 位、第 21 位、第 22 位,在东北地区分别排第 2 位、第 2 位、第 3 位。(见表 3－1)

表3－1　2016年、2017年、2018年各省、自治区、直辖市省级公共图书馆总体投入水平及位次

地区	2016年			2017年			2018年		
	指数/%	总体水平/%	位次	指数/%	总体水平/%	位次	指数/%	总体水平/%	位次
北京	56.7	56.7	2	45.2	45.2	3	46.8	46.8	2
天津	18.3	36.6	6	22.8	45.6	2	18.5	37.0	5
河北	10.2	10.2	28	7.8	7.8	29	11.8	11.8	23
山西	15.8	15.8	18	13.2	13.2	19	19.5	19.5	12
内蒙古	13.3	13.3	22	11.8	11.8	23	13.4	13.4	20
辽宁	18.4	18.4	16	28.3	28.3	9	27.1	27.1	9
吉林	13.7	13.7	21	12.3	12.3	22	13.2	13.2	21
黑龙江	14.6	14.6	19	12.8	12.8	21	12.0	12.0	22
上海	63.8	127.6	1	89.0	178.0	1	97.0	194.0	1
江苏	48.7	48.7	3	42.0	42.0	5	39.7	39.7	4
浙江	31.7	31.7	7	30.1	30.1	8	28.4	28.4	8
安徽	10.7	10.7	26	11.7	11.7	24	11.6	11.6	24
福建	10.1	20.2	15	8.7	17.4	14	7.8	15.6	17
江西	13.1	13.1	23	14.5	14.5	17	14.4	14.4	18
山东	24.6	24.6	10	17.9	17.9	13	16.6	16.6	15
河南	7.2	14.4	20	6.6	13.2	19	5.4	10.8	27
湖北	40.8	40.8	5	42.1	42.1	4	40.3	40.3	3
湖南	9.2	18.4	16	12.5	25.0	10	10.8	21.6	10
广东	47.4	47.4	4	37.9	37.9	6	35.8	35.8	6
广西	10.1	30.3	8	12.1	36.3	7	9.7	29.1	7
海南	13.1	13.1	23	9.8	9.8	26	11.0	11.0	26
重庆	10.3	20.6	13	9.7	19.4	12	9.0	18.0	14
四川	26.7	26.7	9	14.7	14.7	16	21.4	21.4	11
贵州	8.3	8.3	29	8.8	8.8	28	10.1	10.1	28
云南	10.6	10.6	27	9.8	9.8	26	11.3	11.3	25

续表

地区	2016 年			2017 年			2018 年		
	指数 /%	总体水平 /%	位次	指数 /%	总体水平 /%	位次	指数 /%	总体水平 /%	位次
西藏	6.8	6.8	31	5.4	5.4	31	4.2	4.2	31
陕西	22.5	22.5	12	17.2	17.2	15	19.3	19.3	13
甘肃	24.6	24.6	10	23.7	23.7	11	16.5	16.5	16
青海	7.7	7.7	30	11.2	11.2	25	8.5	8.5	30
宁夏	11.4	11.4	25	6.6	6.6	30	10.0	10.0	29
新疆	20.4	20.4	14	14.5	14.5	17	14.1	14.1	19

数据来源：根据《中国文化文物统计年鉴》（2017 年、2018 年）、《中国文化和旅游统计年鉴 2019》和《中国图书馆年鉴》（2017 年、2018 年、2019 年）中的相关数据整理。

2016 年、2017 年、2018 年黑龙江省省级公共图书馆的馆均投入水平指数分别为 14.6%、12.8%、12.0%。分别低于全国平均水平和辽宁省，高于吉林省；低于全国平均水平和辽宁省，高于吉林省；低于全国平均水平和辽宁省、吉林省。分别为全国平均水平（20%、20%、20%）的 73.0%、64.0%、60.0%，辽宁省（18.4%、28.3%、27.1%）的 79.3%、45.2%、44.3%，吉林省（13.7%、12.3%、13.2%）的 106.6%、104.1%、90.9%。

2016 年、2017 年、2018 年，黑龙江省省级公共图书馆馆均资产分别为 31973 万元、32808 万元、36973 万元，在 31 个省、自治区、直辖市中分别排第 15 位、第 15 位、第 16 位，均低于全国平均水平和辽宁省，高于吉林省。分别为全国平均水平（41075 万元、48036 万元、52932 万元）的 77.8%、68.3%、69.8%，辽宁省（44876 万元、144384 万元、145836 万元）的 71.2%、22.7%、25.4%，吉林省（17011 万元、18206 万元、19794 万元）的 188.0%、180.2%、186.8%。

2016 年、2017 年、2018 年，黑龙江省省级公共图书馆馆均年收入分别为 6357 万元、5953 万元、6028 万元，在 31 个省、自治区、直辖市中分别排第

17 位、第 20 位、第 24 位，均低于全国平均水平和辽宁省、吉林省。分别为全国平均水平（8867 万元、11701 万元、10879 万元）的 71.7%、50.9%、55.4%，辽宁省（8253 万元、8494 万元、10772 万元）的 77.0%、70.0%、56.0%，吉林省（6791 万元、6701 万元、7724 万元）的 93.6%、88.8%、78.0%。

2016 年、2017 年、2018 年，黑龙江省省级公共图书馆馆均年支出分别为 5948 万元、6160 万元、6224 万元，在 31 个省、自治区、直辖市中分别排第 17 位、第 19 位、第 24 位，均低于全国平均水平和辽宁省、吉林省。分别为全国平均水平（8172 万元、9795 万元、12410 万元）的 72.8%、62.9%、50.2%，辽宁省（8645 万元、9069 万元、10918 万元）的 68.8%、67.9%、57.0%，吉林省（6133 万元、7474 万元、7843 万元）的 97.0%、82.4%、79.4%。

2016 年、2017 年、2018 年，黑龙江省省级公共图书馆馆均年各种设备购置费分别为 1415 万元、1579 万元、1159 万元，在 31 个省、自治区、直辖市中分别排第 17 位、第 16 位、第 19 位，分别低于全国平均水平和吉林省，高于辽宁省；低于全国平均水平和辽宁省，略高于吉林省；低于全国平均水平和辽宁省、吉林省。分别为全国平均水平（2082 万元、2085 万元、1819 万元）的 68.0%、75.7%、63.7%，辽宁省（1170 万元、2116 万元、1420 万元）的 120.9%、74.6%、81.6%，吉林省（1584 万元、1533 万元、1664 万元）的 89.3%、103.0%、69.7%。

3.1.2 黑龙江省地市级公共图书馆资金投入因素分析

2016 年、2017 年、2018 年，黑龙江省地市级公共图书馆的总体投入水平（即地市级公共图书馆投入水平指数 × 地市级公共图书馆覆盖率）分别为 14.6%、11.5%、9.4%，在 27 个省、自治区（不包括北京市、天津市、上海市、重庆市 4 个直辖市）中分别排第 13 位、第 20 位、第 20 位，在东北地区均排第 3 位。（见表 3－2）

表 3－2　2016 年、2017 年、2018 年各省、自治区地市级公共图书馆总体投入水平及位次

地区	2016 年			2017 年			2018 年		
	指数/%	总体水平/%	位次	指数/%	总体水平/%	位次	指数/%	总体水平/%	位次
北京	—	—	—	—	—	—	—	—	—
天津	—	—	—	—	—	—	—	—	—
河北	18.0	19.6	10	16.4	17.9	12	16.6	18.1	11
山西	23.4	17.0	11	27.2	22.2	8	17.0	15.5	13
内蒙古	20.1	20.1	9	19.0	19.0	11	26.3	26.3	5
辽宁	17.5	28.8	5	15.6	25.6	6	15.2	25.0	8
吉林	20.5	22.8	7	17.8	19.8	9	16.2	18.0	12
黑龙江	17.3	14.6	13	12.5	11.5	20	10.2	9.4	20
上海	—	—	—	—	—	—	—	—	—
江苏	42.7	52.6	3	39.5	48.6	4	44.4	54.7	3
浙江	47.7	60.7	2	41.9	53.3	3	45.3	57.7	2
安徽	11.6	15.2	12	9.5	12.5	16	15.5	20.4	10
福建	23.9	31.9	4	37.2	53.7	2	30.8	44.5	4
江西	10.7	10.7	21	11.8	11.8	18	10.2	10.2	19
山东	26.7	26.7	6	26.2	26.2	5	23.7	25.2	7
河南	13.7	14.5	14	18.2	19.3	10	22.9	25.6	6
湖北	18.1	22.3	8	19.1	23.5	7	18.7	23.0	9
湖南	9.9	11.3	19	11.2	13.6	15	12.3	14.9	14
广东	57.9	74.5	1	58.9	75.7	1	57.6	74.1	1
广西	11.3	12.1	17	16.7	17.9	12	12.1	13.0	16
海南	7.4	7.4	24	7.6	7.6	24	7.4	7.4	24
重庆	—	—	—	—	—	—	—	—	—
四川	10.5	11.0	20	11.1	11.6	19	9.9	10.4	18
贵州	8.8	9.8	22	7.9	8.8	22	9.5	11.7	17
云南	12.4	14.0	15	8.2	9.2	21	7.8	8.8	22

续表

地区	2016年			2017年			2018年		
	指数/%	总体水平/%	位次	指数/%	总体水平/%	位次	指数/%	总体水平/%	位次
西藏	5.6	4.8	27	2.4	2.1	27	2.6	2.2	27
陕西	16.9	11.8	18	17.6	12.3	17	17.5	14.0	15
甘肃	5.6	6.8	26	6.1	7.4	25	7.0	8.5	23
青海	8.5	7.4	24	6.5	5.7	26	4.8	4.2	26
宁夏	12.9	12.9	16	17.5	17.5	14	9.1	9.1	21
新疆	9.2	9.2	23	7.9	7.9	23	7.0	7.0	25

数据来源:根据《中国文化文物统计年鉴》(2017年、2018年)、《中国文化和旅游统计年鉴 2019》和《中国图书馆年鉴》(2017年、2018年、2019年)中的相关数据整理。

2016年、2017年、2018年,黑龙江省地市级公共图书馆的馆均投入水平指数分别为17.3%、12.5%、10.2%。均低于全国平均水平和辽宁省、吉林省。分别为全国平均水平(20%、20%、20%)的86.5%、62.5%、51.0%,辽宁省(17.5%、15.6%、15.2%)的98.9%、80.1%、67.1%,吉林省(20.5%、17.8%、16.2%)的84.4%、70.2%、63.0%。

2016年、2017年、2018年,黑龙江省地市级公共图书馆馆均资产分别为2688万元、2573万元、2629万元,在27个省、自治区中分别排第14位、第15位、第17位(不包括北京市、天津市、上海市、重庆市4个直辖市),均低于全国平均水平和辽宁省、吉林省。分别为全国平均水平(3769万元、4252万元、4794万元)的71.3%、60.5%、54.8%,辽宁省(3324万元、3525万元、4120万元)的80.9%、73.0%、63.8%,吉林省(3841万元、3951万元、4208万元)的70.0%、65.1%、62.5%。

2016年、2017年、2018年,黑龙江省地市级公共图书馆馆均年收入分别为1098万元、956万元、880万元,在27个省、自治区中分别排第10位、第16位、第14位(不包括北京市、天津市、上海市、重庆市4个直辖市),均低于全国平均水平和辽宁省、吉林省。分别为全国平均水平(1183万元、1427万元、1423万元)的92.8%、67.0%、61.8%,辽宁省(1202万元、1124万元、1151万元)的91.3%、85.1%、76.5%,吉林省(1132万元、1325万元、1114万元)的97.0%、72.2%、79.0%。

2016年、2017年、2018年,黑龙江省地市级公共图书馆馆均年支出分别为1169万元、987万元、877万元,在27个省、自治区中分别排第8位、第15位、第16位(不包括北京市、天津市、上海市、重庆市4个直辖市),分别接近全国平均水平,略高于辽宁省,低于吉林省;低于全国平均水平和辽宁省、吉林省;低于全国平均水平和辽宁省、吉林省。分别为全国平均水平(1173万元、1335万元、1400万元)的99.7%、73.9%、62.6%,辽宁省(1098万元、1174万元、1141万元)的106.5%、84.1%、76.9%,吉林省(1260万元、1336万元、1132万元)的92.8%、73.9%、77.5%。

2016年、2017年、2018年,黑龙江省地市级公共图书馆馆均年各种设备购置费分别为201万元、138万元、77万元,在27个省、自治区中分别排第12位、第17位、第23位(不包括北京市、天津市、上海市、重庆市4个直辖市),分别低于全国平均水平和吉林省,高于辽宁省;低于全国平均水平和辽宁省、吉林省;低于全国平均水平和辽宁省、吉林省。分别为全国平均水平(242万元、277万元、292万元)的83.1%、49.8%、26.4%,辽宁省(159万元、179万元、166万元)的126.4%、77.1%、46.4%,吉林省(253万元、200万元、225万元)的79.4%、69.0%、34.2%。

3.1.3 黑龙江省县级公共图书馆资金投入因素分析

2016年、2017年、2018年,黑龙江省的县级公共图书馆的总体投入水平(即县级公共图书馆投入水平指数×县级公共图书馆覆盖率)分别为8.3%、6.2%、5.3%,在31个省、自治区、直辖市中分别排第26位、第30位、第29位,在东北地区均排第3位。(见表3-3)

表 3－3　2016 年、2017 年、2018 年各省、自治区、直辖市县级公共图书馆总体投入水平及位次

地区	2016 年			2017 年			2018 年		
	指数/%	总体水平/%	位次	指数/%	总体水平/%	位次	指数/%	总体水平/%	位次
北京	153.7	221.0	2	146.7	201.7	2	164.1	225.6	2
天津	54.9	99.5	3	78.5	147.2	3	91.9	155.1	3
河北	6.3	6.0	29	7.3	7.0	26	7.2	6.9	26
山西	11.4	11.3	16	9.0	8.9	24	10.1	9.9	21
内蒙古	12.5	12.6	14	11.6	11.7	17	28.8	29.1	8
辽宁	11.4	12.1	15	10.1	10.7	19	8.6	9.1	23
吉林	15.7	14.4	13	17.9	16.4	13	16.4	15.3	13
黑龙江	11.1	8.3	26	8.2	6.2	30	7.0	5.3	29
上海	250.0	343.8	1	205.1	282.0	1	211.7	278.0	1
江苏	42.4	42.8	6	41.8	42.6	6	41.1	42.4	6
浙江	64.8	63.4	4	64.2	62.0	4	68.9	68.1	4
安徽	10.8	10.4	21	10.1	9.8	21	12.9	12.8	16
福建	22.7	20.1	8	20.6	18.2	9	21.8	19.5	9
江西	9.1	9.2	23	12.1	12.2	16	13.7	12.8	16
山东	15.9	15.8	11	16.7	16.6	12	16.2	16.1	11
河南	9.2	8.0	27	9.9	8.6	25	11.1	9.8	22
湖北	18.6	17.1	10	17.4	16.7	11	16.0	15.2	14
湖南	19.8	19.3	9	16.3	16.0	14	15.3	15.2	14
广东	49.5	46.6	5	45.5	43.2	5	44.7	42.5	5
广西	8.6	7.4	28	7.9	6.9	27	7.5	6.6	27
海南	13.6	10.6	20	21.7	17.0	10	19.3	15.9	12
重庆	39.3	42.4	7	35.1	37.9	7	35.9	38.7	7
四川	11.5	11.3	16	11.4	11.3	18	10.7	10.6	20
贵州	10.1	10.0	22	14.0	13.8	15	12.0	11.9	18
云南	11.0	11.3	16	9.5	9.7	22	8.9	9.1	23

续表

地区	2016年			2017年			2018年		
	指数/%	总体水平/%	位次	指数/%	总体水平/%	位次	指数/%	总体水平/%	位次
西藏	4.2	4.2	31	3.7	3.7	31	3.5	3.5	31
陕西	11.6	11.1	19	10.7	10.2	20	11.2	10.7	19
甘肃	9.3	9.2	23	9.5	9.4	23	8.4	8.3	25
青海	6.1	5.8	30	7.0	6.7	28	4.8	4.8	30
宁夏	17.1	15.5	12	25.3	23.0	8	19.1	18.2	10
新疆	10.0	8.8	25	7.2	6.3	29	6.5	5.7	28

数据来源：根据《中国文化文物统计年鉴》（2017年、2018年）、《中国文化和旅游统计年鉴 2019》和《中国图书馆年鉴》（2017年、2018年、2019）中的相关数据整理。

2016年、2017年、2018年，黑龙江省的县级公共图书馆馆均投入水平指数分别为11.1%、8.2%、7.0%，均低于全国平均水平和辽宁省、吉林省。分别为全国平均水平（20%、20%、20%）的55.5%、41.0%、35.0%，辽宁省（11.4%、10.1%、8.6%）的97.4%、81.2%、81.4%，吉林省（15.7%、17.9%、16.4%）的70.7%、45.8%、42.7%。

2016年、2017年、2018年，黑龙江省的县级公共图书馆馆均资产分别为238.1万元、257.3万元、277.9万元，在31个省、自治区、直辖市中分别排第28位、第29位、第29位，均低于全国平均水平和辽宁省、吉林省。分别为全国平均水平（647.2万元、813.9万元、897.8万元）的36.8%、31.6%、31.0%，辽宁省（311.7万元、339.9万元、371.5万元）的76.4%、75.7%、74.8%，吉林省（316.7万元、368.4万元、525.2万元）的75.2%、69.8%、52.9%。

2016年、2017年、2018年，黑龙江省的县级公共图书馆馆均年收入分别为170.0万元、136.0万元、124.4万元，在31个省、自治区、直辖市中分别排第14位、第23位、第27位，分别低于全国平均水平和吉林省，略高于辽宁省;低于全国平均水平和辽宁省、吉林省;低于全国平均水平和辽宁省、吉林省。分别为全国平均水平(228.2万元、261.3万元、276.6万元)的74.5%、52.0%、45.0%,辽宁省(159.8万元、166.3万元、148.3万元)的106.4%、81.8%、83.9%,吉林省(230.9万元、305.0万元、256.1万元)的73.6%、44.6%、48.6%。

2016年、2017年、2018年,黑龙江省县级公共图书馆馆均年支出分别为166.5万元、132.4万元、121.5万元,在31个省、自治区、直辖市中分别排第13位、第24位、第26位,分别低于平均水平和吉林省,略高于辽宁省;低于全国平均水平和辽宁省、吉林省;低于全国平均水平和辽宁省、吉林省。分别为全国平均水平(224.1万元、260.0万元、275.8万元)的74.3%、50.9%、44.1%,辽宁省(161.4万元、164.9万元、147.3万元)的103.2%、80.3%、82.5%,吉林省(213.4万元、303.7万元、250.0万元)的78.0%、43.6%、48.6%。

2016年、2017年、2018年,黑龙江省县级公共图书馆馆均年各种设备购置费分别为14.9万元、12.5万元、10.3万元,在31个省、自治区、直辖市中分别排第23位(并列)、第28位、第28位,分别低于全国平均水平和吉林省,持平于辽宁省;低于全国平均水平和辽宁省、吉林省;低于全国平均水平和辽宁省、吉林省。分别为全国平均水平(39.9万元、44.4万元、45.5万元)的37.3%、28.2%、22.6%,辽宁省(14.9万元、14.2万元、10.4万元)的100.0%、88.0%、99.0%,吉林省(27.3万元、33.5万元、39.9万元)的54.6%、37.3%、25.8%。

3.1.4 黑龙江省公共图书馆资金投入因素分析结论

黑龙江省省级和地市级公共图书馆投入水平与黑龙江省财政支出水平总体上是相适应的,但县级公共图书馆总体投入水平低于其财政支出水平。

2016年,黑龙江省省级公共图书馆总体投入水平位次(第19位)、地市级公共图书馆总体投入水平位次(第13位,如果考虑到北京市、天津市、上海市、重庆市4个直辖市因素,其实际位次应为第17位)与其财政支出水平

(第22位)、人均财政支出水平位次(第18位)大体相当;县级公共图书馆总体投入水平位次(第26位)低于其财政支出水平(第22位)、人均财政支出水平位次(第18位)。(见表3-4)

表3-4　2016年各省、自治区、直辖市省级、地市级、县级公共图书馆总体投入水平和财政支出水平比较

地区	公共图书馆总体投入水平位次			财政支出		人均财政支出水平	
	省级	地市级	县级	数值/亿元	位次	数值/万元	位次
北京	2	—	2	6406.7	9	2.9485	2
天津	6	—	3	3700.7	24	2.3690	5
河北	28	10	29	6038.0	11	0.8083	28
山西	18	11	16	3441.7	26	0.9348	25
内蒙古	22	9	14	4526.3	16	1.7961	8
辽宁	16	5	15	4582.4	15	1.0467	22
吉林	21	7	13	3586.1	25	1.3121	11
黑龙江	19	13	26	4228.0	22	1.1129	18
上海	1	—	1	6918.9	7	2.8594	3
江苏	3	3	6	9990.1	2	1.2490	12
浙江	7	2	4	6976.3	6	1.2480	13
安徽	26	12	21	5530.0	12	0.7870	30
福建	15	4	8	4287.4	20	1.1067	19
江西	23	21	23	4619.5	14	1.0059	23
山东	10	6	11	8749.6	3	0.8797	27
河南	20	14	27	7456.6	5	0.6912	31
湖北	5	8	10	6453.1	8	1.0965	20
湖南	16	19	9	6337.0	10	0.9289	26
广东	4	1	5	13447.4	1	1.2226	14
广西	8	17	28	4472.5	18	0.8017	29
海南	23	24	20	1378.4	30	1.5029	9
重庆	13	—	7	4001.9	23	1.3128	10
四川	9	20	16	8011.9	4	0.9697	24

续表

地区	公共图书馆总体投入水平位次			财政支出		人均财政支出水平	
	省级	地市级	县级	数值/亿元	位次	数值/万元	位次
贵州	29	22	22	4261.7	21	1.1987	16
云南	27	15	16	5018.9	13	1.0521	21
西藏	31	27	31	1641.0	28	4.9645	1
陕西	12	18	19	4390.6	19	1.1516	17
甘肃	10	26	23	3152.7	27	1.2080	15
青海	30	24	30	1522.6	29	2.5655	4
宁夏	25	16	12	1257.7	31	1.8635	7
新疆	14	23	25	4496.7	17	1.8751	6

数据来源:根据各省、自治区、直辖市2017年统计年鉴中的相关数据整理。

2017年,黑龙江省省级公共图书馆总体投入水平位次(第21位)和地市级公共图书馆总体投入水平位次(第20位,如果考虑到北京市、天津市、上海市、重庆市4个直辖市因素,其实际位次应为第24位),略低于与其财政支出水平(第19位)和人均财政支出水平位次(第18位);县级公共图书馆总体投入水平(第30位)远低于其财政支出水平位次(第19位)和人均财政支出水平位次(第18位)。(见表3-5)

表3-5 2017年各省、自治区、直辖市省级、地市级、县级公共图书馆总体投入水平和财政支出水平比较

地区	公共图书馆总体投入水平位次			财政支出		人均财政支出水平	
	省级	地市级	县级	数值/亿元	位次	数值/万元	位次
北京	3	—	2	6540.5	10	3.0131	3
天津	2	—	3	3282.2	27	2.1082	5
河北	29	12	26	6615.2	9	0.8797	27
山西	19	8	24	3756.7	24	1.0147	24

续表

地区	公共图书馆总体投入水平位次			财政支出		人均财政支出水平	
	省级	地市级	县级	数值/亿元	位次	数值/万元	位次
内蒙古	23	11	17	4523.1	21	1.7888	8
辽宁	12	6	19	4842.9	16	1.1085	21
吉林	22	9	13	3725.7	25	1.3710	11
黑龙江	21	20	30	4640.7	19	1.2249	18
上海	1	—	1	7547.6	6	3.1210	2
江苏	5	4	6	10621.4	2	1.3228	14
浙江	8	3	4	7530.3	7	1.3311	13
安徽	24	16	21	6204.0	11	0.8789	28
福建	14	2	9	4719.3	18	1.2067	19
江西	17	18	16	5123.7	13	1.1085	21
山东	12	5	12	9257.7	3	0.9252	26
河南	19	10	25	8224.7	5	0.7578	30
湖北	4	7	11	4293.8	23	0.7275	31
湖南	9	15	14	6857.7	8	0.9996	25
广东	6	1	5	15043.1	1	1.3469	12
广西	7	12	27	4912.9	15	0.8773	29
海南	26	24	10	1444.5	30	1.5603	9
重庆	11	—	7	4337.0	22	1.4103	10
四川	16	19	18	8686.1	4	1.0463	23
贵州	28	22	15	4604.6	20	1.2862	15
云南	26	21	22	5712.9	12	1.1901	20
西藏	31	27	31	1681.9	28	4.9886	1
陕西	15	17	20	4833.1	17	1.2601	16
甘肃	10	25	23	3307.3	26	1.2596	17
青海	25	26	28	1530.3	29	2.5573	4
宁夏	30	14	8	1375.9	31	2.0181	7
新疆	17	23	29	4946.8	14	2.0235	6

数据来源:根据各省、自治区、直辖市 2018 年统计年鉴中的相关数据整理。

2018 年,黑龙江省省级公共图书馆总体投入水平位次(第 22 位)和地市级公共图书馆总体投入水平位次(第 20 位,如果考虑到北京市、天津市、上海市、重庆市 4 个直辖市因素,其实际位次应为第 24 位),与其财政支出水平(第 23 位)大体相当,低于其人均财政支出水平位次(第 19 位);县级公共图书馆总体投入水平(第 30 位)远低于其财政支出水平位次(第 23 位)和人均财政支出水平位次(第 19 位)。(见表 3 - 6)

表 3 - 6 2018 年各省、自治区、直辖市省级、地市级、县级公共图书馆总体投入水平和财政支出水平比较

地区	公共图书馆总体投入水平位次			财政支出		人均财政支出水平	
	省级	地市级	县级	数值/亿元	位次	数值/万元	位次
北京	2	—	2	7467.5	10	3.4664	2
天津	5	—	3	3104.5	28	1.9906	7
河北	23	11	26	7720.2	8	1.0217	27
山西	12	13	21	4285.4	25	1.1525	25
内蒙古	20	5	8	4806.3	22	1.8967	8
辽宁	9	8	23	5323.6	17	1.2213	22
吉林	21	12	13	3789.6	26	1.4014	14
黑龙江	22	20	29	4675.7	23	1.2392	19
上海	1	—	1	8351.5	7	3.4457	3
江苏	4	3	6	11658.2	2	1.4481	12
浙江	8	2	4	8628.0	6	1.5039	10
安徽	24	10	16	6572.1	12	0.9279	30
福建	17	4	9	4836.7	21	1.2273	20
江西	18	19	16	5669.9	14	1.2199	23
山东	15	7	11	10099.0	3	1.0052	28
河南	27	6	22	9225.4	5	0.8459	31
湖北	3	9	14	7257.6	11	1.2266	21
湖南	10	14	14	7479.2	9	1.0841	26

续表

地区	公共图书馆总体投入水平位次			财政支出		人均财政支出水平	
	省级	地市级	县级	数值/亿元	位次	数值/万元	位次
广东	6	1	5	15737.4	1	1.3870	16
广西	7	16	27	5310.9	20	0.9385	29
海南	26	24	12	1685.4	30	1.8039	9
重庆	14	—	7	4541.0	24	1.4640	11
四川	11	18	20	9718.3	4	1.1651	24
贵州	28	17	18	5017.3	19	1.3937	15
云南	25	22	23	6075.0	13	1.2579	18
西藏	31	27	31	2082.5	28	6.0569	1
陕西	13	15	19	5301.9	19	1.3720	17
甘肃	16	23	25	3773.8	27	1.4310	13
青海	30	26	30	1647.5	29	2.7311	4
宁夏	29	21	10	1430.6	31	2.0790	5
新疆	19	25	28	4985.6	20	2.0049	6

数据来源：根据各省、自治区、直辖市2019年统计年鉴中的相关数据整理。

2016年、2017年、2018年，黑龙江省公共图书馆的新增藏量购置费占总支出的比重分别为6.5%、8.2%、7.8%，在各省、自治区、直辖市分别排第29位、第25位、第25位（并列），均低于全国平均水平和辽宁省、吉林省，比全国平均水平（14.9%、14.0%、13.1%）低8.4个百分点、低5.8个百分点、低5.3个百分点，比辽宁省（9.9%、13.1%、10.9%）低3.4个百分点、低4.9个百分点、低3.1个百分点，比吉林省（12.2%、9.1%、10.7%）低5.7个百分点、低0.9个百分点、低2.9个百分点（见表3－7）。

表 3－7　2016 年、2017 年、2018 年各省、自治区、直辖市公共图书馆新增藏量购置费占总支出的比重和位次

地区	2016 年		2017 年		2018 年	
	比重/%	位次	比重/%	位次	比重/%	位次
全国	14.9	—	14.0	—	13.1	—
北京	14.4	9	11.3	19	14.7	8
天津	12.6	15	23.2	1	17.8	3
河北	11.9	19	15.3	7	12.8	12
山西	14.2	10	8.1	26	9.6	23
内蒙古	8.9	26	9.3	23	16.7	4
辽宁	9.9	24	13.1	13	10.9	18
吉林	12.2	16	9.1	24	10.7	19
黑龙江	6.5	29	8.2	25	7.8	25
上海	17.8	4	12.3	14	7.6	27
江苏	17.6	5	16.8	4	12.9	11
浙江	18.0	3	16.8	4	16.2	6
安徽	16.0	8	10.9	20	14.4	9
福建	18.96	2	15.2	8	18.5	1
江西	13.2	14	13.9	10	12.8	12
山东	16.8	7	17.3	3	15.5	7
河南	12.2	16	13.7	11	10.5	20
湖北	17.3	6	18.1	2	17.9	2
湖南	13.6	13	12.2	15	13.5	10
广东	18.99	1	16.8	4	16.4	5
广西	13.8	12	11.9	17	12.8	12
海南	6.1	30	8.0	27	7.4	28
重庆	14.2	10	13.3	12	12.1	15
四川	10.0	23	12.0	16	8.6	24
贵州	10.9	22	15.0	9	10.1	21
云南	8.4	27	7.1	28	6.9	29

续表

地区	2016 年		2017 年		2018 年	
	比重/%	位次	比重/%	位次	比重/%	位次
西藏	4.2	31	5.3	30	7.8	25
陕西	11.0	21	11.2	18	11.9	16
甘肃	9.7	25	9.5	22	9.8	22
青海	12.0	18	4.4	31	4.4	31
宁夏	8.0	28	10.8	21	11.4	17
新疆	11.6	20	5.5	29	4.6	30

数据来源:根据《中国文化文物统计年鉴》(2017 年、2018 年)、《中国文化和旅游统计年鉴 2019》和《中国图书馆年鉴》(2017 年、2018 年、2019 年)中的相关数据整理。

3.2 黑龙江省公共图书馆基础设施因素分析

公共图书馆的基础设施建设是制约其发展水平的基础因素。公共图书馆的服务水平直接取决于其设施水平。公共图书馆的设施水平不提高,其服务水平也就无法得到提高。

3.2.1 黑龙江省省级公共图书馆基础设施因素分析

2016 年、2017 年、2018 年,黑龙江省省级公共图书馆的总体设施水平(省级公共图书馆设施水平指数×省级公共图书馆覆盖率)分别为 28.9%、32.0%、29.3%,在 31 个省、自治区、直辖市中分别排第 20 位、第 15 位、第 18 位,在东北地区均排第 3 位。(见表 3-8)

表 3－8　2016 年、2017 年、2018 年各省、自治区、直辖市省级公共图书馆总体设施水平及位次

地区	2016 年			2017 年			2018 年		
	指数 /%	总体水平 /%	位次	指数 /%	总体水平 /%	位次	指数 /%	总体水平 /%	位次
北京	52.0	52.0	8	54.2	54.2	7	55.5	55.5	8
天津	36.1	72.2	3	37.2	74.4	3	40.5	81.0	2
河北	35.9	35.9	13	29.6	29.6	19	30.4	30.4	17
山西	34.6	34.6	16	33.1	33.1	14	33.9	33.9	15
内蒙古	46.5	46.5	9	27.1	27.1	22	25.0	25.0	21
辽宁	56.6	56.6	6	55.5	55.5	6	58.1	58.1	6
吉林	38.2	38.2	11	37.4	37.4	11	39.3	39.3	9
黑龙江	28.9	28.9	20	32.0	32.0	15	29.3	29.3	18
上海	62.7	125.4	1	68.6	137.2	1	70.6	141.2	1
江苏	83.7	83.7	2	59.7	59.7	5	58.4	58.4	5
浙江	36.2	36.2	12	40.6	40.6	9	39	39	10
安徽	22.1	22.1	23	22.3	22.3	24	20.7	20.7	24
福建	17.9	35.8	14	17.5	35.0	13	18.8	37.6	12
江西	21.4	21.4	24	20.8	20.8	25	15.9	15.9	27
山东	38.6	38.6	10	39.2	39.2	10	38.1	38.1	11
河南	11.7	23.4	22	14.4	28.8	20	11.1	22.2	22
湖北	66.5	66.5	5	63.6	63.6	4	64.1	64.1	4
湖南	16.8	33.6	17	15.7	31.4	16	18.1	36.2	13
广东	70.2	70.2	4	76.9	76.9	2	65.5	65.5	3
广西	17.7	53.1	7	17.8	53.4	8	14.2	57.6	7
海南	18.9	18.9	25	19.0	19.0	26	20.4	20.4	26
重庆	17.6	35.2	15	17.7	35.4	12	16.4	32.8	16
四川	28.5	28.5	21	30.2	30.2	17	34.2	34.2	14
贵州	15.2	15.2	27	22.7	22.7	23	14.7	14.7	28
云南	18.5	18.5	26	19.0	19.0	26	20.6	20.6	25
西藏	5.8	5.8	30	5.9	5.9	30	6.1	6.1	31

续表

地区	2016 年			2017 年			2018 年		
	指数 /%	总体水平 /%	位次	指数 /%	总体水平 /%	位次	指数 /%	总体水平 /%	位次
陕西	32.0	32.0	18	28.7	28.7	21	29.2	29.2	19
甘肃	29.3	29.3	19	29.9	29.9	18	25.3	25.3	20
青海	10.7	10.7	29	10.4	10.4	29	11.0	11.0	29
宁夏	14.9	14.9	28	13.6	13.6	28	20.8	20.8	23
新疆	5.5	5.5	31	4.9	4.9	31	6.4	6.4	30

数据来源：根据《中国文化文物统计年鉴》(2017 年、2018 年)、《中国文化和旅游统计年鉴 2019》和《中国图书馆年鉴》(2017 年、2018 年、2019 年)中的相关数据整理。

2016 年、2017 年、2018 年，黑龙江省省级公共图书馆馆均设施水平指数分别为 28.9%、32.0%、29.3%，均接近全国平均水平但低于辽宁省和吉林省。分别为全国平均水平(30%、30%、30%)的 96.3%、106.7%、97.7%，辽宁省(56.6%、55.5%、58.1%)的 51.1%、57.7%、50.4%，吉林省(38.2%、37.4%、39.3%)的 75.7%、85.6%、74.6%。

2016 年、2017 年、2018 年，黑龙江省省级公共图书馆馆均建筑面积均为 3.39 万平方米，在 31 个省、自治区、直辖市中均排第 19 位，均低于全国平均水平和辽宁省、吉林省。分别为全国平均水平(4.54 万平方米、4.58 万平方米、4.61 万平方米)的 74.7%、74.0%、73.5%，辽宁省(10.32 万平方米)的 32.8%，吉林省(6.32 万平方米)的 53.6%。

2018 年，黑龙江省省级公共图书馆建筑面积(3.39 万平方米)处于文化和旅游部 2008 年(当时为文化部)制定的《公共图书馆建设标准》(建标 108—2008)中规定的大型馆标准范围(2 万 ~6 万平方米)之内，是大型馆标准下限(2 万平方米)的 169.5%，大型馆标准上限(6 万平方米)的 56.5%。辽宁省和吉林省则超过了大型馆标准上限，分别是大型馆标准上限的 172.0% 和 105.3%。

2016 年、2017 年、2018 年，黑龙江省省级公共图书馆馆均总藏量分别为371.0万册件、389.1 万册件、405.5 万册件，在 31 个省、自治区、直辖市中分别排第 15 位、第 13 位、第 14 位，均低于全国平均水平和辽宁省、吉林省。分别为全国平均水平（517.5 万册件、524.3 万册件、541.6 万册件）的 71.7%、74.2%、74.9%，辽宁省（654.2 万册件、675.6 万册件、703.3万册件）的 56.7%、57.6%、57.7%，吉林省（458.4 万册件、471.3 万册件、487.6万册件）的 80.9%、82.6%、83.2%。

2018 年，黑龙江省省级公共图书馆馆均总藏量（405.5 万册件）处于文化和旅游部 2008 年（当时为文化部）制定的《公共图书馆建设标准》（建标 108—2008）中规定的大型馆标准范围（135 万～600 万册件）之内，是大型馆标准下限（135 万册件）的 300.4%，大型馆标准上限（600 万册件）的 67.6%。

2016 年、2017 年、2018 年，黑龙江省省级公共图书馆馆均年新购藏量分别为 20.0 万册件、18.0 万册件、16.4 万册件，在 31 个省、自治区、直辖市中分别排第 12 位、第 12 位、第 13 位（并列），均接近全国平均水平，低于辽宁省，高于吉林省。分别为全国平均水平（18.9 万册件、18.2 万册件、16.7 万册件）的 105.8%、98.9%、98.2%，辽宁省（20.9 万册件、23.1 万册件、27.7 万册件）的 95.7%、77.9%、59.2%，吉林省（15.8 万册件、12.9 万册件、16.3 万册件）的 126.6%、139.5%、100.6%。

2016 年、2017 年、2018 年，黑龙江省省级公共图书馆馆均计算机台数分别为 697 台、853 台、606 台，在 31 个省、自治区、直辖市中分别排第 9 位、第 6 位、第 9 位，分别高于全国平均水平，低于辽宁省、吉林省；高于全国平均水平和辽宁省、吉林省；高于全国平均水平，低于辽宁省、吉林省。分别为全国平均水平（514 台、510 台、490 台）的 135.6%、167.3%、123.7%，辽宁省（732 台、732 台、732 台）的 95.2%、116.5%、82.8%，吉林省（792 台、792 台、792 台）的 88.0%、107.7%、76.5%。

2016 年、2017 年、2018 年，黑龙江省省级公共图书馆馆均阅览室座席数分别为 1782 个、2333 个、2333 个，在 31 个省、自治区、直辖市中分别排第

14位、第10位、第10位，分别低于全国平均水平和辽宁省、吉林省；高于全国平均水平，低于辽宁省、吉林省；高于全国平均水平，低于辽宁省、吉林省。分别为全国平均水平（1922个、1973个、1970个）的92.7%、118.2%、118.4%，辽宁省（5862个、5862个、5862个）的30.4%、39.8%、39.8%，吉林省（3244个、3308个、3308个）的54.9%、70.5%、70.5%。

2018年，黑龙江省省级公共图书馆馆均阅览室座席数（2333个）处于文化和旅游部2008年（当时为文化部）制定的《公共图书馆建设标准》（建标108—2008）中规定的大型馆标准范围（1200～3000个）之内，是大型馆标准下限（1200个）的194.4%，大型馆标准上限（3000个）的77.8%。

3.2.2 黑龙江省地市级公共图书馆基础设施因素分析

2016年、2017年、2018年，黑龙江省地市级公共图书馆的总体设施水平（地市级公共图书馆馆均设施水平指数×地市级公共图书馆覆盖率）分别为24.9%、25.8%、24.0%，在27个省、自治区中分别排第16位、第14位、第16位（并列）（不包括北京市、天津市、上海市、重庆市4个直辖市），在东北地区均排第3位。（见表3－9）

表3－9 2016年、2017年、2018年各省、自治区地市级公共图书馆总体设施水平及位次

地区	2016年			2017年			2018年		
	指数/%	总体水平/%	位次	指数/%	总体水平/%	位次	指数/%	总体水平/%	位次
北京	—	—	—	—	—	—	—	—	—
天津	—	—	—	—	—	—	—	—	—
河北	32.5	35.5	8	32.1	35.0	8	31.5	34.4	8
山西	37.1	27.0	13	28.5	23.3	17	33.5	30.5	11
内蒙古	25.1	25.1	15	25.7	25.7	15	25.9	25.9	14
辽宁	29.5	48.5	4	29.6	48.6	5	28.0	46.0	7
吉林	29.9	33.2	11	28.3	31.4	10	26.2	29.1	12

续表

地区	2016年			2017年			2018年		
	指数/%	总体水平/%	位次	指数/%	总体水平/%	位次	指数/%	总体水平/%	位次
黑龙江	29.4	24.9	16	28.0	25.8	14	26.0	24.0	16
上海	—	—	—	—	—	—	—	—	—
江苏	53.0	65.2	3	59.0	72.6	3	52.9	65.1	4
浙江	56.2	71.5	2	57.5	73.2	2	57.1	72.7	2
安徽	26.2	34.4	9	22.9	30.1	11	24.2	31.8	10
福建	32.4	43.2	6	44.0	63.5	4	46.4	67.0	3
江西	26.8	26.8	14	28.3	28.3	12	24.0	24.0	16
山东	46.1	46.1	5	45.9	45.9	6	44.7	47.5	6
河南	32.9	34.4	9	32.0	33.9	9	30.8	34.4	8
湖北	32.0	39.4	7	31.1	38.3	7	38.9	47.9	5
湖南	27.1	31.0	12	21.5	26.1	13	23.9	29.0	13
广东	58.7	75.5	1	58.8	75.6	1	59.7	76.8	1
广西	21.7	23.2	18	23.0	24.6	16	23.7	25.4	15
海南	14.4	14.4	23	14.9	14.9	23	14.2	14.2	24
重庆	—	—	—	—	—	—	—	—	—
四川	22.7	23.8	17	19.7	20.6	19	19.0	19.9	19
贵州	13.8	15.5	22	13.3	14.8	24	13.7	16.8	21
云南	17.2	19.5	19	16.2	18.2	20	14.2	16.0	23
西藏	8.7	7.5	27	5.3	4.5	27	9.7	8.3	26
陕西	16.9	11.8	25	22.5	15.8	22	21.5	17.2	20
甘肃	10.4	12.6	24	10.6	12.9	25	11.5	14.0	25
青海	8.9	7.8	26	9.3	8.1	26	8.1	7.1	27
宁夏	19.2	19.2	20	21.6	21.6	18	20.5	20.5	18
新疆	16.6	16.6	21	18.0	18.0	21	16.6	16.6	22

数据来源：根据《中国文化文物统计年鉴》（2017年、2018年）、《中国文化和旅游统计年鉴 2019》和《中国图书馆年鉴》（2017年、2018年、2019年）中的相关数据整理。

2016 年、2017 年、2018 年，黑龙江省地市级公共图书馆馆均设施水平指数分别为 29.4%、28.0%、26.0%，均低于全国平均水平和辽宁省、吉林省；分别为全国平均水平（30%、30%、30%）的 98.0%、93.3%、86.7%，辽宁省（29.5%、29.6%、28.0%）的 99.7%、94.6%、92.9%，吉林省（29.9%、28.3%、26.2%）的 98.3%、98.9%、99.2%。

2016 年、2017 年、2018 年，黑龙江省地市级公共图书馆馆均建筑面积分别为 1.05 万平方米、1.07 万平方米、1.12 万平方米，在 27 个省、自治区中分别排第 12 位、第 13 位、第 11 位（不包括北京市、天津市、上海市、重庆市 4 个直辖市），分别低于全国平均水平和吉林省，略高于辽宁省；低于全国平均水平和吉林省，略高于辽宁省；低于全国平均水平，略高于辽宁省和吉林省。分别为全国平均水平（1.14 万平方米、1.19 万平方米、1.23 万平方米）的 92.1%、89.9%、91.1%，辽宁省（1.00 万平方米、1.04 万平方米、1.09万平方米）的 105.0%、102.9%、102.8%，吉林省（1.09 万平方米、1.09万平方米、1.04 万平方米）的 96.3%、98.2%、107.7%。

2018 年黑龙江省地市级公共图书馆馆均建筑面积（1.12 万平方米）处于文化和旅游部 2008 年（当时为文化部）制定的《公共图书馆建设标准》（建标 108—2008）中规定的中型馆标准范围（0.45 万～2 万平方米）之内，是中型馆标准下限（0.45 万平方米）的 248.9%，中型馆标准上限（2 万平方米）的 56.0%。

2016 年、2017 年、2018 年，黑龙江省地市级公共图书馆馆均总藏量分别为 73.1 万册件、73.6 万册件、75.0 万册件，在 27 个省、自治区中分别排第 7 位、第 10 位、第 10 位（不包括北京市、天津市、上海市、重庆市 4 个直辖市），均略高于全国平均水平，低于辽宁省和吉林省。分别为全国平均水平（65.3 万册件、68.8 万册件、72.8 万册件）的 111.9%、107.0%、103.0%，辽宁省（86.3 万册件、88.0 万册件、90.7 万册件）的 84.7%、83.6%、82.7%，吉林省（78.2 万册件、79.7 万册件、82.7 万册件）的 93.5%、92.3%、90.7%。

2018 年黑龙江省地市级公共图书馆馆均总藏量（75.0 万册件）处于文

化和旅游部2008年(当时为文化部)制定的《公共图书馆建设标准》(建标108—2008)中规定的中型馆标准范围(24万~135万册件)之内,是中型馆标准下限(24万册件)的312.5%,中型馆标准上限(135万册件)的55.6%。

2016年、2017年、2018年,黑龙江省地市级公共图书馆馆均年新购藏量分别为4.7万册件、3.2万册件、1.5万册件,在27个省、自治区中分别排第9位、第13位、第23位(不包括北京市、天津市、上海市、重庆市4个直辖市),分别低于全国平均水平,高于辽宁省和吉林省;低于全国平均水平和辽宁省、吉林省;低于全国平均水平和辽宁省、吉林省。分别为全国平均水平(5.0万册件、4.6万册件、5.4万册件)的94.0%、69.6%、27.8%,辽宁省(4.1万册件、4.4万册件、3.7万册件)的114.6%、72.7%、40.5%,吉林省(4.4万册件、3.3万册件、3.3万册件)的106.8%、97.0%、45.5%。

2016年、2017年、2018年,黑龙江省地市级公共图书馆馆均计算机台数分别为135台、135台、133台,在27个省、自治区中分别排第11位、第13位、第13位(不包括北京市、天津市、上海市、重庆市4个直辖市)。分别略高于全国平均水平和吉林省,低于辽宁省;略低于全国平均水平和吉林省,低于辽宁省;低于全国平均水平和辽宁省,高于吉林省。分别为全国平均水平(131台、136台、139台)的103.1%、99.3%、95.7%,辽宁省(140台、148台、151台)的93.6%、91.2%、88.1%,吉林省(131台、136台、123台)的103.1%、99.3%、108.1%。

2016年、2017年、2018年,黑龙江省地市级公共图书馆馆均阅览室座席数分别为596个、747个、914个,在27个省、自治区中分别排第14位、第13位、第8位(不包括北京市、天津市、上海市、重庆市4个直辖市),分别低于全国平均水平和吉林省,略高于辽宁省;略低于全国平均水平,高于辽宁省和吉林省;高于全国平均水平和辽宁省、吉林省。分别为全国平均水平(708个、759个、797个)的84.2%、98.4%、114.7%,辽宁省(548个、558个、596个)的108.8%、133.9%、153.4%,吉林省(667个、697个、725个)的89.4%、107.2%、126.1%。

2018 年黑龙江省地市级公共图书馆馆均阅览室座席数(914 个)处于文化和旅游部 2008 年(当时为文化部)制定的《公共图书馆建设标准》(建标 108—2008)中规定的中型馆标准范围(240 ~ 1200 个)之内,是中型馆标准下限(240 个)的 380.8%,中型馆标准上限(1200 个)的 76.2%。

3.2.3 黑龙江省县级公共图书馆基础设施因素分析

2016 年、2017 年、2018 年,黑龙江省县级公共图书馆总体设施水平(县级公共图书馆馆均设施水平指数 × 县级公共图书馆覆盖率)分别为13.3%、15.2%、13.0%,在 31 个省、自治区、直辖市中分别排第 29 位、第 28 位、第 29 位,在东北地区均排第 3 位。(见表 3 – 10)

表 3 – 10 2016 年、2017 年、2018 年各省、自治区、直辖市县级公共图书馆总体设施水平及位次

地区	2016 年			2017 年			2018 年		
	指数 /%	总体水平 /%	位次	指数 /%	总体水平 /%	位次	指数 /%	总体水平 /%	位次
北京	118.9	171.0	2	100.0	137.5	2	106.0	145.8	2
天津	47.9	86.8	3	58.6	109.9	3	77.9	131.5	3
河北	16.5	15.6	28	17.4	16.6	26	17.3	16.5	25
山西	19.7	19.5	18	18.5	18.4	21	18.1	17.8	22
内蒙古	19.1	19.3	19	20.5	20.7	18	19.4	19.6	19
辽宁	22.9	24.3	13	21.2	22.5	16	20.2	21.4	16
吉林	22.0	20.2	17	21.6	19.8	19	20.8	19.1	20
黑龙江	17.7	13.3	29	20.3	15.2	28	17.3	13.0	29
上海	133.1	183.0	1	129.2	177.7	1	124.2	163.1	1
江苏	67.6	68.3	5	73.7	75.2	5	71.0	73.2	5
浙江	88.8	86.8	3	85.8	82.9	4	85.4	84.5	4
安徽	23.4	22.5	15	24.0	23.3	14	27.6	27.3	11

续表

地区	2016 年			2017 年			2018 年		
	指数 /%	总体水平 /%	位次	指数 /%	总体水平 /%	位次	指数 /%	总体水平 /%	位次
福建	38.2	33.8	9	38.2	33.7	9	41.5	37.1	9
江西	25.2	25.5	12	27.9	28.2	12	24.7	24.9	14
山东	38.2	37.9	8	41.5	41.2	8	47.4	47.1	8
河南	22.1	19.3	19	21.5	18.8	20	24.1	21.2	17
湖北	34.2	31.5	10	31.8	30.6	11	28.3	26.9	12
湖南	24.4	23.8	14	22.5	22.1	17	22.1	21.9	15
广东	65.8	62.0	7	60.7	57.7	7	58.7	55.8	7
广西	20.7	17.9	24	20.0	17.5	24	19.3	17.0	24
海南	20.7	16.2	27	19.3	15.1	29	23.1	19.1	20
重庆	62.2	67.1	6	66.0	71.2	6	59.3	64.0	6
四川	22.1	21.7	16	23.8	23.5	13	25.7	25.4	13
贵州	19.5	19.3	19	22.9	22.6	15	20.7	20.5	18
云南	17.9	18.3	23	17.4	17.8	22	16.1	16.5	25
西藏	4.3	4.3	31	3.9	3.9	31	3.6	3.6	31
陕西	19.3	18.4	22	18.4	17.5	24	18.5	17.6	23
甘肃	17.5	17.3	25	17.9	17.7	23	16.1	15.9	27
青海	9.5	9.1	30	9.1	8.7	30	8.7	8.7	30
宁夏	29.3	26.6	11	35.0	31.8	10	30.3	28.9	10
新疆	18.6	16.3	26	18.4	16.1	27	18.0	15.8	28

数据来源：根据《中国文化文物统计年鉴》（2017 年、2018 年）、《中国文化和旅游统计年鉴 2019》和《中国图书馆年鉴》（2017 年、2018 年、2019 年）中的相关数据整理。

2016 年、2017 年、2018 年，黑龙江省县级公共图书馆馆均设施水平指数分别为 17.7%、20.3%、17.3%，均低于全国平均水平和辽宁省、吉林省。分别为全国平均水平（30%、30%、30%）的 59.0%、67.7%、57.7%，辽宁省（22.9%、21.2%、20.2%）的 77.3%、95.8%、85.6%，吉林省（22.0%、

21.6%、20.8%)的80.5%、94.0%、83.2%。

2016年、2017年、2018年，黑龙江省县级公共图书馆馆均建筑面积分别为0.15万平方米、0.17万平方米、0.18万平方米，在31个省、自治区、直辖市中分别排第29位、第28位(并列)、第29位，均低于全国平均水平和辽宁省、吉林省。分别为全国平均水平(0.29万平方米、0.31万平方米、0.34万平方米)的51.7%、54.8%、52.9%，辽宁省(0.21万平方米、0.22万平方米、0.23万平方米)的71.4%、77.3%、78.3%，吉林省(0.19万平方米、0.21万平方米、0.22万平方米)的78.9%、81.0%、81.8%。

2018年黑龙江省县级公共图书馆馆均建筑面积(0.18万平方米)处于国家文化和旅游部2008年(当时为国家文化部)制定的《公共图书馆建设标准》(建标108—2008)中规定的国家小型馆标准范围(0.08万~0.45万平方米)之内，是国家小型馆标准下限(0.08万平方米)的225.0%，国家小型馆标准上限(0.45万平方米)的40.0%。

2016年、2017年、2018年，黑龙江省县级公共图书馆馆均总藏量分别为7.8万册件、9.2万册件、9.7万册件，在31个省、自治区、直辖市中分别排位第27位、第23位、第23位，均低于全国平均水平和辽宁省、吉林省。分别为全国平均水平(15.4万册件、17.1万册件、18.6万册件)的50.6%、53.8%、52.2%，辽宁省(12.2万册件、11.9万册件、13.1万册件)的63.9%、77.3%、74.0%，吉林省(11.3万册件、12.8万册件、13.4万册件)的69.0%、71.9%、72.4%。

2018年黑龙江省县级公共图书馆馆均总藏量(9.7万册件)处于文化和旅游部2008年(当时为文化部)制定的《公共图书馆建设标准》(建标108—2008)中规定的小型馆标准范围(4.5万~24万册件)之内，是小型馆标准下限(4.5万册件)的215.6%，小型馆标准上限(24万册件)的40.4%。

2016年、2017年、2018年，黑龙江省县级公共图书馆馆均年新购藏量分别为0.6万册件、1.3万册件、0.6万册件，在31个省、自治区、直辖市中分别排第19位(并列)、第13位、第20位(并列)，分别低于全国平均水平，持平于辽宁省和吉林省；低于全国平均水平，高于辽宁省和吉林省；低于全国平均水平，持平于吉林省，高于辽宁省。分别为全国平均水平（1.3 万册件、1.6 万册件、1.5 万册件）的 46.2%、81.3%、40.0%，辽宁省（0.6 万册件、0.6 万册件、0.5 万册件）的 100%、216.7%、120.0%，吉林省（0.6 万册件、0.8 万册件、0.6 万册件）的 100%、162.5%、100%。

2016 年、2017 年、2018 年，黑龙江省县级公共图书馆馆均计算机台数分别为 39 台、40 台、41 台，在 31 个省、自治区、直辖市中分别排位第 27 位、第 26 位（并列）、第 26 位，均低于全国平均水平和辽宁省、吉林省；分别为全国平均水平（51 台、53 台、54 台）的 76.5%、75.5%、75.9%，辽宁省（50 台、52 台、51 台）的 78.0%、76.9%、80.4%，吉林省（49 台、47 台、48 台）的 79.6%、85.1%、85.4%。

2016 年、2017 年、2018 年，黑龙江省县级公共图书馆馆均阅览室座席数分别为 157 个、176 个、185 个，在 31 个省、自治区、直辖市中分别排位第 25 位（并列）、第 24 位、第 26 位，均低于全国平均水平和辽宁省、吉林省。分别为全国平均水平（235 个、254 个、266 个）的 66.8%、69.3%、69.5%，辽宁省（182 个、182 个、190 个）的 86.3%、96.7%、97.4%，吉林省（199 个、203 个、207 个）的 78.9%、86.7%、89.4%。

2018 年黑龙江省县级公共图书馆馆均阅览室座席数（185 个）处于文化和旅游部 2008 年（当时为文化部）制定的《公共图书馆建设标准》（建标 108—2008）中规定的小型馆标准范围（60 ~ 240 个）之内，是小型馆标准下限（60 个）的 308.3%，小型馆标准上限（240 个）的 77.1%。

3.2.4 黑龙江省公共图书馆基础设施因素分析结论

以上分析可以看出，黑龙江省的公共图书馆特别是省级和地市级公共图书馆设施水平相对于投入水平而言，与全国平均水平以及辽宁省、吉林省的差距是较小的。2018 年，黑龙江省省级公共图书馆馆均计算机台数、馆均阅览室座席数和地市级公共图书馆馆均总藏量、馆均阅览室座席数高于全国平均水平。黑龙江省省级公共图书馆的设施水平、馆均年新购藏量和地市级公共图书馆馆均建筑面积、馆均计算机台数接近全国平均水平。黑龙江省地市级公共图书馆馆均建筑面积、馆均阅览室座席数高于辽宁省和吉林省。黑龙江省县级公共图书馆馆均年新购藏量高于辽宁省。黑龙江省省级公共图书馆馆均年新购藏量和地市级公共图书馆馆均计算机台数高于吉林省。黑龙江省县级公共图书馆馆均阅览室座席数接近辽宁省。黑龙江省地市级公共图书馆馆均设施水平、馆均总藏量和县级公共图书馆馆均年新购藏量接近吉林省。由此可以看出,黑龙江省省级和地市级公共图书馆的基础设施有相对较好的基础,但是全省公共图书馆基础设施水平总体较低,特别是县级公共图书馆的基础设施水平与全国各地差距很大。

3.3 黑龙江省公共图书馆人才队伍因素分析

劳动者是生产力发展中最具有决定性的力量。人才资源是第一资源。公共图书馆工作人员的数量、素质是制约公共图书馆发展水平的决定性因素。2016 年、2017 年、2018 年,黑龙江省的省级公共图书馆馆均从业人员人数处于全国中游水平,黑龙江省的地市级公共图书馆馆均从业人员人数处于全国中上水平,黑龙江省的县级公共图书馆馆均从业人员人数处于全国中下水平。(见表 3 - 11)

表 3 - 11 2016 年、2017 年、2018 年各省、自治区、直辖市省级、地市级、县级公共图书馆馆均从业人数位次

地区	省级公共图书馆			地市级公共图书馆			县级公共图书馆		
	2016 年	2017 年	2018 年	2016 年	2017 年	2018 年	2016 年	2017 年	2018 年
北京	3	3	3	—	—	—	2	2	2
天津	18	14	19	—	—	—	4	4	4
河北	16	13	12	10	11	9	28	28	27
山西	10	8	8	5	8	11	20	20	18
内蒙古	19	19	18	9	9	10	14	13	13
辽宁	11	10	7	5	6	6	14	13	13

续表

地区	省级公共图书馆			地市级公共图书馆			县级公共图书馆		
	2016 年	2017 年	2018 年	2016 年	2017 年	2018 年	2016 年	2017 年	2018 年
吉林	9	9	9	4	4	5	7	8	8
黑龙江	14	16	16	8	7	7	17	17	18
上海	2	2	2	—	—	—	1	1	1
江苏	1	1	1	3	3	3	5	6	6
浙江	4	7	11	1	1	1	3	3	3
安徽	17	18	17	22	22	22	23	23	21
福建	25	26	26	14	9	8	17	17	16
江西	23	23	22	17	17	17	20	20	18
山东	12	10	10	7	5	4	12	12	11
河南	26	28	28	10	12	11	10	11	10
湖北	8	5	4	13	12	14	12	13	12
湖南	21	22	22	15	16	16	17	17	16
广东	7	6	6	2	2	2	5	5	5
广西	27	27	27	15	15	15	23	23	21
海南	28	29	29	25	26	26	23	23	21
重庆	20	20	20	—	—	—	7	7	7
四川	6	4	5	18	18	19	23	23	21
贵州	22	21	21	19	19	17	28	28	27
云南	15	17	15	20	21	20	20	20	21
西藏	31	31	31	27	27	27	31	31	30
陕西	5	15	14	10	12	11	7	8	8
甘肃	13	12	13	24	24	25	16	16	13
青海	30	24	24	26	24	24	30	30	29
宁夏	24	25	25	20	20	20	10	8	30
新疆	29	30	30	23	23	23	23	23	21

数据来源：根据《中国文化文物统计年鉴》(2017 年、2018 年)、《中国文化和旅游统计年鉴 2019》和《中国图书馆年鉴》(2017 年、2018 年、2019 年)中的相关数据整理。

3.3.1 黑龙江省省级公共图书馆人才队伍因素分析

2016 年、2017 年、2018 年，黑龙江省省级公共图书馆馆均从业人数分别为 193 人、186 人、180 人，在 31 个省、自治区、直辖市中分别排第 14 位、第 16 位、第 16 位，均低于全国平均水平和辽宁省、吉林省。分别为全国平均水平（199 人、194 人、193 人）的 97.0%、95.9%、93.3%，辽宁省（229 人、226 人、238 人）的 84.3%、82.3%、75.6%，吉林省（242 人、236 人、231 人）的 79.8%、78.8%、77.9%。

2016 年、2017 年、2018 年，黑龙江省省级公共图书馆馆均专业技术人才人数分别为 165 人、160 人、159 人，在 31 个省、自治区、直辖市中分别排第 13 位、第 14 位、第 14 位，分别接近全国平均水平，低于辽宁省，高于吉林省；低于全国平均水平和辽宁省、吉林省；低于全国平均水平和辽宁省，高于吉林省。分别为全国平均水平（168 人、166 人、166 人）的 98.2%、96.4%、95.8%，辽宁省（209 人、208 人、201 人）的 78.9%、76.9%、79.1%，吉林省（156 人、163 人、156 人）的 105.8%、98.2%、101.9%，（见表 3 - 12）

表 3 - 12　2016 年、2017 年、2018 年各省、自治区、直辖市省级公共图书馆馆均专业技术人才人数、比重和位次

地区	2016 年				2017 年				2018 年			
	人数/人	位次	比重/%	位次	人数/人	位次	比重/%	位次	人数/人	位次	比重/%	位次
全国	168	—	84.5	—	166	—	85.6	—	166	—	85.8	—
北京	333	3	94.9	5	329	3	94.8	4	327	3	94.8	4
天津	166	12	97.1	2	155	16	94.5	5	151	17	93.2	13
河北	126	21	67.4	27	123	22	63.1	28	144	19	67.0	28

续表

地区	2016 年				2017 年				2018 年			
	人数/人	位次	比重/%	位次	人数/人	位次	比重/%	位次	人数/人	位次	比重/%	位次
山西	214	7	93.0	10	220	7	92.4	12	219	6	93.6	11
内蒙古	150	16	94.9	5	152	17	95.0	3	157	15	96.3	2
辽宁	209	9	91.3	12	208	9	92.0	13	201	9	84.5	21
吉林	156	15	64.5	28	163	13	69.1	27	156	16	67.5	27
黑龙江	165	13	85.5	19	160	14	86.0	19	159	14	88.3	18
上海	349	2	88.7	17	360	2	91.0	14	375	1	93.9	9
江苏	487	1	91.7	11	393	1	76.6	25	371	2	70.8	26
浙江	264	4	77.0	23	250	6	90.3	16	207	8	94.1	7
安徽	138	19	76.7	24	136	20	79.1	23	149	18	83.7	22
福建	106	26	91.0	13	101	26	90.5	15	103	25	91.2	14
江西	131	20	93.6	9	139	19	93.9	9	135	20	94.4	6
山东	211	8	95.9	4	217	8	96.0	1	214	7	96.4	1
河南	87	28	79.1	21	91	28	85.4	20	91	28	86.3	20
湖北	272	5	94.1	8	282	4	94.3	7	283	4	94.6	5
湖南	145	18	94.8	7	143	18	93.8	10	134	21	93.4	12
广东	269	6	89.1	15	266	5	89.9	17	269	5	90.9	15
广西	109	25	100	1	102	25	94.4	6	103	25	93.9	9
海南	90	27	85.7	18	96	27	94.1	8	94	27	94.0	8
重庆	113	24	73.1	26	117	24	75.5	26	120	22	74.8	25
四川	183	10	59.6	29	183	10	59.6	29	173	13	58.1	30
贵州	115	22	77.2	22	119	23	78.3	24	115	24	77.7	24
云南	181	11	96.3	3	176	11	95.7	2	174	12	95.6	3
西藏	21	31	41.2	31	31	31	58.5	30	30	31	60.0	29
陕西	162	14	48.2	30	158	15	81.9	21	186	10	90.3	17
甘肃	147	17	75.8	25	175	12	79.5	22	176	11	83.0	23

续表

地区	2016年				2017年				2018年			
	人数/人	位次	比重/%	位次	人数/人	位次	比重/%	位次	人数/人	位次	比重/%	位次
青海	74	30	84.1	20	71	30	52.6	31	75	30	55.6	31
宁夏	115	22	88.5	16	125	21	93.3	11	119	23	90.8	16
新疆	83	29	89.2	14	79	29	88.8	18	80	29	87.9	19

数据来源：根据《中国文化文物统计年鉴》（2017年、2018年）、《中国文化和旅游统计年鉴 2019》和《中国图书馆年鉴》（2017年、2018年、2019年）中的相关数据整理。

2016年、2017年、2018年，黑龙江省省级公共图书馆专业技术人才占从业人员比重分别为85.5%、86.0%、88.3%，在31个省、自治区、直辖市中分别排第19位、第19位、第18位，分别高于全国平均水平和吉林省，低于辽宁省；高于全国平均水平和吉林省，低于辽宁省；高于全国平均水平和辽宁省、吉林省。分别比全国平均水平（84.5%、85.6%、85.8%）高1个百分点、高0.4个百分点、高2.5个百分点，比辽宁省（91.3%、92.0%、84.5%）低5.8个百分点、低6.0个百分点、高3.8个百分点，比吉林省（64.5%、69.1%、67.5%）高20.0个百分点、高16.9个百分点、高20.8个百分点。（见表3-12）

2016年、2017年、2018年，黑龙江省省级公共图书馆的馆均高级职称人员人数分别为48人、82人、96人，在31个省、自治区、直辖市中分别排第13位、第2位、第2位，分别高于全国平均水平，低于辽宁省和吉林省；高于全国平均水平和辽宁省、吉林省；高于全国平均水平和辽宁省、吉林省。分别为全国平均水平（40人、41人、42人）的120.0%、200.0%、228.6%，辽宁省（71人、69人、63人）的67.6%、118.8%、152.4%，吉林省（57人、56人、56人）的84.2%、146.4%、171.4%。（见表3-13）

表 3－13　2016 年、2017 年、2018 年各省、自治区、直辖市省级公共图书馆馆均高级职称人员人数、比重和位次

地区	2016 年				2017 年				2018 年			
	人数/人	位次	比重/%	位次	人数/人	位次	比重/%	位次	人数/人	位次	比重/%	位次
全国	40	—	23.7	—	41	—	24.9	—	42	—	25.3	—
北京	50	12	15.0	28	53	11	16.1	28	51	13	15.6	28
天津	41	14	24.4	14	40	14	25.5	12	40	16	26.2	14
河北	54	9	42.9	2	53	11	43.1	4	55	11	38.2	3
山西	40	15	18.7	26	39	16	17.7	26	42	14	19.2	24
内蒙古	51	11	34.0	6	51	13	33.6	6	55	11	35.0	7
辽宁	71	4	34.0	6	69	5	33.2	8	63	6	31.3	9
吉林	57	7	36.5	4	56	9	34.4	5	56	9	35.9	5
黑龙江	48	13	29.1	8	82	2	51.3	2	96	2	60.4	1
上海	74	2	21.2	22	78	4	21.5	22	79	4	20.9	23
江苏	100	1	20.5	24	111	1	21.6	21	117	1	31.5	8
浙江	55	8	20.8	23	63	7	25.2	14	56	9	27.1	13
安徽	30	20	21.7	20	30	20	22.1	19	36	17	24.2	16
福建	17	29	15.6	27	17	30	16.4	27	15	29	14.6	29
江西	37	18	28.2	10	29	21	20.9	23	32	19	23.7	17
山东	54	9	25.6	13	54	10	24.9	15	62	7	29.0	11
河南	24	24	27.6	11	26	23	28.0	9	27	22	29.1	10
湖北	64	5	23.5	16	67	6	23.8	17	67	5	23.7	17
湖南	23	25	15.6	29	22	25	15.4	29	24	25	17.6	26
广东	58	6	21.6	21	59	8	22.2	18	58	8	21.6	21
广西	22	26	20.4	25	22	25	22.0	20	22	26	21.6	21
海南	5	31	5.6	31	6	31	6.3	31	6	31	6.4	31
重庆	27	21	23.9	15	29	21	24.4	16	27	22	22.1	20
四川	40	15	21.9	19	36	17	19.7	24	33	18	19.1	25

续表

地区	2016年				2017年				2018年			
	人数/人	位次	比重/%	位次	人数/人	位次	比重/%	位次	人数/人	位次	比重/%	位次
贵州	40	15	34.8	5	40	14	33.6	6	41	15	35.7	6
云南	74	2	40.9	3	80	3	45.5	3	84	3	48.3	2
西藏	12	30	57.1	1	20	28	64.5	1	11	30	36.7	4
陕西	25	23	15.4	30	24	24	15.2	30	27	22	14.5	30
甘肃	34	19	23.1	18	33	18	18.9	25	29	21	16.5	27
青海	21	28	28.4	9	18	29	25.4	13	17	28	22.7	19
宁夏	27	21	23.5	16	32	19	25.6	11	32	19	26.9	15
新疆	22	26	26.5	12	22	27	27.8	10	22	26	27.5	12

数据来源：根据《中国文化文物统计年鉴》(2017年、2018年)、《中国文化和旅游统计年鉴 2019》和《中国图书馆年鉴》(2017年、2018年、2019年)中的相关统计数据整理。

2016年、2017年、2018年，黑龙江省省级公共图书馆的馆均高级职称人员占专业技术人才比重分别为29.1%、51.3%、60.4%，在31个省、自治区、直辖市中分别排第8位、第2位、第1位，分别高于全国平均水平，低于辽宁省和吉林省；高于全国平均水平和辽宁省、吉林省；高于全国平均水平和辽宁省、吉林省。分别比全国平均水平(23.7%、24.9%、25.3%)高5.4个百分点、高26.4个百分点、高35.1百分点，比辽宁省(34.0%、32.2%、31.3%)低4.9个百分点、高19.1个百分点、高29.1个百分点，比吉林省(36.5%、34.4%、35.9%)低7.4个百分点、高16.9个百分点、高24.5个百分点。(见表3-13)

3.3.2 黑龙江省地市级公共图书馆人才队伍因素分析

2016年、2017年、2018年，黑龙江省地市级公共图书馆馆均从业人数分别为47人、47人、49人，在27个省、自治区(不包括北京市、天津市、上海市、重庆市4个直辖市)中分别排第8位、第7位、第7位,均高于全国平均水平,低于辽宁省和吉林省。分别为全国平均水平(41人、41人、41人)的114.6%、114.6%、119.5%,辽宁省(53人、52人、50人)的88.7%、90.4%、98.0%,吉林省(54人、55人、53人)的87.0%、85.5%、92.5%。

2016年、2017年、2018年,黑龙江省地市级公共图书馆馆均专业技术人才人数分别为38人、38人、36人,在27个省、自治区(不包括北京市、天津市、上海市、重庆市4个直辖市)中分别排第8位、第8位(并列)、第9位(并列),均高于全国平均水平,低于辽宁省和吉林省;分别为全国平均水平(32人、32人、31人)的118.8%、118.8%、116.1%,辽宁省(44人、43人、41人)的86.4%、88.4%、87.8%,吉林省(47人、48人、46人)的80.9%、79.2%、78.3%。(见表3-14)

表3-14　2016年、2017年、2018年各省、自治区地市级公共图书馆馆均专业技术人才人数、比重和位次

地区	2016年				2017年				2018年			
	人数/人	位次	比重/%	位次	人数/人	位次	比重/%	位次	人数/人	位次	比重/%	位次
全国	32	—	78.1%	—	32	—	77.6	—	31	—	76.6	—
北京	—	—	—	—	—	—	—	—	—	—	—	—
天津	—	—	—	—	—	—	—	—	—	—	—	—
河北	37	9	86.9	5	38	8	88.5	3	37	8	83.2	10
山西	26	15	49.1	27	23	19	50.4	27	21	20	49.6	26
内蒙古	41	7	90.4	1	40	7	90.2	1	39	7	88.4	2
辽宁	44	5	84.1	10	43	6	84.1	10	41	6	81.7	11
吉林	47	3	86.5	6	48	3	87.5	5	46	3	86.5	3
黑龙江	38	8	79.7	13	38	8	79.8	13	36	9	73.7	15
上海	—	—	—	—	—	—	—	—	—	—	—	—
江苏	46	4	74.3	19	46	4	74.4	15	46	3	75.2	14

续表

地区	2016年				2017年				2018年			
	人数/人	位次	比重/%	位次	人数/人	位次	比重/%	位次	人数/人	位次	比重/%	位次
浙江	50	2	67.9	23	55	1	68.1	20	53	2	67.6	22
安徽	18	22	69.4	21	18	23	70.1	19	17	25	69.5	20
福建	28	13	76.7	16	28	13	64.3	25	23	17	48.8	27
江西	24	19	75.8	17	24	17	75.1	17	24	16	77.6	13
山东	44	5	84.2	9	45	5	84.3	9	45	5	84.5	6
河南	35	11	80.8	12	34	11	80.6	12	33	11	81.0	12
湖北	37	9	87.6	4	38	8	89.7	2	36	9	89.7	1
湖南	26	15	76.9	15	26	15	74.0	16	25	15	72.0	17
广东	53	1	82.5	11	53	2	82.5	11	54	1	84.2	9
广西	25	17	75.2	18	25	16	64.4	24	27	13	70.2	19
海南	14	24	77.5	14	13	24	76.8	14	12	24	72.3	16
重庆	—	—	—	—	—	—	—	—	—	—	—	—
四川	21	21	66.4	24	21	21	66.5	22	20	21	71.2	18
贵州	27	14	88.8	3	27	14	88.4	4	26	14	84.4	7
云南	25	17	85.4	7	23	19	85.7	7	23	17	85.4	5
西藏	3	27	52.9	26	4	27	55.8	26	5	27	59.6	25
陕西	30	12	71.5	20	31	12	73.2	18	28	12	68.5	21
甘肃	12	25	63.3	25	13	24	66.6	21	12	24	66.3	24
青海	12	25	68.9	22	12	26	65.4	23	12	24	60.7	23
宁夏	24	19	84.7	8	24	17	84.9	8	23	17	84.3	8
新疆	18	22	89.5	2	19	22	87.3	6	19	22	85.7	4

数据来源:根据《中国文化文物统计年鉴》(2017年、2018年)、《中国文化和旅游统计年鉴 2019》和《中国图书馆年鉴》(2017年、2018年、2019年)中的相关数据整理。

2016年、2017年、2018年,黑龙江省地市级公共图书馆馆均专业技术人才占从业人员比重分别为 79.7%、79.8%、73.7%，在 27 个省、自治区（不包括北京市、天津市、上海市、重庆市 4 个直辖市）中分别排位第 13 位、第 13 位、第 15 位，均高于全国平均水平，低于辽宁省和吉林省；分别比全国平均水平（78.1%、77.6%、76.6%）高 1.6 个百分点、高 2.2 个百分点、低 2.9 个百分点，比辽宁省（84.1%、84.1%、81.7%）低 4.4 个百分点、低 4.3 个百分点、低 8 个百分点，比吉林省（86.5%、87.5%、86.5%）低 6.8 个百分点、低 7.7 个百分点、低 12.8 个百分点。（见表 3－14）

2016 年、2017 年、2018 年，黑龙江省地市级公共图书馆馆均高级职称人员人数分别为 10 人、14 人、15 人，在 27 个省、自治区（不包括北京市、天津市、上海市、重庆市 4 个直辖市）中分别排第 3 位（并列）、第 2 位、第 2 位，均高于全国平均水平和辽宁省，低于吉林省；分别为全国平均水平（6 人、6 人、6 人）的 166.7%、233.3%、250.0%，辽宁省（9 人、9 人、9 人）的 111.1%、155.6%、166.7%，吉林省（16 人、17 人、17 人）的 62.5%、82.4%、88.2%。（见表 3－15）

表 3－15　2016 年、2017 年、2018 年各省、自治区地市级公共图书馆馆均高级职称人员人数、比重和位次

地区	2016 年				2017 年				2018 年			
	人数/人	位次	比重/%	位次	人数/人	位次	比重/%	位次	人数/人	位次	比重/%	位次
全国	6	—	18.2	—	6	—	19.0	—	6	—	19.6	—
北京	—	—	—	—	—	—	—	—	—	—	—	—
天津	—	—	—	—	—	—	—	—	—	—	—	—
河北	10	3	27.2	3	10	5	26.1	5	9	6	24.3	5
山西	5	12	17.4	13	4	15	18.2	13	4	15	18.5	13
内蒙古	11	2	26.0	4	11	3	27.1	4	12	3	29.8	3
辽宁	9	7	19.6	7	9	7	19.7	9	9	6	21.6	7
吉林	16	1	33.3	1	17	1	34.6	2	17	1	37.6	2

续表

地区	2016年				2017年				2018年			
	人数/人	位次	比重/%	位次	人数/人	位次	比重/%	位次	人数/人	位次	比重/%	位次
黑龙江	10	3	27.8	2	14	2	37.7	1	15	2	40.5	1
上海	—	—	—	—	—	—	—	—	—	—	—	—
江苏	8	8	17.9	11	8	8	17.6	14	8	8	17.9	14
浙江	10	3	20.1	6	11	3	19.4	11	10	4	19.2	11
安徽	2	23	10.8	24	2	24	10.9	25	2	24	12.5	23
福建	3	19	12.3	21	3	19	11.2	24	3	19	13.8	21
江西	4	16	14.5	19	4	15	15.1	18	4	15	14.8	19
山东	10	3	18.4	10	10	5	22.1	7	10	4	22.9	6
河南	6	10	15.9	16	6	11	16.9	15	6	11	16.7	15
湖北	7	9	18.7	8	7	9	19.7	9	7	9	19.8	9
湖南	4	16	14.2	20	4	15	14.3	19	4	15	16.0	17
广东	6	10	11.8	22	7	9	12.4	21	7	9	12.8	22
广西	3	19	10.5	25	3	19	11.6	23	3	19	7.8	25
海南	0	26	0	26	0	26	0	26	0	27	0	27
重庆	—	—	—	—	—	—	—	—	—	—	—	—
四川	3	19	14.9	17	3	19	13.3	20	3	19	14.8	19
贵州	5	12	18.6	9	6	11	20.5	8	5	13	19.3	10
云南	5	12	21.8	5	6	11	28.9	3	6	11	26.0	4
西藏	0	26	0	26	0	26	0	26	0.3	26	6.5	26
陕西	5	12	16.0	15	5	14	15.7	16	5	13	16.1	16
甘肃	1	25	11.7	23	2	24	12.2	22	1	25	12.1	24
青海	2	23	17.9	11	3	19	22.4	6	3	19	21.2	8
宁夏	4	16	14.8	18	4	15	15.3	17	3	19	15.0	18
新疆	3	19	17.1	14	3	19	18.4	12	4	15	18.9	12

数据来源：根据《中国文化文物统计年鉴》(2017年、2018年)、《中国文化和旅游统计年鉴 2019》和《中国图书馆年鉴》(2017年、2018年、2019年)中的相关数据整理。

2016 年、2017 年、2018 年,黑龙江省地市级公共图书馆馆均高级职称人员占专业技术人才比重分别为 27.8%、37.7%、40.5%,在 27 个省、自治区(不包括北京市、天津市、上海市、重庆市 4 个直辖市)中分别排第 2 位、第 1 位、第 1 位,分别高于全国平均水平和辽宁省,低于吉林省;高于全国平均水平和辽宁省、吉林省;高于全国平均水平和辽宁省、吉林省。分别比全国平均水平(18.2%、19.0%、19.6%)高 9.6 百分点、高 18.7 个百分点、高 20.9 个百分点,比辽宁省(19.6%、19.7%、21.6%)高 8.2 个百分点、高 18.0 个百分点、高 18.9 个百分点,比吉林省(33.3%、34.6%、37.6%)低 5.5 个百分点、高 3.1 个百分点、高 2.9 个百分点。(见表 3-15)

3.3.3 黑龙江省县级公共图书馆人才队伍因素分析

2016 年、2017 年、2018 年,黑龙江省县级公共图书馆馆均从业人数分别为 10 人、10 人、9 人,在 31 个省、自治区、直辖市中分别排第 17 位(并列)、第 17 位(并列)、第 18 位(并列),均低于全国平均水平和辽宁省、吉林省;分别为全国平均水平(12 人、12 人、12 人)的 83.3%、83.3%、75.0%,辽宁省(12 人、12 人、11 人)的 83.3%、83.3%、81.8%,吉林省(15 人、15 人、15 人)的 66.7%、66.7%、60.0%。

2016 年、2017 年、2018 年,黑龙江省县级公共图书馆的馆均专业技术人才人数分别为 8 人、8 人、8 人,在 31 个省、自治区、直辖市中分别排第 14 位(并列)、第 14 位(并列)、第 13 位(并列),分别持平于全国平均水平,低于辽宁省、吉林省;持平于全国平均水平和辽宁省,低于吉林省;持平于全国平均水平和辽宁省,低于吉林省。分别为全国平均水平(8 人、8 人、8 人)的 100%、100%、100%,辽宁省(9 人、8 人、8 人)的 88.9%、100%、100%,吉林省(13 人、12 人、12 人)的 61.5%、66.7%、66.7%。(见表 3-16)

表 3－16　2016 年、2017 年、2018 年各省、自治区、直辖市县级公共图书馆馆均专业技术人才人数、比重和位次

地区	2016 年				2017 年				2018 年			
	人数/人	位次	比重/%	位次	人数/人	位次	比重/%	位次	人数/人	位次	比重/%	位次
全国	8	—	64.9	—	8	—	64.7	—	8	—	63.5	—
北京	31	2	79.8	5	31	2	76.8	8	31	2	78.2	8
天津	19	3	88.5	1	19	3	87.7	2	22	3	83.0	3
河北	5	23	60.8	21	5	22	63.4	15	5	21	64.0	15
山西	6	18	64.3	18	5	22	63.3	17	5	21	62.8	16
内蒙古	9	9	77.1	8	9	9	77.8	7	9	9	79.0	6
辽宁	9	9	71.1	8	8	14	68.8	12	8	13	69.2	10
吉林	13	5	84.0	3	12	5	80.8	4	12	5	82.7	4
黑龙江	8	14	83.5	4	8	14	83.8	3	8	13	84.9	2
上海	47	1	79.5	7	47	1	79.4	6	49	1	79.3	5
江苏	12	6	58.6	22	12	5	62.0	19	12	5	60.8	19
浙江	14	4	54.6	26	14	4	53.9	26	13	4	45.8	30
安徽	5	23	62.4	19	5	22	59.5	23	5	21	60.0	21
福建	6	18	61.0	20	6	19	59.9	22	6	18	60.9	18
江西	5	23	54.1	27	5	22	51.6	28	5	21	51.0	27
山东	10	7	81.4	6	10	8	80.1	5	10	8	78.4	7
河南	6	18	42.8	31	6	19	43.8	30	6	18	44.5	31
湖北	9	9	68.7	12	9	9	69.4	11	8	13	67.8	11
湖南	7	17	65.3	16	7	17	63.4	15	7	16	65.7	14
广东	10	7	49.4	30	11	7	51.2	31	11	7	49.4	29
广西	5	23	69.0	11	5	22	69.6	10	5	21	67.2	12
海南	6	18	68.7	12	5	22	68.3	14	5	21	60.4	20
重庆	9	9	58.3	23	9	9	56.3	24	9	9	54.5	26
四川	4	29	55.4	25	4	29	55.4	25	4	29	55.6	24

续表

地区	2016 年				2017 年				2018 年			
	人数/人	位次	比重/%	位次	人数/人	位次	比重/%	位次	人数/人	位次	比重/%	位次
贵州	5	23	68.2	15	5	22	68.4	13	5	21	66.6	13
云南	8	14	88.0	2	8	14	87.8	1	7	16	88.4	1
西藏	0.7	31	50.0	28	1	31	50.8	29	0.7	31	51.0	27
陕西	8	14	57.9	24	9	9	60.3	21	9	9	57.5	23
甘肃	5	23	49.9	29	6	19	52.0	27	6	18	54.8	25
青海	4	29	68.4	14	3	30	63.3	17	4	29	62.0	17
宁夏	9	9	64.4	17	9	9	62.0	19	9	9	58.4	22
新疆	6	18	72.8	10	7	17	72.3	9	5	21	70.2	9

数据来源:根据《中国文化文物统计年鉴》(2017 年、2018 年)、《中国文化和旅游统计年鉴 2019》和《中国图书馆年鉴》(2017 年、2018 年、2019 年)中的相关数据整理。

2016 年、2017 年、2018 年,黑龙江省县级公共图书馆的馆均专业技术人才占从业人员比重分别为 83.5%、83.8%、84.9%,在 31 个省、自治区、直辖市中分别排第 4 位、第 3 位、第 2 位,分别高于全国平均水平和辽宁省,略低于吉林省;高于全国平均水平和辽宁省、吉林省;高于全国平均水平和辽宁省、吉林省。分别比全国平均水平(64.9%、64.7%、63.5%),高 18.6 个百分点、高 19.1 个百分点、高 21.4 个百分点,比辽宁省(71.1%、68.8%、69.2%)高 12.4 个百分点、高 15 个百分点、高 15.7 个百分点,比吉林省(84.0%、80.8%、82.7%)低 0.5 个百分点、高 3 个百分点、高 2.2 个百分点。(见表 3-16)

2016 年、2017 年、2018 年,黑龙江省县级公共图书馆的馆均高级职称人员人数分别为 2.1 人、2.4 人、2.4 人,在 31 个省、自治区、直辖市中分别排第 3 位、第 2 位、第 2 位,均高于全国平均水平和辽宁省、吉林省。分别为全国平均水平(0.7 人、0.8 人、0.8 人)的 300.0%、300.0%、300.0%,辽宁省(0.9 人、0.8 人、0.9 人)的 233.3%、300.0%、266.7%，吉林省(1.8 人、2.0 人、2.1 人)的 116.7%、120.0%、114.3%。(见表 3 - 17)

表 3 - 17　2016 年、2017 年、2018 年各省、自治区、直辖市县级公共图书馆馆均高级职称人员人数、比重和位次

地区	2016 年				2017 年				2018 年			
	人数/人	位次	比重/%	位次	人数/人	位次	比重/%	位次	人数/人	位次	比重/%	位次
全国	0.7	—	9.3	—	0.8	—	9.9	—	0.8	—	10.6	—
北京	2.0	4	6.3	16	2.4	2	7.6	14	2.3	3	7.2	15
天津	2.5	1	13.2	7	2.7	1	13.9	7	3.0	1	13.3	7
河北	0.5	13	11.5	8	0.5	14	10.3	10	0.5	16	10.3	12
山西	0.2	24	3.3	28	0.2	25	4.2	25	0.3	20	5.1	23
内蒙古	1.4	9	14.8	4	1.5	8	16.4	4	1.7	7	19.0	3
辽宁	0.9	12	9.8	11	0.8	12	10.1	11	0.9	12	11.1	9
吉林	1.8	5	14.2	6	2.0	4	16.6	3	2.1	5	17.2	4
黑龙江	2.1	3	25.3	1	2.4	2	29.1	1	2.4	2	30.9	1
上海	2.3	2	4.9	22	1.8	6	3.8	28	2.1	5	4.3	26
江苏	1.3	11	11.0	10	1.3	11	10.5	9	1.4	10	11.0	11
浙江	1.6	6	11.3	9	1.7	7	12.2	8	1.7	7	12.6	8
安徽	0.3	19	5.6	18	0.3	20	6.3	17	0.3	20	6.3	18
福建	0.3	19	5.5	19	0.3	20	5.2	21	0.3	20	5.4	20
江西	0.3	19	7.1	14	0.3	20	6.1	18	0.3	20	6.6	17
山东	1.5	8	14.4	5	1.5	8	15.0	6	1.6	9	16.1	5
河南	0.2	24	3.9	25	0.2	25	4.0	27	0.3	20	4.7	24
湖北	0.4	17	4.8	23	0.4	17	4.7	24	0.4	18	5.2	21
湖南	0.3	19	4.7	24	0.3	20	5.0	22	0.3	20	4.6	25
广东	0.5	13	5.4	21	0.5	14	4.9	23	0.6	13	5.2	21
广西	0.1	28	2.5	30	0.2	27	2.8	30	0.1	29	2.5	30

续表

地区	2016 年				2017 年				2018 年			
	人数/人	位次	比重/%	位次	人数/人	位次	比重/%	位次	人数/人	位次	比重/%	位次
海南	0	31	0	31	0	31	0	31	0.05	30	1.1	31
重庆	1.4	9	15.7	3	1.4	10	15.2	5	1.4	10	15.1	6
四川	0.1	28	3.5	27	0.2	27	4.2	25	0.2	27	4.3	26
贵州	0.3	19	7.0	15	0.4	17	7.7	13	0.4	18	7.3	14
云南	1.6	6	20.1	2	1.9	5	25.3	2	2.2	4	29.6	2
西藏	0.03	30	3.8	26	0.05	30	6.6	16	0.03	31	4.0	28
陕西	0.2	24	2.8	29	0.3	20	3.1	29	0.3	20	3.6	29
甘肃	0.4	17	7.7	13	0.4	17	7.4	15	0.5	16	8.2	13
青海	0.2	24	6.1	17	0.2	27	5.8	19	0.2	27	5.9	19
宁夏	0.5	13	5.5	19	0.5	14	5.5	20	0.6	13	6.7	16
新疆	0.5	13	9.6	12	0.6	13	10.1	11	0.6	13	11.1	9

数据来源:根据《中国文化文物统计年鉴》(2017 年、2018 年)、《中国文化和旅游统计年鉴 2019》和《中国图书馆年鉴》(2017 年、2018 年、2019 年)中的相关统计数据整理。

2016 年、2017 年、2018 年,黑龙江省县级公共图书馆的馆均高级职称人员占专业技术人才比重分别为 25.3%、29.1%、30.9%,在 31 个省、自治区、直辖市中均排第 1 位,均高于全国平均水平和辽宁省、吉林省。分别比全国平均水平(9.3%、9.9%、10.6%)高 16 个百分点、高 19.2 个百分点、高 20.3 个百分点,比辽宁省(9.8%、10.1%、11.1%)高 15.5 个百分点、高 19.0 个百分点、高 19.8 个百分点,比吉林省(14,2%、16.6%、17.2%)高 11.1 个百分点、高 12.5 个百分点、高 13.7 个百分点。(见表3-17)

3.3.4 黑龙江省公共图书馆人才队伍因素分析结论

黑龙江省的省级公共图书馆馆均从业人员人数、馆均专业技术人才人数和专业技术人才占从业人员比重处于全国中游水平；馆均高级职称人员人数、高级职称人员占专业技术人才比重处于全国前列。黑龙江省的地市级公共图书馆馆均从业人员人数、馆均专业技术人才人数处于全国中上水平；专业技术人才占从业人员比重处于全国中游水平；馆均高级职称人员人数和高级职称人员占专业技术人才比重处于全国前列。黑龙江省的县级公共图书馆馆均从业人员人数处于全国中下水平；馆均专业技术人才人数处于全国中游水平；专业技术人才占从业人员比重和馆均高级职称人员人数、高级职称人员占专业技术人才比重处于全国前列。

2016 年，黑龙江省省级、地市级和县级公共图书馆正高级职称人员多达 16 人、38 人和 22 人，远远超过其他省份，分别占全国省级、地市级和县级公共图书馆正高级职称人员总人数（297 人、305 人、143 人）的 5.4%、12.5% 和 15.4%。全省公共图书馆高级职称人员占专业技术人才比重高达 26.5%，位列全国各省、自治区、直辖市第 1 位，比全国平均水平（15.0%）高 11.5 个百分点，比《“十三五”时期全国公共图书馆事业发展规划》中确定的“十三五”全国公共图书馆高级职称人员占专业技术人才比重规划目标（12.7%）高 13.8 个百分点。2017 年，黑龙江省省级、地市级和县级公共图书馆正高级职称人员多达 26 人、47 人和 25 人，远远超过其他省份，分别占全国省级、地市级和县级公共图书馆正高级职称人员总人数（312 人、316 人、132 人）的 8.3%、14.9% 和 18.9%。全省公共图书馆高级职称人员占专业技术人才比重高达 34.5%，位列全国各省、自治区、直辖市第 1 位，比全国平均水平（15.8%）高 18.7 个百分点，比《“十三五”时期全国公共图书馆事业发展规划》中确定的“十三五”全国公共图书馆高级职称人员占专业技术人才比重规划目标（12.7%）高 21.8 个百分点。2018 年，黑龙江省省级、地市级和县级公共图书馆正高级职称人员多达 30 人、49 人和 32 人，远远超过其他省份，分别占全国省级、地市级和县级公共图书馆正高级职称人员总人数（324 人、329 人、145 人）的 9.3%、14.9% 和 22.1%。全省公共图书馆高级职称人员占专业技术人才比重高达 37.5%，位列全国各省、自治区、直辖市第 1 位，比全国平均水平（16.3%）高 21.2 个百分点，比《“十三五”时期全国公共图书馆事业发展规划》中确定的“十三五”全国公共图书馆高级职称人员占专业技术人才比重规划目标(12.7%)高24.8个百分点。(见表3-18)

表3-18　2016年、2017年、2018年各省、自治区、直辖市公共图书馆高级职称人员比重和位次

地区	2016年		2017年		2018年	
	比重/%	位次	比重/%	位次	比重/%	位次
全国	15.0	—	15.8	—	16.3	—
北京	9.0	29	10.4	22	9.9	26
天津	17.4	8	17.9	9	17.6	9
河北	20.0	5	18.8	6	17.9	7
山西	9.1	28	9.7	26	10.6	23
内蒙古	20.1	4	21.3	4	23.9	4
辽宁	16.8	9	17.1	10	18.2	6
吉林	23.6	2	25.4	3	26.8	3
黑龙江	26.5	1	34.5	1	37.5	1
上海	11.5	19	11.0	20	11.3	20
江苏	15.1	12	15.7	12	16.5	10
浙江	15.8	10	16.2	11	16.3	11
安徽	9.7	25	10.1	24	11.2	21
福建	9.9	23	9.6	27	9.9	26
江西	12.5	18	11.2	19	11.7	19
山东	17.7	7	18.2	7	19.5	5
河南	11.0	21	11.4	18	11.9	18
湖北	12.6	17	13.0	17	13.4	17
湖南	9.3	27	9.6	27	10.1	25
广东	10.1	22	10.1	24	10.4	24
广西	9.8	24	10.4	22	9.7	28

续表

地区	2016 年		2017 年		2018 年	
	比重/%	位次	比重/%	位次	比重/%	位次
海南	2.0	31	2.4	31	3.0	31
重庆	18.9	6	18.8	6	17.8	8
四川	9.6	26	9.1	29	9.4	29
贵州	14.8	13	15.7	12	15.3	12
云南	22.8	3	28.1	2	30.7	2
西藏	15.4	11	20.7	5	13.5	16
陕西	6.7	30	6.7	30	7.3	30
甘肃	11.5	19	10.9	21	10. 8	22
青海	14.8	13	15.3	14	14.1	15
宁夏	13.2	16	14.2	16	14.6	14
新疆	13.4	15	14.3	15	15.2	13

数据来源：根据《中国文化文物统计年鉴》(2017 年、2018 年)、《中国文化和旅游统计年鉴 2019》和《中国图书馆年鉴》(2017 年、2018 年、2019 年)中的相关数据整理。

3.4 黑龙江省公共图书馆服务能力因素分析

公共图书馆存在的目的是服务读者，服务群众。公共图书馆的服务水平是衡量公共图书馆价值和作用的最关键、最核心的内容。公共图书馆的体制机制是制约其发展水平的根本因素。黑龙江省的省级、地市级、县级公共图书馆服务水平总体呈由上及下递减和逐年下降趋势，既有投入水平、设施水平等客观因素的制约，也有体制机制等主观因素的制约。

3.4.1 黑龙江省省级公共图书馆服务能力因素分析

2016 年、2017 年、2018 年，黑龙江省省级公共图书馆的总体服务水平(省级公共图书馆服务水平指数×省级公共图书馆覆盖率)分别为 51.5%、

39.0%、41.9%，在31个省、自治区、直辖市中分别排第15位、第20位、第20位，在东北地区均排第3位。（见表3－19）

表3－19 2016年、2017年、2018年各省、自治区、直辖市省级公共图书馆总体服务水平及位次

地区	2016年			2017年			2018年		
	指数/%	总体水平/%	位次	指数/%	总体水平/%	位次	指数/%	总体水平/%	位次
北京	65.4	65.4	7	72.5	72.5	12	73.0	73.0	12
天津	31.7	63.4	8	39.1	78.2	10	37.2	74.4	11
河北	43.3	43.3	17	40.9	40.9	19	47.5	47.5	17
山西	41.0	41.0	18	53.5	53.5	15	35.1	35.1	23
内蒙古	17.3	17.3	27	19.3	19.3	27	18.3	18.3	28
辽宁	55.0	55.0	12	113.0	113.0	5	64.3	64.3	16
吉林	60.7	60.7	9	83.4	83.4	9	90.8	90.8	7
黑龙江	51.5	51.5	15	39.0	39.0	20	41.9	41.9	20
上海	71.6	143.2	3	58.2	116.4	4	65.9	131.8	2
江苏	100.4	100.4	5	101.0	101.0	7	87.8	87.8	8
浙江	37.5	37.5	21	121.7	121.7	3	106.9	106.9	5
安徽	35.6	35.6	22	34.5	34.5	21	33.1	33.1	25
福建	86.5	173.0	2	63.8	127.6	2	60.8	121.6	4
江西	98.8	98.8	6	44.6	44.6	17	148.0	148.0	1
山东	32.2	32.2	23	33.9	33.9	22	68.6	68.6	14
河南	19.1	38.2	19	48.4	96.8	8	19.4	38.8	22
湖北	49.7	49.7	16	66.9	66.9	13	69.3	69.3	13
湖南	29.8	59.6	10	37.1	74.2	11	38.6	77.2	10
广东	189.2	189.2	1	205.0	205.0	1	128.8	128.8	3
广西	34.6	103.8	4	35.2	105.6	6	33.6	100.8	6
海南	26.6	26.6	25	42.5	42.5	18	64.5	64.5	15
重庆	28.5	57.0	11	26.4	52.8	16	43.0	86.0	9

续表

地区	2016 年			2017 年			2018 年		
	指数/%	总体水平/%	位次	指数/%	总体水平/%	位次	指数/%	总体水平/%	位次
四川	38.0	38.0	20	28.1	28.1	24	28.6	28.6	26
贵州	18.0	18.0	26	13.4	13.4	28	21.9	21.9	27
云南	53.9	53.9	13	25.2	25.2	25	47.4	47.4	18
西藏	2.0	2.0	31	2.2	2.2	31	2.4	2.4	31
陕西	51.7	51.7	14	56.0	56.0	14	46.4	46.4	19
甘肃	27.7	27.7	24	28.5	28.5	23	33.4	33.4	24
青海	4.3	4.3	29	8.9	8.9	29	8.4	8.4	29
宁夏	10.2	10.2	28	21.9	21.9	26	40.1	40.1	21
新疆	4.3	4.3	29	4.7	4.7	30	4.4	4.4	30

数据来源:根据《中国文化文物统计年鉴》(2017 年、2018 年)、《中国文化和旅游统计年鉴 2019》和《中国图书馆年鉴》(2017 年、2018 年、2019 年)中的相关数据整理。

2016 年、2017 年、2018 年,黑龙江省省级公共图书馆馆均服务水平指数分别为 51.5%、39.0%、41.9%,分别略高于全国平均水平,低于辽宁省和吉林省;低于全国平均水平和辽宁省、吉林省;分别为全国平均水平(50%、50%、50%)的 103.0%、78.0%、83.8%,辽宁省(55.0%、113.0%、64.3%)的 93.6%、34.5%、65.2%,吉林省(60.7%、83.4%、90.8%)的 84.8%、46.8%、46.1%。

2016 年、2017 年、2018 年,黑龙江省省级公共图书馆馆均累计发放有效借书证数分别为 22.8 万个、24.1 万个、17.0 万个,在 31 个省、自治区、直辖市中分别排第 11 位、第 10 位、第 17 位,分别高于全国平均水平和辽宁省、吉林省;高于全国平均水平和辽宁省、吉林省;低于全国平均水平和吉林省,高于辽宁省。分别为全国平均水平(19.1 万个、21.0 万个、22.7 万个)的 119.4%、114.8%、74.9%,辽宁省(6.8 万个、7.0 万个、6.7 万个)的 335.3%、344.3%、253.7%,吉林省(15.4 万个、16.6 万个、17.4 万个)的

148.1%、145.2%、97.7%。

2016年、2017年、2018年，黑龙江省省级公共图书馆馆均年流通人次分别为220.2万人次、214.5万人次、221.万人次，在31个省、自治区、直辖市中分别排第13位、第10位、第13位，均低于全国平均水平和辽宁省，高于吉林省；分别为全国平均水平（244.0万人次、216.0万人次、232.3万人次）的90.2%、99.3%、95.1%，辽宁省（242.1万人次、341.6万人次、370.6万人次）的90.9%、62.8%、59.6%，吉林省（131.1万人次、148.0万人次、135.2万人次）的168.0%、150.0%、163.5%。

2016年、2017年、2018年，黑龙江省省级公共图书馆馆均年书刊外借册次分别为103.1万册次、96.3万册次、88.2万册次，在31个省、自治区、直辖市中分别排第18位、第22位、第23位，分别低于全国平均水平和辽宁省，高于吉林省；低于全国平均水平和辽宁省，高于吉林省；低于全国平均水平和辽宁省、吉林省。分别为全国平均水平（280.6万册次、131.0万册次、134.5万册次）的36.7%、73.5%、65.6%，辽宁省（118.0万册次、132.1万册次、139.0万册次）的87.4%、72.9%、63.5%，吉林省（91.4万册次、94.0万册次、136.2万册次）的112.8%、102.4%、64.8%。

2016年、2017年、2018年，黑龙江省省级公共图书馆馆均年举办讲座、展览、培训次数分别为680场次、756场次、640场次，在31个省、自治区、直辖市中分别排第2位、第4位、第4位，分别高于全国平均水平和辽宁省、吉林省；高于全国平均水平和辽宁省、吉林省；高于全国平均水平和吉林省，低于辽宁省。分别为全国平均水平（433场次、392场次、337场次）的157.0%、192.9%、189.9%，辽宁省（357场次、418场次、744场次）的190.5%、180.9%、86.0%，吉林省（87场次、96场次、120场次）的781.6%、787.5%、533.3%。

2016年、2017年、2018年，黑龙江省省级公共图书馆馆均年举办讲座、展览、培训参加人次分别为24.3万人次、14.7万人次、76.1万人次，在31个省、自治区、直辖市中分别排第16位、第20位、第5位，分别低于全国平均水平和辽宁省、吉林省；低于全国平均水平和辽宁省，高于吉林省；高于全国平均水平和吉林省，低于辽宁省。分别为全国平均水平（35.0万人次、48.0万人次、49.4万人次）的69.4%、30.6%、154.0%，辽宁省（78.5万人次、176.9万人次、230.8万人次）的31.0%、8.3%、33.0%，吉林省（30.9万人次、13.0万人次、14.0万人次）的78.6%、113.1%、543.6%。

2016年、2017年、2018年，黑龙江省省级公共图书馆馆均年流动图书馆车书刊借阅人次分别为16.7万人次、0万人次、0万人次，在31个省、自治区、直辖市中分别排第5位、第18位（并列）、第22位（并列），分别高于全国平均水平和辽宁省，低于吉林省；低于全国平均水平和辽宁省、吉林省；低于全国平均水平和辽宁省、吉林省。分别为全国平均水平（7.4万人次、3.9万人次、2.8万人次）的225.7%、0%、0%，辽宁省（12.2万人次、18.0万人次、2.1万人次）的136.9%、0%、0%，吉林省（24.2万人次、21.0万人次、18.8万人次）的69.0%、0%、0%。

2016年、2017年、2018年，黑龙江省省级公共图书馆馆均年流动图书馆车书刊借阅册次分别为10.4万册次、0万册次、0万册次，在31个省、自治区、直辖市中分别排第9位、第18位（并列）、第22位（并列），分别高于全国平均水平，低于辽宁省和吉林省；低于全国平均水平和辽宁省、吉林省；低于全国平均水平和辽宁省、吉林省。分别为全国平均水平（9.6万册次、6.2万册次、5.4万册次）的108.3%、0%、0%，辽宁省（18.7万册次、40.8万册次、6.7万册次）的55.6%、0%、0%，吉林省（38.0万册次、35.7万册次、30.6万册次）的27.4%、0%、0%。

3.4.2 黑龙江省地市级公共图书馆服务能力因素分析

2016年、2017年、2018年，黑龙江省地市级公共图书馆的总体服务水平（地市级公共图书馆服务水平指数×地市级公共图书馆覆盖率）分别为30.3%、28.5%、26.6%，在27个省、自治区中分别排第17位、第19位、第19位（不包括北京市、天津市、上海市、重庆市4个直辖市），在东北地区均排第3位。（见表3－20）

表3-20　2016年、2017年、2018年各省、自治区地市级公共图书馆总体服务水平及位次

地区	2016年			2017年			2018年		
	指数/%	总体水平/%	位次	指数/%	总体水平/%	位次	指数/%	总体水平/%	位次
北京	—	—	—	—	—	—	—	—	—
天津	—	—	—	—	—	—	—	—	—
河北	44.0	48.0	8	47.8	52.1	8	52.4	57.2	8
山西	32.5	23.6	21	35.8	29.3	17	50.6	46.0	11
内蒙古	23.8	23.8	20	25.6	25.6	21	27.4	27.4	18
辽宁	76.0	124.9	4	79.1	130.0	4	82.1	134.9	4
吉林	40.7	45.2	10	34.1	37.9	14	31.7	35.2	15
黑龙江	35.8	30.3	17	30.9	28.5	19	28.8	26.6	19
上海	—	—	—	—	—	—	—	—	—
江苏	119.2	146.7	3	117.2	144.3	3	114.8	141.3	3
浙江	135.2	172.1	1	131.0	166.8	1	126.1	160.5	1
安徽	27.2	35.7	13	35.7	46.9	11	29.2	38.3	13
福建	59.5	79.3	5	55.6	80.3	5	59.7	86.2	5
江西	41.2	41.2	12	45.0	45.0	12	40.6	40.6	12
山东	67.1	67.1	6	63.0	63.0	7	56.4	60.0	7
河南	44.8	47.4	9	45.5	48.2	10	43.2	48.3	10
湖北	51.8	63.8	7	54.3	66.8	6	54.6	67.2	6
湖南	38.9	44.5	11	42.1	51.1	9	40.1	48.7	9
广东	115.9	149.0	2	116.1	149.3	2	121.6	156.4	2
广西	29.7	31.8	16	36.0	38.6	13	30.7	32.9	16
海南	15.8	15.8	24	16.2	16.2	23	15.5	15.5	23
重庆	—	—	—	—	—	—	—	—	—
四川	30.8	32.3	15	30.6	32.1	16	23.9	25.0	21
贵州	15.8	17.6	23	14.8	16.4	22	19.0	23.3	22
云南	21.7	24.4	18	23.6	26.6	20	22.9	25.8	20
西藏	1.9	1.6	27	2.9	2.5	27	2.3	2.0	27

续表

地区	2016年			2017年			2018年		
	指数/%	总体水平/%	位次	指数/%	总体水平/%	位次	指数/%	总体水平/%	位次
陕西	34.9	24.4	18	41.0	28.7	18	35.9	28.7	17
甘肃	11.7	14.2	25	11.6	14.1	24	12.4	15.1	24
青海	13.7	12.0	26	12.8	11.2	26	12.6	11.0	26
宁夏	34.1	34.1	14	37.9	37.9	14	36.5	36.5	14
新疆	18.4	18.4	22	12.3	12.3	25	11.7	11.7	25

数据来源：根据《中国文化文物统计年鉴》(2017年、2018年)、《中国文化和旅游统计年鉴 2019》和《中国图书馆年鉴》(2017年、2018年、2019年)中的相关数据整理。

2016年、2017年、2018年，黑龙江省地市级公共图书馆馆均服务水平指数分别为35.8%、30.9%、28.8%，均低于全国平均水平和辽宁省、吉林省；分别为全国平均水平(50%、50%、50%)的71.6%、61.8%、57.6%，辽宁省(76.0%、79.1%、82.1%)的47.1%、39.1%、35.1%，吉林省(40.7%、34.1%、31.7%)的88.0%、90.6%、90.9%。

2016年、2017年、2018年，黑龙江省地市级公共图书馆馆均累计发放有效借书证数分别为2.5万个、2.8万个、2.4万个，在27个省、自治区中分别排第14位(并列)、第15位(并列)、第19位(不包括北京市、天津市、上海市、重庆市4个直辖市)，均低于全国平均水平和辽宁省、吉林省。分别为全国平均水平(5.8万个、6.5万个、7.3万个)的43.1%、43.1%、32.9%，辽宁省(3.0万个、3.4万个、3.7万个)的83.3%、82.4%、64.9%，吉林省(6.6万个、5.5万个、7.5万个)的37.9%、50.9%、32.0%。

2016年、2017年、2018年，黑龙江省地市级公共图书馆馆均年流通人次分别为36.1万人次、34.5万人次、35.5万人次，在27个省、自治区中分别排第12位、第19位、第17位(不包括北京市、天津市、上海市、重庆市4个直辖市)，分别低于全国平均水平和辽宁省，高于吉林省；低于全国平均水平和辽宁省、吉林省;低于全国平均水平和辽宁省,高于吉林省。分别为全国平均水平(54.3 万人次、61.6 万人次、67.5 万人次)的 66.5%、56.0%、52.6%,辽宁省(52.8 万人次、50.6 万人次、63.8 万人次)的 68.4%、68.2%、55.6%,吉林省(31.8 万人次、37.3 万人次、32.5 万人次)的 113.5%、92.5%、109.2%。

2016 年、2017 年、2018 年,黑龙江省地市级公共图书馆馆均年书刊外借册次分别为 21.4 万册次、24.3 万册次、30.9 万册次,在 27 个省、自治区中分别排第 17 位、第 17 位、第 13 位(不包括北京市、天津市、上海市、重庆市 4 个直辖市),分别低于全国平均水平和辽宁省、吉林省;低于全国平均水平和辽宁省、吉林省;低于全国平均水平和辽宁省,高于吉林省。分别为全国平均水平(43.4 万册次、47.1 万册次、47.8 万册次)的 49.3%、51.6%、64.6%,辽宁省(39.2 万册次、41.5 万册次、42.3 万册次)的 54.6%、58.6%、73.0%,吉林省(32.6 万册次、36.8 万册次、29.2 万册次)的 65.6%、66.0%、105.8%。

2016 年、2017 年、2018 年,黑龙江省地市级公共图书馆馆均年举办讲座、展览、培训次数分别为 43 场次、73 场次、84 场次,在 27 个省、自治区中分别排第 20 位、第 16 位、第 14 位(不包括北京市、天津市、上海市、重庆市 4 个直辖市),分别低于全国平均水平和辽宁省、吉林省;低于全国平均水平和辽宁省,高于吉林省;低于全国平均水平和辽宁省,高于吉林省。分别为全国平均水平(95 场次、114 场次、132 场次)的 45.3%、64.0%、63.6%,辽宁省(118 场次、137 场次、142 场次)的 36.4%、53.3%、59.2%,吉林省(73 场次、68 场次、83 场次)的 58.9%、107.4%、101.2%。

2016 年、2017 年、2018 年,黑龙江省地市级公共图书馆馆均年举办讲座、展览、培训参加人次分别为 4.4 万人次、2.3 万人次、2.4 万人次,在 27 个省、自治区中分别排第 9 位、第 19 位、第 22 位(并列)(不包括北京市、天津市、上海市、重庆市 4 个直辖市),分别低于全国平均水平和辽宁省,高于吉林省;低于全国平均水平和辽宁省、吉林省;低于全国平均水平和辽宁省、吉林省。分别为全国平均水平(6.1 万人次、7.9 万人次、10.2 万人次)的

72.1%、29.1%、23.5%，辽宁省(4.6万人次、3.6万人次、3.5万人次)的95.7%、63.9%、68.6%，吉林省(2.7万人次、2.5万人次、4.7万人次)的163.0%、92.0%、51.1%。

2016年、2017年、2018年，黑龙江省地市级公共图书馆馆均年流动图书馆车书刊借阅人次分别为2.7万人次、1.8万人次、1.1万人次，在27个省、自治区中分别排第10位、第11位、第13位(并列)(不包括北京市、天津市、上海市、重庆市4个直辖市)，分别低于全国平均水平和辽宁省、吉林省；低于全国平均水平和辽宁省，高于吉林省；低于全国平均水平和辽宁省，高于吉林省。分别为全国平均水平(2.9万人次、2.4万人次、2.2万人次)的93.1%、75.0%、50.0%，辽宁省(8.5万人次、9.6万人次、9.4万人次)的31.8%、25.0%、11.7%，吉林省(3.2万人次、0.8万人次、0.9万人次)的84.4%、225.0%、122.2%。

2016年、2017年、2018年，黑龙江省地市级公共图书馆馆均年流动图书馆车书刊借阅册次分别为5.3万册次、3.2万册次、1.8万册次，在27个省、自治区中分别排第7位、第8位(并列)、第16位(并列)(不包括北京市、天津市、上海市、重庆市4个直辖市)，分别高于全国平均水平和吉林省，低于辽宁省；低于全国平均水平和辽宁省，高于吉林省；低于全国平均水平和辽宁省，高于吉林省。分别为全国平均水平(5.0万册次、4.3万册次、4.2万册次)的106.0%、74.4%、42.9%，辽宁省(23.6万册次、21.5万册次、22.2万册次)的22.5%、14.9%、8.1%。吉林省(3.5万册次、0.7万册次、1.3万册次)的151.4%、457.1%、138.5%。

3.4.3 黑龙江省县级公共图书馆服务能力因素分析

2016年、2017年、2018年，黑龙江省县级公共图书馆的总体服务水平(县级公共图书馆服务水平指数×县级公共图书馆覆盖率)分别为16.9%、19.4%、16.3%，在31个省、自治区、直辖市中分别排第28位、第26位、第27位，在东北地区均排位第3位。(见表3－21)

表 3－21　2016 年、2017 年、2018 年各省、自治区、直辖市县级公共图书馆总体服务水平及位次

地区	2016 年			2017 年			2018 年		
	指数 /%	总体水平 /%	位次	指数 /%	总体水平 /%	位次	指数 /%	总体水平 /%	位次
北京	147.5	212.1	3	162.8	223.9	3	173.9	239.1	3
天津	80.4	145.8	4	90.4	169.5	4	92.9	156.8	4
河北	19.0	18.0	27	19.2	18.3	27	19.5	18.6	26
山西	22.7	22.5	23	22.9	22.7	23	25.5	25.1	22
内蒙古	21.3	21.5	24	20.8	21.0	24	22.3	22.5	24
辽宁	34.7	36.8	11	31.5	33.4	14	27.4	29.0	18
吉林	35.0	32.1	17	32.5	29.8	18	36.1	33.1	14
黑龙江	22.5	16.9	28	25.8	19.4	26	21.7	16.3	27
上海	347.5	477.8	1	334.8	460.4	1	295.0	387.3	1
江苏	123.9	125.1	5	123.1	125.6	6	119.2	122.9	6
浙江	242.6	237.3	2	247.7	239.3	2	245.1	242.4	2
安徽	37.7	36.3	12	40.3	39.1	11	65.6	64.9	8
福建	65.1	57.5	8	62.4	55.0	8	57.3	51.2	10
江西	33.2	33.5	15	36.7	37.1	12	34.9	35.2	13
山东	55.8	55.4	9	54.6	54.2	9	56.4	56.0	9
河南	33.9	29.6	19	36.7	32.1	17	36.1	31.8	16
湖北	52.7	48.6	10	51.1	49.1	10	48.1	45.7	11
湖南	35.7	34.8	14	35.2	34.6	13	37.5	37.2	12
广东	107.0	100.8	7	113.8	108.1	7	118.6	112.7	7
广西	33.7	29.2	20	30.8	26.9	22	27.0	23.8	23
海南	18.8	14.7	29	18.4	14.4	29	15.8	13.1	28
重庆	110.1	118.8	6	124.5	134.3	5	118.7	128.1	5
四川	35.8	35.2	13	33.8	33.4	14	29.8	29.5	17
贵州	24.7	24.4	22	28.0	27.7	20	27.4	27.1	21
云南	31.5	32.2	16	28.9	29.6	19	27.6	28.2	19
西藏	1.6	1.6	31	1.7	1.7	31	1.3	1.3	31

续表

地区	2016年			2017年			2018年		
	指数/%	总体水平/%	位次	指数/%	总体水平/%	位次	指数/%	总体水平/%	位次
陕西	27.7	26.4	21	28.7	27.4	21	29.1	27.7	20
甘肃	21.1	20.8	25	20.1	19.9	25	21.0	20.7	25
青海	8.6	8.2	30	8.4	8.0	30	9.2	9.2	30
宁夏	32.8	29.8	18	36.3	33.0	16	34.4	32.9	15
新疆	21.1	18.5	26	17.1	15.0	28	13.9	12.2	29

数据来源：根据《中国文化文物统计年鉴》(2017年、2018年)、《中国文化和旅游统计年鉴 2019》和《中国图书馆年鉴》(2017年、2018年、2019年)中的相关数据整理。

2016年、2017年、2018年，黑龙江省县级公共图书馆馆均服务水平指数分别为22.5%、25.8%、21.7%，均低于全国平均水平和辽宁省、吉林省；分别为全国平均水平(50%、50%、50%)的45.0%、51.6%、43.4%，辽宁省(34.7%、31.5%、27.4%)的64.8%、81.9%、79.2%，吉林省(35.0%、32.5%、36.1%)的64.3%、79.4%、60.1%。

2016年、2017年、2018年，黑龙江省县级公共图书馆馆均累计发放有效借书证数分别为0.20万个、0.26万个、0.30万个，在31个省、自治区、直辖市中分别排第21位(并列)、第22位(并列)、第23位，均低于全国平均水平和辽宁省、吉林省。分别为全国平均水平(0.88万个、1.12万个、1.16万个)的22.7%、23.2%、25.9%，辽宁省(0.58万个、0.52万个、0.55万个)的34.5%、50.0%、54.5%，吉林省(0.39万个、0.44万个、0.45万个)的51.3%、59.1 %、66.7%。

2016年、2017年、2018年，黑龙江省县级公共图书馆馆均年流通人次分别为3.8万人次、4.6万人次、5.0万人次，在31个省、自治区、直辖市中分别排第24位(并列)、第25位、第26位(并列)，均低于全国平均水平和辽宁省、吉林省。分别为全国平均水平(13.1万人次、15.4万人次、17.0万人次）的 29.0%、29.9%、29.4%，辽宁省（8.1 万人次、10.1 万人次、9.5 万人次）的 46.9%、45.5%、52.6%，吉林省（6.5 万人次、6.3 万人次、6.4 万人次）的 58.5%、73.0%、78.1%。

2016 年、2017 年、2018 年，黑龙江省县级公共图书馆馆均年书刊外借册次分别为 3.2 万册次、4.2 万册次、4.9 万册次，在 31 个省份省、自治区、直辖市中分别排第 24 位（并列）、第 23 位、第 19 位（并列），分别低于全国平均水平和辽宁省、吉林省；低于全国平均水平和辽宁省、吉林省；低于全国平均水平和辽宁省，高于吉林省。分别为全国平均水平（10.1 万册次、11.8 万册次、12.6 万册次）的 31.7%、35.6%、38.9%，辽宁省（7.3 万册次、7.7 万册次、7.6 万册次）的 43.8%、54.5%、64.5%，吉林省（5.8 万册次、5.5 万册次、4.4 万册次）的 55.2%、76.4%、111.4%。

2016 年、2017 年、2018 年，黑龙江省县级公共图书馆馆均年举办讲座、展览、培训次数分别为 16 场次、19 场次、22 场次，在 31 个省、自治区、直辖市中分别排第 24 位、第 24 位、第 22 位，均低于全国平均水平和辽宁省，高于吉林省。分别为全国平均水平（31 场次、35 场次、44 场次）的 51.6%、52.3%、50.0%，辽宁省（22 场次、27 场次、27 场次）的 72.7%、70.4%、81.5%，吉林省（14 场次、15 场次、18 场次）的 114.3%、126.7%、122.2%。

2016 年、2017 年、2018 年，黑龙江省县级公共图书馆馆均年举办讲座、展览、培训参加人次分别为 0.5 万人次、0.6 万人次、0.9 万人次，在 31 个省、自治区、直辖市中分别排第 26 位、第 22 位（并列）、第 21 位，分别低于全国平均水平和辽宁省，吉林省；低于全国平均水平和吉林省，持平辽宁省；低于全国平均水平，高于辽宁省和吉林省。分别为全国平均水平（1.3 万人次、1.4 万人次、1.7 万人次）的 38.5%、42.9%、52.9%，辽宁省（0.9 万人次、0.6 万人次、0.7 万人次）的 55.6%、100%、128.6%，吉林省（1.0 万人次、1.0 万人次、0.8 万人次）的 50.0%、60.0%、112.5%。

2016 年、2017 年、2018 年，黑龙江省县级公共图书馆馆均年流动图书馆车书刊借阅人次分别为 0.38 万人次、0.50 万人次、0.25 万人次，在 31 个省、自治区、直辖市中分别排第 20 位、第 15 位、第 24 位，均低于全国平均水平和吉林省,高于辽宁省。分别为全国平均水平(0.60 万人次、0.60 万人次、0.54 万人次)的 63.3%、83.3%、46.3%,辽宁省(0.29 万人次、0.25 万人次、0.21 万人次)的 131.0%、200.0%、119.0%,吉林省(0.54 万人次、0.60 万人次、0.93 万人次)的 70.4%、83.3%、26.9%。

2016 年、2017 年、2018 年,黑龙江省县级公共图书馆馆均年流动图书馆车书刊借阅册次分别为 0.70 万册次、1.01 万册次、0.42 万册次,在 31 个省份中分别排第 17 位、第 11 位、第 25 位,在中部地区 8 个省份中分别排位第 4 位、第 3 位、第 8 位。分别低于全国平均水平和辽宁省、吉林省;低于全国平均水平和吉林省,高于辽宁省;低于全国平均水平和辽宁省、吉林省。分别为全国平均水平(1.02 万册次、1.03 万册次、0.92 万册次)的 68.6%、98.1%、45.7%,辽宁省(0.71 万册次、0.56 万册次、0.51 万册次)的 98.6%、180.4%、82.4%,吉林省(0.99 万册次、1.03 万册次、1.42 万册次)的 70.7%、98.1%、29.6%。

3.4.4 黑龙江省公共图书馆服务能力因素分析结论

2017 年和 2018 年,黑龙江省省级公共图书馆如果不考虑流动图书馆车服务项目,其服务水平指数则接近于和略高于全国平均水平。这说明黑龙江省省级公共图书馆自身的服务水平并不低。存在的最主要问题是没有开展流动图书馆车服务项目。2016 年,天津市、山西省、内蒙古自治区、浙江省、广东省、青海省和宁夏回族自治区 7 个省、自治区、直辖市的省级公共图书馆没有开展流动图书馆车服务项目。2017 年,河北省、山西省、内蒙古自治区、黑龙江省、上海市、江西省、山东省、海南省、四川省、云南省、西藏自治区、青海省、宁夏回族自治区和新疆维吾尔自治区 14 个省、自治区、直辖市的省级公共图书馆没有开展流动图书馆车服务项目。2018 年,山西省、内蒙古自治区、黑龙江省、浙江省、安徽省、广东省、青海省和新疆维吾尔自治区 8 个省、自治区的省级公共图书馆没有开展流动图书馆车服务项目。省级公共图书馆开展流动图书馆车服务项目,是其扩展和延伸服务的重要途径和渠道,否则就只是扮演了省城图书馆的角色。这对于地广人稀、地市级和县级公共图书馆发展水平较低的黑龙江省和广大中西部地区具有更为重要的意义。

2016 年、2017 年、2018 年,黑龙江省省级公共图书馆馆均投入水平指数分别为全国平均水平的 73.0%、64.0%、60.0%,馆均设施水平指数分别为全国平均水平的 96.3%、106.7%、97.7%,馆均从业人数指数分别为全国平均水平的 96.0%、96.0%、94.0%,馆均服务水平指数分别为全国平均水平的 103.0%、78.0%、83.8%。2016 年、2017 年、2018 年,黑龙江省地市级公共图书馆馆均投入水平指数分别为全国平均水平的 86.5%、62.5%、51.0%,馆均设施水平指数为全国平均水平的 98.0%、93.0%、86.7%,馆均从业人数指数分别为全国平均水平的 114.0%、114.6%、122.0%,馆均服务水平指数分别为全国平均水平的 71.6%、63.8%、57.6%。2016 年、2017 年、2018 年,黑龙江省县级公共图书馆馆均投入水平指数分别为全国平均水平的 55.5%、40.5%、35.0%,馆均设施水平指数分别为全国平均水平的 59.0%、67.5%、57.7%,馆均从业人数指数分别为全国平均水平的 82.0%、83.3%、76.0%,馆均服务水平指数分别为全国平均水平的 45.0%、56.3%、43.4%。这一方面说明黑龙江省的省级、地市级和县级公共图书馆的服务水平受到其较低的投入水平(钱的因素)制约,另一方面也说明黑龙江省的省级、地市级和县级公共图书馆还没有把现有相对接近于全国平均水平的设施水平(物的因素)和人力水平(人的因素)利用好、发挥好,基础设施利用的潜力和人的主观能动性还没有充分发挥出来。

4　黑龙江省公共图书馆服务体系建设的指导思想、基本原则、总体目标和长效机制

4.1　黑龙江省公共图书馆服务体系建设的指导思想

黑龙江省公共图书馆服务体系建设,必须坚持以习近平新时代中国特色社会主义思想为指导,深入贯彻落实党的十九大和十九届四中全会精神,坚持社会主义先进文化前进方向,坚持以人民为中心的发展理念,推进国家治理体系和治理能力现代化,坚持以社会主义核心价值观为引领,传承人类文明,坚定文化自信,传承中华优秀传统文化,继承革命文化,发展社会主义先进文化。以完善设施网络为基础,以丰富服务内容、强化资源整合、提高服务效能为重点,以完善体制机制为保障,努力构建覆盖城乡、服务高效、惠及全民的公共图书馆服务网络,加快构建现代公共文化服务体系,满足人民群众知识和信息等基本文化需求,保障人民群众基本文化权益,提高人民群众科学文化素质和社会文明程度,增强人民群众对公共文化服务的获得感,促进在全省形成积极向上的精神追求,提升龙江文化软实力,为推动黑龙江省全面振兴、全方位振兴,奋力谱写实现中华民族伟大复兴中国梦的龙江篇章提供强大的人力支撑和良好的人文环境。

4.2 黑龙江省公共图书馆服务体系建设的基本原则

4.2.1 坚持公益性,政府主导

公益性也就是无偿性、免费性。作为社会公共服务体系的有机组成部分,公共图书馆建设的出发点和落脚点是满足广大人民群众的基本文化需求,提供的是免费的公共图书产品和服务,追求的是社会公共利益的最大化,体现的是全体社会成员的共同利益。公共图书馆的公益性取决于"市场失灵"。像图书馆、博物馆、文化馆等公共文化产品,尽管存在着巨大的现实市场需求,但是它们作为公共产品的"非竞争性"和"非排他性"特征,导致供给方因无利可图或利润微薄而不愿意提供,只能由政府或政府扶持的公益组织来承担。黑龙江省各级政府应当将公共图书馆事业发展纳入现代公共文化服务体系,加强组织领导、政策支持和监督管理,落实基本公共文化服务标准,鼓励和引导社会力量参与公共图书馆的建设、管理和服务。

4.2.2 坚持公平性,普惠共享

公平性也就是平等性、普惠性。我国宪法明确规定"平等权"是全体公民的基本权利。公共图书馆建设的公平性是指,每个读者不论阶层、职业、身份、性别、年龄、民族、地域、户籍等等,都同社会其他成员一样,在获得公共图书资源、享受公共图书服务时,依法享有服务机会、服务内容、服务质量、服务过程的公平。也就是政府为人民群众提供的公共图书服务"人人有份,大体均等"。公共图书馆建设的公平性,要求政府必须逐步消除公共服务体系建设中的地区和城乡之间的巨大"鸿沟"。目前我国包括黑龙江省在内的广大中西部地区省份与东部沿海地区省份相比,各省、自治区、直辖市的边远地区与中心城市相比,广大的农村同城市相比,公共图书馆建设严重落后、差距很大。广大的中西部地区省份,特别是边远地区和广大农村的群

众还无法同城市居民特别是中心城市居民平等地享有公共图书服务的机会。真正实现公共图书服务的区域平等、城乡平等，我们还有很长的路要走。应当立足实际，加强指导，统筹推进区域之间和城乡之间公共图书馆均衡发展，建立覆盖全省的公共图书馆服务体系，补齐地市级和县级公共图书馆建设的短板弱项，更好满足边远地区和农村广大群众的图书需求。

4.2.3 坚持基本性，底线思维

基本性也就是基础性、一般性。人的需求的无限性和满足人的需求的资源的稀缺性之间的矛盾，人民日益增长的美好生活需求和不平衡不充分的发展之间的矛盾，人民日益增长的优质公共需求与政府和社会供给能力有限性之间的矛盾，决定了在很长的历史阶段里，不是所有人所有的需求都能同时同等得到满足。政府不得不面临的抉择是：究竟优先满足哪些人、哪些需求？作为政府的责任，政府向人民群众提供的是最基本的公共服务，而不是所有的公共服务；满足的是人民群众最基本的图书需求而不是所有的图书需求；维护的是人民群众最基本的文化权益而不是所有的文化权益。在这里，我们需要划出一道“底线”，这道“底线”就是现实中所有的社会公众都迫切需要的、政府的财力物力可以承受的公共图书需求。应当保证在这道“底线”以下的图书需求人人都有权利、有机会获得。而超过这道“底线”的多样性、差异化的文化需求，公民可以通过图书音像市场等有偿途径来获取和满足。

4.2.4 坚持多样性，尊重差异

多样性也就是差异性、不同性。公共图书服务体系的多样性是指，公共图书服务的品种、层次、特色必须多样化，以满足人民群众多样化的文化需求。比如，同样是对图书的需求，老年人更需要养生保健方面的图书，中青年更需要生产致富方面的图书，学生更需要文化教育方面的图书，儿童更需要动画游戏方面的图书，等等。黑龙江省在提供这些公共图书服务时，应当尽可能地保证不同群体的这些多样化的基本图书需求都得到满足。

4.2.5 坚持便利性,方便群众

便利性也就是方便性、便捷性。作为面向全体人民群众的社会公共服务,公共图书服务应当是近距离的、容易获取的服务。这种便利性包括公共图书馆(室)设施使用上的便利,公共图书信息采集利用上的便利,公共图书馆服务手段上的便利、公共图书馆服务提供时间上的便利等等。应当坚持重心下移、资源下移、服务下移,加强资源整合,把优质公共文化服务向城乡基层延伸,完善群众评价和反馈机制,提升服务的针对性和有效性,促进供需有效对接。

4.2.6 坚持持续性,久久为功

持续性也就是长期性、长久性。由于黑龙江省经济社会发展水平较低,地区、城乡之间差别较大,公共图书馆服务体系建设将是一个长期的历史过程,需要政府和社会长期的努力,不可能一蹴而就。即便在政府的大力建设下,城乡公共图书馆服务设施在若干年内得到了健全和完善,但是也应看到随着经济社会的发展和人民群众生活水平的提高,人民群众对公共图书服务的需求还会不断上升。如果我们考虑到公共图书馆服务体系在提高人民群众文化素质、实现人的全面发展方面的任务,那么公共图书馆服务体系的建设将是伴随社会主义现代化进程全程的长期战略任务。

4.3 黑龙江省公共图书馆服务体系建设的总体目标

4.3.1 黑龙江省公共图书馆服务体系建设的近期目标

到 2025 年"十四五"期末时,黑龙江省基本形成与其经济社会发展水平相适应的公共图书馆服务体系。全省公共图书馆基础设施基本完备,公共图书馆设施网络进一步完善,全省尚没有公共图书馆的 1 个市(地)和 32 个

县(市、区)都新建有公共图书馆,实现国家图书馆法规定的“县级以上区域都有公共图书馆”的目标。省内公共图书馆建设主要指标超过公共图书馆发展“十三五”规划目标,达到《公共图书馆建设标准》规定的公共图书馆建设标准范围的中等水平。文献资源保障能力明显增强,公共图书馆服务标准化、均等化水平显著提高,信息网络等新技术应用更加普及,法人治理结构建设积极推进,人才队伍建设有效加强,政策法律保障更加有力,社会力量广泛参与,基本满足人民群众就近、便捷享受公共图书服务的需求。

4.3.2 黑龙江省公共图书馆服务体系建设的中期目标

到2035年基本实现现代化时,黑龙江省形成健全完善的公共图书馆服务体系。全省省级、地市级和县级公共图书馆建设分别达到《公共图书馆建设标准》规定的大、中、小型公共图书馆建设标准范围的中上等水平。省级公共图书馆的发展水平、投入水平、设施水平、服务水平达到全国的中上等水平、中部地区上等水平;地市级和县级公共图书馆的发展水平、覆盖水平、投入水平、设施水平、服务水平达到全国的平均水平,中部地区中上等水平。

4.3.3 黑龙江省公共图书馆服务体系建设的远期目标

到2050年建成社会主义现代化强国时,黑龙江省公共图书馆服务体系发展水平达到中等发达国家水平。基本消除公共图书馆服务的地区、城乡差别。

4.4 黑龙江省公共图书馆服务体系建设的长效机制

4.4.1 黑龙江省公共图书馆服务体系建设的资金投入机制

4.4.1.1 加大政府对公共图书馆的财政经费投入

充足稳定的资金投入是公共图书馆事业发展的基本前提。没有资金投入的支撑,公共图书馆建设就只能是一句空话。资金投入不足和来源渠道单一,一直是制约黑龙江省公共图书馆服务体系建设的根本原因。

2015 年、2016 年、2017 年、2018 年,黑龙江省公共图书馆财政拨款分别为 28784 万元、33679 万元、30198 万元、28322 万元,总体上呈逐年递减态势。在 31 个省、自治区、直辖市分别排位第 16 位、第 16 位、第 23 位、第 24 位,分别是全国平均水平(40979 万元、45667 万元、55574 万元、56597 万元)的 70.2%、73.7%、54.3%、50.0%,辽宁省(48542 万元、50897 万元、50929 万元、52805 万元)的 59.3%、66.2%、59.3%、53.6%,吉林省(28732 万元、30517 万元、36298 万元、31933 万元)的 100.2%、110.4%、83.2%、88.7%。(见表 4-1)

表 4-1 2015 年、2016 年、2017 年、2018 年各省、自治区、直辖市公共图书馆财政拨款和位次

地区	2015 年		2016 年		2017 年		2018 年	
	拨款/万元	位次	拨款/万元	位次	拨款/万元	位次	拨款/万元	位次
全国	40979	—	45667	—	55574	—	56597	—
北京	58565	6	59955	5	65390	7	76091	5
天津	37294	11	39120	11	51189	10	56947	9
河北	28569	18	30381	20	32945	20	37758	17
山西	22710	25	35281	14	38397	16	37935	16

续表

地区	2015年		2016年		2017年		2018年	
	拨款/万元	位次	拨款/万元	位次	拨款/万元	位次	拨款/万元	位次
内蒙古	38852	10	35753	13	42464	14	39714	14
辽宁	48542	8	50897	8	50929	11	52805	11
吉林	28732	17	30517	19	36298	17	31933	21
黑龙江	28784	16	33679	16	30198	23	28322	24
上海	85027	3	100740	3	211156	1	154282	2
江苏	82558	4	99159	4	112375	4	131931	4
浙江	94626	2	106823	2	124141	3	138967	3
安徽	24786	21	28176	23	32914	21	37970	15
福建	35015	12	37536	12	52259	9	53594	10
江西	24660	22	26095	26	28194	26	30253	23
山东	54919	7	58850	6	66482	6	68445	6
河南	33275	13	34813	15	41625	15	51314	12
湖北	47629	9	50865	9	67289	5	59781	8
湖南	29914	15	39260	10	46874	12	46738	13
广东	127501	1	156204	1	189105	2	206621	1
广西	32734	14	29939	22	45983	13	37156	18
海南	9758	29	12639	28	15270	28	16011	28
重庆	23778	23	27377	24	28656	25	30273	22
四川	64020	5	53607	7	54186	8	60482	7
贵州	15290	27	18763	27	23913	27	25871	26
云南	24864	20	33464	17	34425	18	37120	19
西藏	6932	31	6095	31	7665	31	6306	31
陕西	25922	19	32442	18	33640	19	36487	20
甘肃	22858	24	27324	25	30646	22	24827	27
青海	9340	30	12580	29	12178	30	11669	30
宁夏	12731	28	10483	30	12381	29	12120	29
新疆	21635	26	30234	21	29957	24	28263	25

数据来源：根据《中国统计年鉴》（2017年、2018年、2019年）、《中国文化文物统计年鉴》（2017年、2018年）、《中国文化和旅游统计年鉴 2019》、《中国图书馆年鉴》（2017年、2018年、2019年）和各省、自治区、直辖市的统计年鉴（2017年、2018年、2019年）中的相关数据整理。

2015 年、2016 年、2017 年、2018 年,黑龙江省公共图书馆财政拨款占当年全省公共财政支出的比重分别为 0.072%、0.079%,0.065%、0.061%,总体上呈逐年递减态势。在 31 个省、自治区、直辖市分别排第 17 位、第 15 位(并列)、第 22 位、第 23 位(并列),分别持平于全国平均水平,低于辽宁省和吉林省;高于全国平均水平,低于辽宁省和吉林省;低于全国平均水平和辽宁省、吉林省;低于全国平均水平和辽宁省、吉林省。与全国平均水平(0.072%、0.075 %、0.085%、0.079%)相比,分别持平、高 0.004 个百分点、低 0.030 个百分点、低 0.018 个百分点;与辽宁省(0.105%、0.111%、0.105%、0.099%)相比,分别低 0.033 个百分点、低 0.032 个百分点、低 0.040 个百分点、低 0.038 个百分点;与吉林省(0.089%、0.085%、0.097%、0.084%)相比,分别低 0.017 个百分点、低 0.006 个百分点、低 0.032 个百分点、低 0.023 个百分点。(见表 4－2)

表 4－2　2015 年、2016 年、2017 年、2018 年各省、自治区、直辖市公共图书馆财政拨款占财政支出比重和位次

地区	2015 年		2016 年		2017 年		2018 年	
	比重/%	位次	比重/%	位次	比重/%	位次	比重/%	位次
全国	0.072	—	0.075	—	0.085	—	0.079	—
北京	0.102	6	0.094	8	0.123	5	0.102	7
天津	0.115	3	0.106	5	0.156	2	0.183	1
河北	0.050	27	0.050	28	0.050	30	0.049	30
山西	0.066	19	0.103	6	0.102	10	0.089	10
内蒙古	0.091	8	0.079	15	0.094	13	0.083	13
辽宁	0.105	5	0.111	4	0.105	9	0.099	8
吉林	0.089	9	0.085	12	0.097	12	0.084	12
黑龙江	0.072	17	0.079	15	0.065	22	0.061	23
上海	0.137	2	0.146	2	0.280	1	0.178	2
江苏	0.085	11	0.099	7	0.106	7	0.113	5

续表

地区	2015 年		2016 年		2017 年		2018 年	
	比重/%	位次	比重/%	位次	比重/%	位次	比重/%	位次
浙江	0.142	1	0.153	1	0.140	3	0.161	3
安徽	0.047	30	0.051	27	0.053	27	0.058	25
福建	0.088	10	0.088	10	0.111	6	0.111	6
江西	0.056	23	0.056	26	0.055	26	0.053	28
山东	0.067	18	0.067	20	0.072	18	0.068	18
河南	0.049	28	0.047	29	0.051	29	0.056	27
湖北	0.078	15	0.079	15	0.098	11	0.082	14
湖南	0.053	24	0.062	25	0.068	20	0.062	21
广东	0.100	7	0.116	3	0.126	4	0.131	4
广西	0.080	13	0.067	20	0.094	13	0.070	16
海南	0.079	14	0.092	9	0.106	8	0.095	9
重庆	0.063	20	0.068	19	0.066	21	0.067	19
四川	0.085	11	0.067	20	0.062	24	0.062	21
贵州	0.039	31	0.044	30	0.052	28	0.052	29
云南	0.053	24	0.067	20	0.060	25	0.061	23
西藏	0.049	28	0.037	31	0.043	31	0.030	31
陕西	0.059	22	0.074	18	0.070	19	0.069	17
甘肃	0.077	16	0.087	11	0.093	15	0.066	20
青海	0.062	21	0.083	13	0.077	17	0.071	15
宁夏	0.112	4	0.083	13	0.090	16	0.085	11
新疆	0.052	26	0.067	20	0.064	23	0.057	26

数据来源：根据《中国统计年鉴》(2017 年、2018 年、2019 年)、《中国文化文物统计年鉴》(2017 年、2018 年)、《中国文化和旅游统计年鉴 2019》、《中国图书馆年鉴》(2017 年、2018 年、2019 年)和各省、自治区、直辖市各年的统计年鉴(2017 年、2018 年、2019 年)中的相关数据整理。

建设完善的公共图书馆服务体系，黑龙江省必须从实际出发，加大对公共图书馆的投入，将所需经费列入本级政府预算，并及时、足额拨付，保障公共图书馆必要的办馆资金和稳定的运行经费来源，确保黑龙江省各级公共图书馆财政经费投入占财政支出的比重不低于全国平均水平，从根本上解决公共图书馆服务资金投入不足问题。

4.4.1.2 建立完善公共财政对公共图书馆事业投入的稳定增长机制

随着我国经济社会发展的进步，国家不断调整财政支出结构，持续加大财政在教育、卫生、文化、就业、社会保障、生态环境、公共基础设施等基本公共服务领域的投入，实现从经济建设型财政向公共服务型财政的转变。

2015 年、2016 年、2017 年、2018 年，黑龙江省公共图书馆财政拨款分别比上年增长 3.95%、17.00%、-10.34%、-6.21%。在 31 个省、自治区、直辖市中分别排第 25 位、第 13 位、第 31 位、第 24 位，与黑龙江省同期公共财政支出增长（17.1%、5.2%、9.8%、0.75%）相比，分别低 13.15 个百分点、高 11.80 个百分点、低 20.14 个百分点、低 6.96 个百分点；与全国同期公共图书馆财政拨款增长（11.71%、11.44%、21.69%、1.84%）相比，分别低 7.76 个百分点、高 5.56 个百分点、低 32.03 个百分点、低 8.05 个百分点；与辽宁省（6.58%、4.85%、0.06%、3.68%）相比，分别低 2.63 个百分点、高 12.15 个百分点、低 10.40 个百分点、低 9.89 个百分点；与吉林省（15.37%、6.02%、18.90%、-12.03%）相比，分别低 11.42 个百分点，高 10.98 个百分点，低 29.24 个百分点，高 5.82 个百分点。从 2014 年到 2018 年，4 年里黑龙江省公共图书馆财政拨款仅仅增长 2.29%，在 31 个省、自治区、直辖市中排第 29 位，比黑龙江省同期公共财政支出增长（35.13%）低 32.84 个百分点，比全国平均水平（54.28%）低 51.99 个百分点，比辽宁省（15.94%）低 13.65 个百分点，比吉林省（28.22%）低 25.93 个百分点。（见表 4-3）

表 4－3 2015—2018 年各省、自治区、直辖市公共图书馆财政拨款增长率和位次

地区	2015 年		2016 年		2017 年		2018 年		2018 年比 2014 年	
	增长率 /%	位次	增长率 /%	位次	增长率 /%	位次	增长率 /%	位次	增长率 /%	位次
全国	11.71	—	11.44	—	21.69	—	1.84	—	54.28	—
北京	19.85	9	2.37	26	9.07	20	16.36	3	55.72	17
天津	14.71	13	4.50	25	30.85	5	11.25	8	75.16	11
河北	23.50	4	6.34	20	8.44	22	14.61	5	63.22	14
山西	5.91	23	55.35	1	8.83	21	-1.20	20	76.92	9
内蒙古	13.32	14	-7.98	27	18.77	13	-6.48	25	15.83	27
辽宁	6.58	21	4.85	23	0.06	28	3.68	16	15.94	26
吉林	15.37	12	6.02	21	18.90	12	-12.03	27	28.22	24
黑龙江	3.95	25	17.00	13	-10.34	31	-6.21	24	2.29	29
上海	4.46	24	18.48	12	109.60	1	-26.93	31	89.54	2
江苏	17.06	11	20.11	10	13.33	17	17.40	2	87.06	4
浙江	22.26	6	12.89	16	16.21	16	11.94	6	79.55	8
安徽	0.74	28	13.68	15	16.82	15	15.36	4	54.33	19
福建	21.95	8	7.20	17	39.22	3	2.55	18	86.66	5
江西	12.32	15	5.82	22	8.04	23	7.30	13	37.79	23
山东	23.27	5	7.16	18	12.97	18	2.95	17	53.63	20
河南	22.15	7	4.62	24	19.57	10	23.28	1	88.38	3
湖北	10.84	18	6.79	19	32.29	4	-11.16	26	39.12	22
湖南	10.24	20	31.24	5	19.39	11	-0.29	19	72.24	12
广东	12.18	16	22.51	9	21.06	8	9.26	9	81.23	7
广西	40.21	3	-8.54	28	53.59	2	-19.20	30	59.15	15
海南	2.91	27	29.52	6	20.82	9	4.85	15	68.86	13
重庆	11.02	17	15.14	14	4.67	24	5.64	14	41.34	21
四川	19.47	10	-16.27	30	1.08	27	11.62	7	12.87	28

续表

地区	2015 年		2016 年		2017 年		2018 年		2018 年比 2014 年	
	增长率/%	位次	增长率/%	位次	增长率/%	位次	增长率/%	位次	增长率/%	位次
贵州	3.69	26	22.71	8	27.45	6	8.19	11	75.44	10
云南	6.38	22	34.59	4	2.87	26	7.83	12	58.82	16
西藏	280.88	1	-12.07	29	25.76	7	-17.73	28	246.48	1
陕西	10.52	19	25.15	7	3.69	25	8.46	10	55.56	18
甘肃	-6.91	31	19.54	11	12.16	19	-18.99	29	1.10	30
青海	49.23	2	34.69	3	-3.20	30	-4.18	22	86.44	6
宁夏	-2.54	29	-17.66	31	18.11	14	-2.11	21	-7.22	31
新疆	-4.02	30	39.75	2	-0.92	29	-5.65	23	25.39	25

数据来源：根据《中国统计年鉴》(2017 年、2018 年、2019 年)、《中国文化文物统计年鉴》(2017 年、2018 年)、《中国文化和旅游统计年鉴 2019》、《中国图书馆年鉴》(2017 年、2018 年、2019 年)和各省、自治区、直辖市的统计年鉴(2017 年、2018 年、2019 年)中的相关数据整理。

总的来看，黑龙江省公共图书馆财政拨款有所增长，但不稳定，不同年份有增有减，总体增速很低，低于全国平均水平和辽宁省、吉林省。建设完善的公共图书馆服务体系，黑龙江省在财政支出增长的基础上，确保公共图书馆财政拨款逐年增长，增长幅度不低于本级财政支出增长的幅度，不低于全国平均水平。

4.4.1.3 积极争取中央财政的转移支付

转移支付制度是实现地区间基本公共服务均等化的重要手段。我国由于地理、历史、体制、政策等方面的因素，区域经济发展不平衡，各地财政收入差距很大。按照基本公共服务均等化的要求，中央财政必须扩大一般性转移支付规模，重点支持中西部地区解决财力不足问题，促进地区之间协调发展。《中华人民共和国公共图书馆法》明确规定:“国家扶持革命老区、民族地区、边疆地区和贫困地区公共图书馆事业的发展。”

2017 年、2018 年,黑龙江省公共图书馆总计获得中央资金投入分别为 1252.1 万元、1290.0 万元,分别占全国总额的 3.77%、3.13%。在 31 个省、自治区、直辖市中分别排第 14 位、第 17 位,分别高于全国平均水平和辽宁省、吉林省;低于全国平均水平,高于辽宁省和吉林省。分别为全国平均水平(801.5 万元、1328.2 万元)的 156.2%、97.1%,辽宁省(346.3 万元、205.5 万元)的 361.5%、627.7%,吉林省(764.5 万元、840.5 万元)的 163.8、153.5%,见表 4-4。

表 4-4 2017 年、2018 年各省、自治区、直辖市公共图书馆获得中央资金投入金额和位次

地区	2017 年		2018 年	
	金额/万元	位次	金额/万元	位次
全国	801.5	—	1328.2	—
北京	410.5	22	1751.7	10
天津	320.0	25	1596.9	13
河北	1706.5	8	1779.8	9
山西	1367.6	12	1420.8	14
内蒙古	1782.1	5	1930.4	4
辽宁	346.3	24	205.5	28
吉林	764.5	20	840.5	24
黑龙江	1252.1	14	1290.0	17
上海	83.3	29	98.4	30
江苏	244.9	26	965.7	21
浙江	65.2	31	91.0	31
安徽	1041.0	17	1307.4	16
福建	398.3	23	798.9	25
江西	813.1	19	901.1	23
山东	1093.9	16	1597.2	12
河南	1791.0	4	1870.0	6

续表

地区	2017 年		2018 年	
	金额/万元	位次	金额/万元	位次
湖北	857.8	18	976.9	20
湖南	1535.1	11	1787.1	8
广东	627.7	21	925.0	22
广西	1755.8	7	2849.4	2
海南	115.1	28	186.0	29
重庆	1558.9	9	1684.0	11
四川	3760.0	1	3744.0	1
贵州	1293.2	13	1327.5	15
云南	2708.6	2	2642.6	3
西藏	1238.8	15	1196.0	19
陕西	1780.0	6	1884.0	5
甘肃	1871.5	3	1214.2	18
青海	79.4	30	254.0	26
宁夏	244.0	27	209.0	27
新疆	1554.5	10	1847.7	7

数据来源：根据《中国文化文物统计年鉴　2018》、《中国文化和旅游统计年鉴　2019》、《中国图书馆年鉴》(2018 年、2019 年)中的相关统计数据整理。

黑龙江省作为边疆地区、欠发达省份和老工业基地、农业大省，经济发展水平和财政收入、人均财政收入水平居于各省、自治区、直辖市后列，地域广阔，城市分散、人口集中度低，公共图书馆覆盖面广、线长、点散，集约效益低，建设覆盖全省城乡的公共图书馆服务体系需要国家继续给予大力的财政支持。

4.4.1.4　开拓多元化的投入渠道

在经济社会发展水平较低的背景下，相对于人民群众的公共需求来说，公共财政总是显得不足的。况且黑龙江省特别是县(市、区)的电力电信、道路交通、环境保护等基本生产条件和基础生活设施都急需改善;公共教育、公共医疗、社会保障等公共服务体系建设也都急需健全。在财力有限甚至拮据的情况下,政府对公共图书馆建设的资金投入往往是心有余而力不足。因此,满足公共图书馆服务体系建设的资金投入需要,必须适应社会主义市场经济体制的要求,在加大财政投入力度的基础上,进一步完善文化经济政策,开放公共图书馆服务领域,开拓市场化的多元投入渠道。

2016 年、2017 年、2018 年黑龙江省公共图书馆总收入中财政经费投入比重分别为 96.90%、99.07%、99.26%,在 31 个省、自治区、直辖市中分别排第 12 位、第 2 位、第 3 位,分别高于全国平均水平和辽宁省,低于吉林省;高于全国平均水平和辽宁省、吉林省;高于全国平均水平和吉林省,低于辽宁省。分别比全国平均水平(94.69%、95.64%、95.92%)高 2.21 个百分、高 3.43 个百分点、高 3.34 个百分点,比辽宁省(96.35%、97.96%、99.70%)高 0.55 个百分点、高 1.11 个百分点、低 0.44 个百分点,比吉林省(99.05%、98.84%、96.91%)低 2.15 个百分点、高 0.23 个百分点、高 2.35 个百分点。(见表 4-5)

表 4-5 2016 年、2017 年、2018 年各省、自治区、直辖市公共图书馆总收入中财政经费比重和位次

地区	2016 年		2017 年		2018 年	
	比重/%	位次	比重/%	位次	比重/%	位次
全国	94.69	—	95.64	—	95.92	—
北京	98.14	6	98.00	6	97.80	12
天津	97.14	10	97.99	7	98.61	10
河北	99.07	3	97.65	11	99.17	4
山西	99.99	1	99.51	1	92.76	30
内蒙古	99.31	2	98.81	5	98.93	5
辽宁	96.35	16	97.96	8	99.70	1
吉林	99.05	4	98.84	4	96.91	16

续表

地区	2016 年		2017 年		2018 年	
	比重/%	位次	比重/%	位次	比重/%	位次
黑龙江	96.90	12	99.07	2	99.26	3
上海	91.60	28	95.57	24	94.77	25
江苏	96.51	14	96.05	21	97.25	14
浙江	94.73	22	96.43	18	96.38	19
安徽	93.64	25	95.23	25	96.98	15
福建	91.33	29	92.61	30	93.02	28
江西	95.78	19	91.59	31	95.06	24
山东	98.06	7	97.54	14	98.62	9
河南	96.98	11	98.95	3	97.80	12
湖北	95.84	18	96.23	20	96.76	18
湖南	94.50	23	93.46	29	96.83	17
广东	97.28	9	97.56	12	98.79	7
广西	90.14	30	96.30	19	96.15	21
海南	98.69	5	95.91	22	94.67	26
重庆	95.08	20	94.72	28	93.87	27
四川	97.69	8	97.67	10	98.88	6
贵州	93.36	26	91.83	27	89.60	31
云南	92.79	27	97.03	16	95.72	22
西藏	93.80	24	97.69	9	99.39	2
陕西	95.02	21	95.66	23	92.79	29
甘肃	96.16	17	97.55	13	95.14	23
青海	96.36	15	97.38	15	97.83	11
宁夏	85.13	31	94.99	26	96.28	20
新疆	96.72	13	96.97	17	98.67	8

数据来源：根据《中国统计年鉴》（2017 年、2018 年、2019 年）、《中国文化文物统计年鉴》（2017 年、2018 年）、《中国文化和旅游统计年鉴 2019》、《中国图书馆年鉴》（2017 年、2018 年、2019 年）和各省、自治区、直辖市的统计年鉴（2017 年、2018 年、2019 年）中的相关数据整理。

以上分析说明黑龙江省公共图书馆投入渠道过于单一，绝对依赖财政经费，几乎没有其他收入来源渠道。《中华人民共和国公共图书馆法》规定：“国家鼓励公民、法人和其他组织自筹资金设立公共图书馆。”应当积极调动社会力量参与公共图书馆建设，并按照国家有关规定给予政策扶持。通过设立专项基金等方式，鼓励、支持和引导社会各界、民间团体和公民个人等各方面力量投资公共图书馆建设，努力形成以财政投入为主、社会力量积极参与的公共图书馆服务体系建设投入机制。

4.4.2 黑龙江省公共图书馆服务体系建设的队伍建设机制

4.4.2.1 科学利用现有人才资源

选拔具备相应的文化水平、专业知识和组织管理能力的专业性领导干部担任公共图书馆馆长。公共图书馆应当根据其功能、馆藏规模、馆舍面积、服务范围及服务人口等因素配备相应的工作人员。公共图书馆对工作人员加强规范化管理，通过“聘用、聘任”形式，深化干部人事制度改革，建立健全以培养、使用、激励、评价为主要内容的新的人事制度和科学有效的考核指标体系。公共图书馆打破身份、地域、资历等限制，实行公开竞聘、竞争上岗，形成有利于优秀人才脱颖而出的用人制度，合理配置人才资源，优化人员结构和内部岗位设置。公共图书馆应当推进专业技术职称评定制度改革，加强对工作人员专业知识与技能的考核评价，努力做到优才主事、人尽其能。

4.4.2.2 留住引进优秀人才资源

制定和完善相关政策，落实保障措施，营造良好的人才成长环境，留住和引进优秀图书馆人才。切实落实公共图书馆人员编制及工资待遇，研究制定高层次图书馆人才引进政策，奖励有突出贡献者，制定优惠政策鼓励图书馆专业高校毕业生到县级公共图书馆工作。

4.4.2.3 培养选拔青年人才资源

制定图书馆人才培养规划，采取院校培养、岗位培训、业务交流等多种方式,加大图书馆工作人员的培训、轮训力度,加强公共图书馆专业队伍和管理队伍的建设。培训应着力提高公共图书馆人员队伍的思想政治素质和新形势下做好公共图书馆服务工作的能力。采取“请进来、走出去”的办法,邀请专家学者和专业骨干深入市(地)和县(市、区)公共图书馆举办短期培训、现场辅导,组织公共图书馆业务骨干到高等院校进行系统学习和专业训练,不断提高公共图书馆特别是基层公共图书馆人员队伍业务素质和工作能力。

4.4.2.4 积累储备后备人才资源

目前,伴随着我国高等教育的日益大众化,我国高校毕业生就业难问题日趋突出,千方百计促进高校毕业生就业已经成为保障就业的第一位工作。高校毕业生就业难的根本原因是人才的市场供求矛盾。这里既有总量上的矛盾,也有结构上的矛盾。一方面是许多高校毕业生找不到满意的工作,另一方面却是广大的基层急需大学生人才却得不到满足。应当创新完善高校专业设置,在黑龙江省属高校如东北农业大学、黑龙江大学、哈尔滨师范大学等高校现有相关学科专业的基础上,进一步整合资源,调整和增设一批图书馆建设相关学科专业,招收培养青年学生,毕业后充实到基层公共图书馆战线,为黑龙江省乃至全国公共图书馆事业的长远发展积累储备足够的人才。

4.4.3 黑龙江省公共图书馆服务体系建设的管理体制改革

4.4.3.1 落实政府主体责任

《中华人民共和国公共图书馆法》明确规定,县级以上人民政府应当设立公共图书馆;应当将公共图书馆事业纳入本级国民经济和社会发展规划,将公共图书馆建设纳入城乡规划和土地利用总体规划,加大对政府设立的公共图书馆的投入,将所需经费列入本级政府预算,并及时、足额拨付;应当根据本行政区域内人口数量、人口分布、环境和交通条件等因素,因地制宜确定公共图书馆的数量、规模、结构和分布,加强固定馆舍和流动服务设施、自助服务设施建设;应当保障公共图书馆有固定的馆址,有与其功能相适应的馆舍面积、阅览座席、文献信息和设施设备,有与其功能、馆藏规模等相适应的工作人员,有必要的办馆资金和稳定的运行经费来源,有安全保障设施。各级政府应当依法履行公共图书馆建设的主体责任,确保县级以上区域都建有公共图书馆,确保各级公共图书馆有充足的经费投入、完善的基础设施。

4.4.3.2 明确部门具体责任

黑龙江省各级文化主管部门和其他有关部门应当切实履行公共图书馆建设的具体责任。县级以上地方文化主管部门负责本行政区域内公共图书馆的管理工作。县级以上地方有关部门在各自职责范围内负责本行政区域内与公共图书馆管理有关的工作。

4.4.3.3 建立健全行业协会

黑龙江省公共图书馆行业应当建立图书馆协会、联合会等行业组织。公共图书馆行业组织应当依法制定行业规范,加强行业自律,维护会员合法权益,指导、督促会员提高服务质量。

4.4.3.4 探索法人治理结构

黑龙江省各公共图书馆应当积极探索法人治理结构,吸收有关方面代表、专业人士和社会公众参与公共图书馆管理,有效提升公共图书馆管理水平。

4.4.3.5 加强政府督导考核

应当制定公共图书馆服务规范,对公共图书馆的服务质量和水平进行考核。考核应当吸收社会公众参与,加强用户评价和反馈,探索建立第三方评价机制,开展群众满意度调查,增强评价的客观性和科学性。考核结果应当向社会公布,并作为对公共图书馆给予补贴或者奖励、预算确定、收入分配和负责人奖惩的重要依据。考核的主要内容应当是各级政府是否把公共图书馆建设纳入各地经济社会发展规划,纳入精神文明建设总体规划,纳入财政支出预算,纳入扶贫攻坚计划,确保公共图书馆服务体系建设的各项目标任务的实现，积极推动公共图书馆服务体系建设法制化、规范化、制度化。

4.4.4 黑龙江省公共图书馆服务体系建设的政策法规保障

4.4.4.1 贯彻国家法律法规

健全公共图书馆领域的法律法规，提高公共图书馆建设和管理的法治程度，切实将公共图书馆建设纳入到法律的范围内，真正做到“依法治图”，是实现公共图书馆健康持续发展的根本保障。法律法规的刚性规定使公共图书馆服务体系建设的相关措施的落实有法可依，同时也保障了公共图书馆建设的延续性和可持续发展，有效避免公共图书馆服务体系建设中的随意性、不确定性。2017 年 11 月 4 日，第十二届全国人民代表大会常务委员会第三十次会议审议通过了《中华人民共和国公共图书馆法》，并自 2018 年 1 月 1 日起施行。实践证明，这部法律对促进和保障我国公共图书馆事业发展起到了重大作用。

4.4.4.2 制定地方法律法规

应当根据省情实际和客观需要，研究制定黑龙江省实施《中华人民共和国公共图书馆法》的地方性法规、政府规章及指导性意见和规划，主要包括公共图书馆建设的法规政策、公共图书馆投入的法规政策、公共图书馆管理的法规政策、公共图书馆服务的法规政策、鼓励扶持社会力量参与公共图书馆建设和服务的法规政策，等等。通过这些法律法规保障公共财政对公共图书馆建设的投入，明确公共图书馆的法律地位、义务责任，为构建公共图书馆服务体系提供重要的法制、政策、制度保障。

5　黑龙江省公共图书馆服务体系建设的具体措施和对策建议

5.1　完善基础设施

5.1.1　实现全覆盖

实施公共图书馆覆盖工程。到2025年“十四五”期末,实现全省县级以上区域都建有公共图书馆。按照《公共图书馆建设标准》,公共图书馆馆址宜位于人口集中、交通便利、环境相对安静、符合安全和卫生及环保标准的区域;应符合当地建设的总体规划及公共文化事业专项规划,布局合理;应具备良好的工程地质及水文地质条件;市政配套设施条件良好;绿地率宜为30%～35%。建设公共图书馆应因地制宜、量力而行,地市级公共图书馆应独立建设。县级公共图书馆宜多馆合一,最好与文化馆、博物馆、体育馆、新时代文明实践中心、融媒体中心、老干部活动中心、老年大学、青少年宫、社区学校、公园、休闲广场等其他公共设施合建城市文化综合体。公共图书馆与其他公共设施合建时,必须满足其使用功能和环境要求,并自成一区,单独设置出入口。公共图书馆房屋建筑包括藏书、借阅、咨询服务、公共活动与辅助服务、业务、行政办公、技术设备、后勤保障八类用房。加强督导和检查,力争在“十四五”时期实现全省县级以上区域公共图书馆全覆盖,构建以省级(大型)公共图书馆为核心,地市级(中型)公共图书馆为骨干,县级(小型)公共图书馆为基础,普遍均等、惠及全省的公共图书馆服务网络。

5.1.2 争取高标准

加强和改善公共图书馆基础设施，按照统筹兼顾，量力而行，逐步改善的原则，对设施不达标的公共图书馆进行新建、改建和扩建。

实施公共图书馆建筑面积达标工程。到2025年"十四五"期末，实现省级公共图书馆馆均建筑面积达到《公共图书馆建设标准》(建标108—2008)规定的大型馆标准(建筑面积2万~6万平方米)的中等水平，即馆均建筑面积4万平方米左右；地市级公共图书馆馆均建筑面积达到《公共图书馆建设标准》(建标108—2008)规定的中型馆标准(建筑面积0.45万~2万平方米)的中等水平，即馆均建筑面积1.23万平方米左右；县级公共图书馆馆均建筑面积达到《公共图书馆建设标准》(建标108—2008)规定的小型馆标准(建筑面积0.08万~0.45万平方米)的中等水平，即馆均建筑面积0.27万平方米左右。到2035年力争实现省级公共图书馆馆均建筑面积达到《公共图书馆建设标准》(建标108—2008)规定的大型馆标准(建筑面积2万~6万平方米)的中上等水平，即馆均建筑面积5万平方米左右；地市级公共图书馆馆均建筑面积达到《公共图书馆建设标准》(建标108—2008)规定的中型馆标准(建筑面积0.45万~2万平方米)的中上等水平，即馆均建筑面积1.62万平方米左右；县级公共图书馆馆均建筑面积达到《公共图书馆建设标准》(建标108—2008)规定的小型馆标准(建筑面积0.08万~0.45万平方米)的中上等水平，即馆均建筑面积0.36万平方米左右。

2016年黑龙江省省级、地市级、县级公共图书馆馆均建筑面积分别为3.39万平方米、1.05万平方米、0.15万平方米，分别为《公共图书馆建设标准》(建标108—2008)规定的大、中、小型馆标准中等水平的84.75%、85.37%、55.56%，大、中、小型馆标准中上等水平的67.80%、64.81%、41.67%。2017年黑龙江省省级、地市级、县级公共图书馆馆均建筑面积分别为3.39万平方米、1.07万平方米、0.17万平方米，分别为《公共图书馆建设标准》(建标108—2008)规定的大、中、小型馆标准中等水平的84.75%、86.99%、62.96%，大、中、小型馆标准中上等水平的67.80%、

66.05%、47.22%。2018年黑龙江省省级、地市级、县级公共图书馆馆均建筑面积分别为3.39万平方米、1.07万平方米、0.17万平方米，分别为《公共图书馆建设标准》(建标108—2008)规定的大、中、小型馆标准中等水平的84.75%、86.99%、62.96%，大、中、小型馆标准中上等水平的67.80%、66.05%、47.22%。

到2025年"十四五"期末，实现全省每千人拥有公共图书馆建筑面积超过《"十三五"时期全国公共图书馆事业发展规划》确定的"每千人拥有公共图书馆建筑面积11平方米"目标，达到《公共图书馆建设标准》(建标108—2008)确定的"每千人拥有公共图书馆建筑面积6~23平方米"的中等水平即"每千人拥有公共图书馆建筑面积14.50平方米左右"。到2035年，全省每千人拥有公共图书馆建筑面积达到国家公共图书馆建设标准(每千人拥有公共图书馆建筑面积6~23平方米)的中上等水平即"每千人拥有公共图书馆建筑面积18.75平方米左右"。

2016年、2017年、2018年黑龙江省每千人拥有公共图书馆建筑面积分别为7.8平方米、8.6平方米、8.9平方米，在31个省、自治区、直辖市中分别排位第23位、第23位、第21位(并列)，均低于全国平均水平和辽宁省、吉林省。分别为公共图书馆发展"十三五"规划目标(11平方米)的70.9%、78.2%、80.9%，公共图书馆建设标准(6~23平方米)中等水平(14.50平方米)的53.8%、59.3%、61.4%，公共图书馆建设标准(6~23平方米)中上等水平(18.75平方米)的41.6%、45.9%、47.5%，全国平均水平(10.3平方米、10.9平方米、11.4平方米)的75.7%、78.9%、78.1%，辽宁省(12.8平方米、13.3平方米、13.7平方米)的60.9%、64.7%、65.0%，吉林省(10.2平方米、10.6平方米、10.7平方米)的76.5%、81.1%、83.2%。(见表5-1、表5-2)

表 5－1　2016 年、2017 年、2018 年各省、自治区、直辖市每千人拥有公共图书馆建筑面积和位次

地区	建筑面积/平方米			位次		
	2016 年	2017 年	2018 年	2016 年	2017 年	2018 年
全国	10.3	10.9	11.4	—	—	—
北京	12.6	13.8	13.9	10	9	10
天津	16.9	20.9	26.0	4	1	1
河北	6.3	6.6	7.2	30	30	29
山西	13.0	13.9	14.0	8	8	9
内蒙古	15.4	16.1	16.8	6	6	6
辽宁	12.8	13.3	13.7	9	10	11
吉林	10.2	10.6	10.7	18	19	19
黑龙江	7.8	8.6	8.9	23	23	21
上海	17.3	17.7	18.1	3	4	4
江苏	14.5	15.2	16.7	7	7	7
浙江	18.9	19.0	20.9	1	3	2
安徽	7.2	7.7	8.1	25	25	26
福建	10.3	13.0	14.3	16	11	8
江西	8.1	8.7	8.9	21	21	21
山东	10.7	11.1	11.7	14	16	14
河南	6.4	6.4	7.0	29	31	31
湖北	11.9	12.6	11.7	11	13	14
湖南	6.3	6.9	7.2	30	29	29
广东	11.7	12.0	12.1	12	14	13
广西	8.1	8.7	8.9	21	21	21
海南	9.1	9.1	9.5	20	20	20
重庆	10.2	11.1	11.7	18	16	14
四川	7.2	7.6	7.9	25	26	27
贵州	6.5	7.2	7.4	28	28	28
云南	7.7	8.4	8.4	24	24	24

续表

地区	建筑面积/平方米			位次		
	2016 年	2017 年	2018 年	2016 年	2017 年	2018 年
西藏	16.3	16.5	17.0	5	5	5
陕西	7.2	7.4	8.3	25	27	25
甘肃	10.3	10.8	11.5	16	18	17
青海	10.8	12.8	13.2	13	12	12
宁夏	18.3	19.6	18.9	2	2	3
新疆	10.5	11.3	11.3	15	15	18

数据来源:根据《中国文化文物统计年鉴》(2017 年、2018 年)、《中国文化和旅游统计年鉴 2019》和《中国图书馆年鉴》(2017 年、2018 年、2019 年)中的相关数据整理。

表 5-2 2016 年、2017 年、2018 年各省、自治区、直辖市每千人拥有公共图书馆建筑面积与“十三五”规划目标和公共图书馆建设标准中等水平、中上等水平比较

单位:%

地区	与“十三五”规划目标(11 平方米)相比			与公共图书馆建设标准中等水平(14.5 平方米)相比			与公共图书馆建设标准中上等水平(18.75 平方米)相比		
	2016 年	2017 年	2018 年	2016 年	2017 年	2018 年	2016 年	2017 年	2018 年
全国	93.6	99.1	104.0	71.0	75.2	78.9	54.9	58.1	61.0
北京	114.5	125.5	126.0	86.9	95.2	95.6	67.2	73.6	73.9
天津	153.6	190.0	236.1	116.6	144.1	179.1	90.1	111.5	138.5
河北	57.3	60.0	65.0	43.4	45.5	49.3	33.6	35.2	38.1
山西	118.2	126.4	127.2	89.7	95.9	96.5	69.3	74.1	74.6
内蒙古	140.0	146.4	152.8	106.2	111.0	115.9	82.1	85.9	89.7
辽宁	116.4	120.9	124.8	88.3	91.7	94.7	68.3	70.9	73.2
吉林	92.7	96.4	96.8	70.3	73.1	73.4	54.4	56.5	56.8
黑龙江	70.9	78.2	80.9	53.8	59.3	61.4	41.6	45.9	47.5
上海	157.3	160.9	164.3	119.3	122.1	124.6	92.3	94.4	96.4
江苏	131.8	138.2	151.8	100.0	104.8	115.2	77.3	81.1	89.1
浙江	171.8	172.7	189.8	130.3	131.0	144.0	100.8	101.3	111.4

续表

地区	与“十三五”规划目标（11 平方米）相比			与公共图书馆建设标准中等水平（14.5 平方米）相比			与公共图书馆建设标准中上等水平（18.75 平方米）相比		
	2016 年	2017 年	2018 年	2016 年	2017 年	2018 年	2016 年	2017 年	2018 年
安徽	65.5	70.0	73.4	49.7	53.1	55.7	38.4	41.1	43.0
福建	93.6	118.2	130.0	71.0	89.7	98.6	54.9	69.3	76.3
江西	73.6	79.1	81.0	55.9	60.0	61.4	43.2	46.4	47.5
山东	97.3	100.9	105.9	73.8	76.6	80.3	57.1	59.2	62.1
河南	58.2	58.2	63.8	44.1	44.1	48.4	34.1	34.1	37.4
湖北	108.2	114.6	106.2	82.1	86.9	80.6	63.5	67.2	62.3
湖南	57.3	62.7	65.5	43.4	47.6	49.7	33.6	36.8	38.4
广东	106.4	109.1	109.8	80.7	82.8	83.3	62.4	64.0	64.4
广西	73.6	79.1	81.3	55.9	60.0	61.7	43.2	46.4	47.7
海南	82.7	82.7	90.3	62.8	62.8	65.2	48.5	48.5	50.5
重庆	92.7	100.9	106.1	70.3	76.6	80.5	54.4	59.2	62.2
四川	65.5	69.1	72.0	49.7	52.4	54.6	38.4	40.5	42.2
贵州	59.1	65.5	67.2	44.8	49.7	51.0	34.7	38.4	39.4
云南	70.0	76.4	76.5	53.1	57.9	58.0	41.1	44.8	44.9
西藏	148.2	150.0	154.5	112.4	113.8	117.2	86.9	88.0	90.7
陕西	65.5	67.3	75.8	49.7	51.0	57.5	38.4	39.5	44.5
甘肃	93.6	98.2	104.1	71.0	74.5	79.0	54.9	57.6	61.1
青海	98.2	116.4	120.0	74.5	88.3	91.0	57.6	68.3	70.4
宁夏	166.4	178.2	172.2	126.2	135.2	130.6	97.6	104.5	101.0
新疆	05.5	102.7	102.8	72.4	77.9	78.0	56.0	61.3	60.3

数据来源：根据《中国文化文物统计年鉴》（2017 年、2018 年）、《中国文化和旅游统计年鉴　2019》和《中国图书馆年鉴》（2017 年、2018 年、2019 年）中的相关数据整理。

截至 2018 年，全国平均水平和天津市、浙江省、宁夏回族自治区、上海市、西藏自治区、内蒙古自治区、江苏省、福建省、山西省、北京市、辽宁省、青海省、广东省、湖北省、山东省、重庆市、甘肃省、新疆维吾尔自治区 18 个省、自治区、直辖市每千人拥有公共图书馆建筑面积达到“十三五”规划目标（11 平方米），达标率为 58.1%；吉林省、海南省 2 个省份达到国家“十三五”规划目标（11 平方米）的 90%（9.9 平方米）；广西壮族自治区、江西省和黑龙江省 3 个省、自治区达到“十三五”规划目标（11 平方米）的 80%（8.8 平方米）；云南省、安徽省、四川省和陕西省 4 个省份达到“十三五”规划目标（11 平方米）的 70%（7.7 平方米）；贵州省、湖南省、河北省、河南省 4 个省份达到“十三五”规划目标（11 平方米）的 60%（6.6 平方米）。

2015 年至 2018 年，黑龙江省每千人拥有公共图书馆建筑面积分别比上年同比增长 1.19%、1.83%、10.51%、3.49%，平均年增长率为 4.22%。按照 2015 年至 2018 年黑龙江省每千人拥有公共图书馆建筑面积的平均增长率进行测算，到 2020 年“十三五”期末，黑龙江省每千人拥有公共图书馆建筑面积将达到 9.67 平方米。到 2024 年，黑龙江省每千人拥有公共图书馆建筑面积将达到“十三五”规划目标（11 平方米）。到 2025 年“十四五”期末，黑龙江省每千人拥有公共图书馆建筑面积将达到 11.88 平方米；到 2030 年，黑龙江省每千人拥有公共图书馆建筑面积将达到公共图书馆建设标准（6～23 平方米）的中等水平即“14.50 平方米左右”。到 2035 年，黑龙江省每千人拥有公共图书馆建筑面积将达到 17.96 平方米，达到公共图书馆建设标准（6～23 平方米）的中上等水平即“18.75 平方米”的 95.79%。（见图 5－1 和表 5－3）

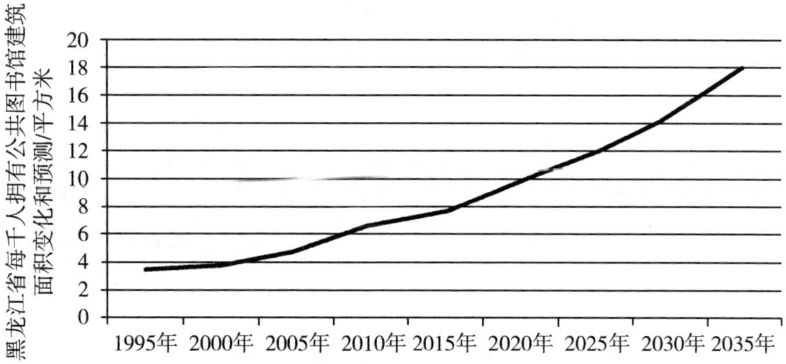

图 5－1　黑龙江省每千人拥有公共图书馆建筑面积变化和预测

表 5－3　黑龙江省每千人拥有公共图书馆建筑面积变化和预测

单位:平方米

年份	1995 年	2000 年	2005 年	2010 年	2014 年	2015 年	2016 年	2017 年	2018 年
面积	3.36	3.66	4.82	6.50	7.57	7.66	7.80	8.60	8.90
年份	2019 年	2020 年	2021 年	2022 年	2023 年	2024 年	2025 年	2030 年	2035 年
面积	9.28	9.67	10.07	10.49	10.93	11.40	11.88	14.60	17.96

数据来源:根据《中国文化文物统计年鉴》(2017 年、2018 年)、《中国文化和旅游统计年鉴　2019》、《中国图书馆年鉴》(2017 年、2018 年、2019 年)中的相关数据整理和测算。

到 2025 年“十四五”期末,黑龙江省要实现每千人拥有公共图书馆建筑面积超过“十三五”规划目标(11 平方米),达到公共图书馆建设标准(6～23 平方米)的中等水平即“14.50 平方米左右”,根据以下计算公式计算,2020 年至 2025 年黑龙江省每千人拥有公共图书馆建筑面积的年平均增长率需要达到 7.22%。(见图 5－2 和表 5－4)

$$A \times (1 + a)^7 = B$$

A:黑龙江省 2018 年每千人拥有公共图书馆建筑面积 8.90 平方米;

B:国家公共图书馆建设标准(每千人拥有公共图书馆建筑面积 6～23 平方米)的中等水平即“14.50 平方米”;

a:黑龙江省每千人拥有公共图书馆建筑面积的年平均增长率7.22%。

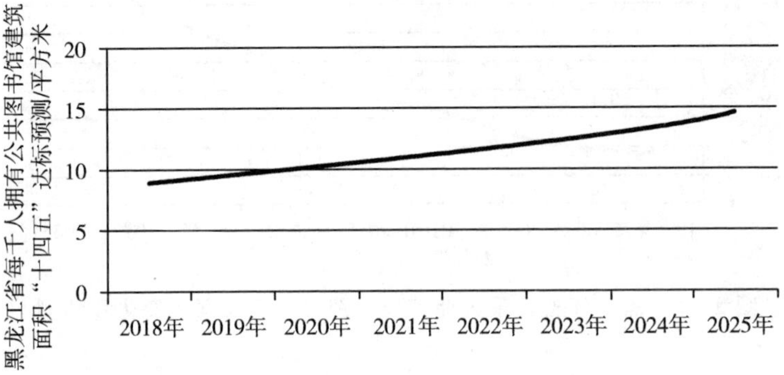

图5-2　黑龙江省每千人拥有公共图书馆建筑面积"十四五"达标预测

表5-4　黑龙江省每千人拥有公共图书馆建筑面积"十四五"达标预测

单位:平方米

年份	2018年	2019年	2020年	2021年	2022年	2023年	2024年	2025年
面积	8.90	9.54	10.23	10.97	11.76	12.61	13.52	14.50

数据来源:根据年平均增长7.74%,2025年达到14.50平方米测算。

2018年,黑龙江省省级、地市级、县级公共图书馆总建筑面积为33.60万平方米。假定"十四五"期间黑龙江省尚没有公共图书馆的1个市地和32县(市、区)都新建了公共图书馆,实现了全省县级以上区域公共图书馆的全覆盖,新建市地级和县级公共图书馆建筑面积分别达到了2018年黑龙江省市地级和县级公共图书馆馆均建筑面积水平(1.07万平方米和0.17万平方米),那么黑龙江省公共图书馆总建筑面积将增加6.51万平方米,达到40.11万平方米,每千人拥有公共图书馆建筑面积将达到10.63平方米,将接近"十三五"规划目标(11平方米)。

实施公共图书馆阅览室座席数达标工程,努力增加公共图书馆阅览室座席数。2018年,黑龙江省每千人拥有公共图书馆阅览室座席数为0.77

个,已经实现《“十三五”时期全国公共图书馆事业发展规划》确定的“每千人拥有公共图书馆阅览室座席0.75个”目标,到2025年“十四五”期末,实现每千人拥有公共图书馆阅览室座席达到《公共图书馆建设标准》(建标108—2008)确定的“每千人拥有公共图书馆阅览室座席0.3~2个”的中等水平即1.15个左右。到2035年,每千人拥有公共图书馆阅览室座席达到公共图书馆建设标准(0.3~2个)的中上等水平即1.575个左右。

2016年、2017年、2018年,黑龙江省每千人拥有公共图书馆阅览室座席分别为0.62个、0.74个、0.77个,在31个省、自治区、直辖市中分别排第20位、第19位、第18位,均低于全国平均水平和辽宁省、吉林省。分别为公共图书馆发展“十三五”规划目标(0.75个)的82.7%、98.7%、102.7%,公共图书馆建设标准(0.3~2个)的中等水平即“1.15个”的53.9%、64.3%、67.0%,公共图书馆建设标准(0.3~2个)的中上等水平即“1.575个”的39.4%、47.0%、48.9%,全国平均水平(0.71个、0.77个、0.80个)的87.3%、96.1%、96.3%,辽宁省(0.87个、0.87个、0.91个)的71.3%、85.1%、84.6%、吉林省(0.77个、0.77个、0.81个)的80.5%、96.1%、95.1%。(见表5-5、表5-6)

表5-5　2016年、2017年、2018年各省、自治区、直辖市每千人拥有公共图书馆阅览室座席数和位次

地区	每千人拥有阅览室座席/个			位次		
	2016年	2017年	2018年	2016年	2017年	2018年
全国	0.71	0.77	0.80	—	—	—
北京	0.80	0.83	0.76	12	14	19
天津	0.95	1.09	1.22	5	5	3
河北	0.51	0.55	0.57	29	29	30
山西	0.85	0.92	1.00	9	8	8
内蒙古	1.12	1.27	1.21	3	2	4
辽宁	0.87	0.87	0.91	8	11	11

续表

地区	每千人拥有阅览室座席/个			位次		
	2016 年	2017 年	2018 年	2016 年	2017 年	2018 年
吉林	0.77	0.77	0.81	14	17	15
黑龙江	0.62	0.74	0.77	20	19	18
上海	0.92	0.95	0.95	6	6	10
江苏	0.67	0.81	0.87	19	15	14
浙江	1.13	1.22	1.36	2	3	2
安徽	0.50	0.57	0.60	30	28	27
福建	0.83	0.95	1.02	10	6	7
江西	0.75	0.78	0.80	16	16	17
山东	0.61	0.63	0.63	21	25	26
河南	0.45	0.46	0.50	31	31	31
湖北	0.73	0.76	0.74	17	18	20
湖南	0.52	0.55	0.58	27	29	29
广东	0.83	0.85	0.88	10	12	13
广西	0.52	0.59	0.59	27	27	28
海南	0.60	0.65	0.72	22	23	21
重庆	0.79	0.91	0.97	13	9	9
四川	0.60	0.66	0.69	22	22	23
贵州	0.59	0.70	0.69	24	20	23
云南	0.57	0.65	0.70	25	23	22
西藏	0.88	0.89	1.09	7	10	5
陕西	0.56	0.63	0.67	26	26	25
甘肃	0.76	0.84	0.89	15	13	12
青海	0.69	0.67	0.81	18	21	15
宁夏	1.27	1.78	1.78	1	1	1
新疆	0.97	1.10	1.08	4	4	6

数据来源：根据《中国文化文物统计年鉴》（2017 年、2018 年）、《中国文化和旅游统计年鉴　2019》和《中国图书馆年鉴》（2017 年、2018 年、2019 年）中的相关数据整理。

表 5－6　2016 年、2017 年、2018 年各省、自治区、直辖市每千人拥有公共图书馆阅览室座席与“十三五”规划目标和公共图书馆建设标准中等水平、中上等水平比较

单位：%

地区	与“十三五”规划目标（0.75 个）相比			与公共图书馆建设标准中等水平（1.15 个）相比			与公共图书馆建设标准中上等水平（1.575 个）相比		
	2016 年	2017 年	2018 年	2016 年	2017 年	2018 年	2016 年	2017 年	2018 年
全国	94.7	102.7	106.7	61.7	67.0	69.6	45.1	48.9	50.8
北京	106.7	110.7	101.3	69.6	72.2	66.1	50.8	52.7	48.3
天津	126.7	145.3	162.7	82.6	94.8	106.1	60.3	69.2	77.5
河北	68.0	73.3	76.0	44.3	47.8	49.6	32.4	34.9	36.2
山西	113.3	122.7	133.3	73.9	80.0	87.0	54.0	58.4	63.5
内蒙古	149.3	169.3	161.3	97.4	110.4	105.2	71.1	80.6	76.8
辽宁	116.0	116.0	121.3	75.7	75.7	79.1	55.2	55.2	57. 8
吉林	102.7	102.7	108.0	67.0	67.0	70.4	48.9	48.9	51.4
黑龙江	82.7	98.7	102.7	53.9	64.3	67.0	39.4	47.0	48. 9
上海	122.7	126.7	126.7	80.0	82.6	82.6	58.4	60.3	60.3
江苏	89.3	108.0	116	58.3	70.4	75. 7	42.5	51.4	55.2
浙江	150.7	162.7	181.3	98.3	106.1	118.3	71.7	77.5	86.3
安徽	66.7	76.0	80.0	43.5	49.6	52.21	31.7	36.2	38.1
福建	110.7	126.7	136.0	72.2	82.6	89.0	52.7	60.3	64.8
江西	100.0	104.0	106.7	65.2	67.8	69.6	47.6	49.5	50.85
山东	81.3	84.0	84.0	53.0	54.8	54.8	38.7	40.0	40.0
河南	60.0	61.3	66.7	39.1	40.0	43.5	28.6	29.2	31.7
湖北	97.3	101.3	98.7	63.5	66.1	64.4	46.3	48.3	47.0
湖南	69.3	73.3	77.3	45.2	47.8	50.4	33.0	34.9	36.8
广东	110.7	113.3	117.3	72.2	73.9	76.5	52.7	54.0	55.9
广西	69.3	78.7	78.7	45.2	51.3	51.3	33.0	37.5	37.5
海南	80.0	86.7	96.0	52.2	56.5	62.6	38.1	41.3	45.7
重庆	105.3	121.3	129.3	68.7	79.1	84.3	50.2	57.8	61.6
四川	80.0	88.0	92.0	52.2	57.4	60.0	38.1	41.9	43.8

续表

地区	与“十三五”规划目标（0.75 个）相比			与公共图书馆建设标准中等水平（1.15 个）相比			与公共图书馆建设标准中上等水平（1.575 个）相比		
	2016 年	2017 年	2018 年	2016 年	2017 年	2018 年	2016 年	2017 年	2018 年
贵州	78.7	93.3	92.0	51.3	60.9	60	37.5	44.4	43.8
云南	76.0	86.7	93.3	49.6	56.5	60.9	36.2	41.3	44.4
西藏	117.3	118.7	145.3	76.5	77.4	94.8	55.9	56.5	69.2
陕西	74.7	84.0	89.3	48.7	54.8	58.3	35.6	40.0	42.5
甘肃	101.3	112.0	118.7	66.1	73.0	77.4	48.3	53.3	56.5
青海	92.0	89.3	108.0	60.0	58.3	70.4	43.8	42.5	51.4
宁夏	169.3	237.3	237.3	110.4	154.8	154.8	80.6	113.0	113.0
新疆	129.3	146.7	144.0	84.3	95.7	93.9	61.6	69.8	68.6

数据来源：根据《中国文化文物统计年鉴》（2017 年、2018 年）、《中国文化和旅游统计年鉴　2019》和《中国图书馆年鉴》（2017 年、2018 年、2019 年）中的相关数据整理。

截至 2018 年，全国平均水平和宁夏回族自治区、浙江省、天津市、内蒙古自治区、西藏自治区、新疆维吾尔自治区、福建省、山西省、重庆市、上海市、辽宁省、甘肃省、广东省、江苏省、吉林省、青海省、江西省、黑龙江省、北京市 19 个省、自治区、直辖市每千人拥有公共图书馆阅览室座席达到“十三五”规划目标（0.75 个），达标率为 61.3%。湖北省、海南省、云南省、四川省、贵州省 5 个省份达到“十三五”规划目标（0.75 个）的 90%（0.675个）。陕西省、山东省、安徽省 3 个省份达到“十三五”规划目标（0.75 个）的 80%（0.60 个）；广西壮族自治区、湖南省、河北省 3 个省、自治区达到“十三五”规划目标（0.75 个）的 70%（0.525 个）；河南省 1 个省份达到“十三五”规划目标（0.75 个）的 60%（0.46 个）。

2015 年至 2018 年，黑龙江省每千人拥有公共图书馆阅览室座席分别比上年同比增长 1.19%、1.83%、10.51%、4.05%，年平均增长率为 5.57%。按照 2015 年至 2018 年黑龙江省每千人拥有公共图书馆阅览室座席的平均增长率进行测算,到2020年“十三五”期末,黑龙江省每千人拥有公共图书馆阅览室座席将达到0.86个。到2025年“十四五”期末,黑龙江省每千人拥有公共图书馆阅览室座席将达到1.12个,基本达到公共图书馆建设标准(0.3~2个)的中等水平即“1.15个”。到2030年,黑龙江省每千人拥有公共图书馆阅览室座席将达到1.55个,基本达到公共图书馆建设标准(0.3~2个)的中上等水平即“1.575个”。到2035年,黑龙江省每千人拥有公共图书馆阅览室座席将达到1.92个,接近公共图书馆建设标准(0.3~2个)的上限。(见图5-3和表5-7)

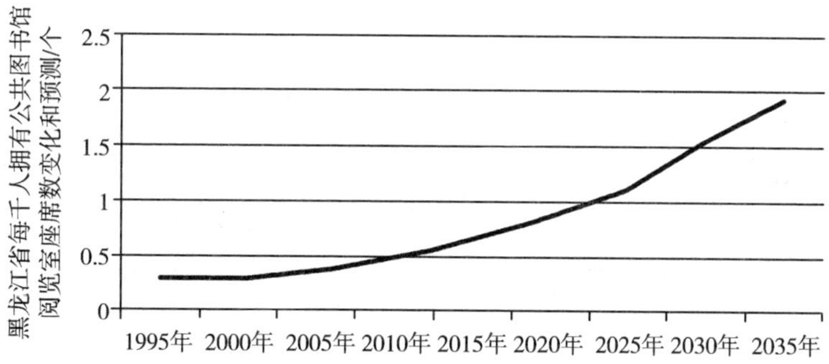

图5-3 黑龙江省每千人拥有公共图书馆阅览室座席数变化和预测

表5-7 黑龙江省每千人拥有公共图书馆阅览室座席数变化和预测

单位:个

年份	1995年	2000年	2005年	2010年	2014年	2015年	2016年	2017年	2018年
座席数	0.29	0.29	0.34	0.47	0.62	0.62	0.62	0.74	0.77
年份	2019年	2020年	2021年	2022年	2023年	2024年	2025年	2030年	2035年
座席数	0.81	0.86	0.91	0.96	1.01	1.07	1.12	1.55	1.92

数据来源:根据《中国文化文物统计年鉴》(2017年、2018年)、《中国文化和旅游统计年鉴 2019》和《中国图书馆年鉴》(2017年、2018年、2019年)中的相关统计数据整理和测算。

到2025年“十四五”期末，黑龙江省要实现每千人拥有公共图书馆阅览室座席数达到公共图书馆建设标准（0.3～2个）的中等水平即“1.15个”，根据以下计算公式计算，2020年至2025年黑龙江省每千人拥有公共图书馆阅览室座席数的年平均增长率需要达到5.90%。（见图5－4和表5－8）

$$A \times (1+a)^7 = B$$

A：黑龙江省2018年每千人拥有公共图书馆阅览室座席数0.77个；

B：公共图书馆建设标准（每千人拥有公共图书馆阅览室座席数0.3～2个）的中等水平即“1.15个”；

a：黑龙江省每千人拥有公共图书馆阅览室座席数的年平均增长率5.90%.

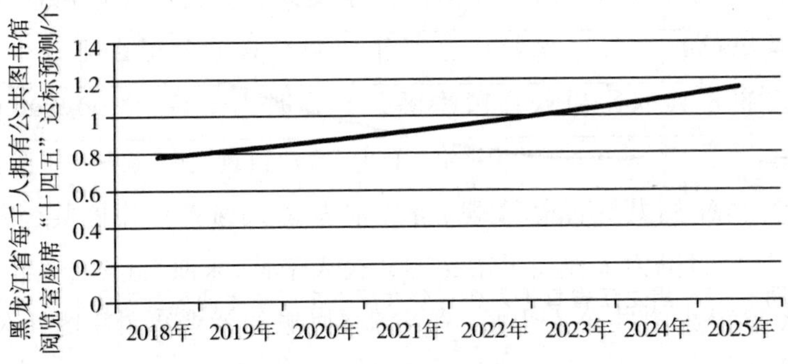

图5－4　黑龙江省每千人拥有公共图书馆阅览室座席数“十四五”达标预测

表5－8　黑龙江省每千人拥有公共图书馆阅览室座席数“十四五”达标预测

单位：个

年份	2018年	2019年	2020年	2021年	2022年	2023年	2024年	2025年
座席数	0.77	0.82	0.86	0.91	0.97	1.03	1.09	1.15

数据来源：根据年平均增长5.90%，2025年达到1.15个测算。

2018年，黑龙江省省级、地市级、县级公共图书馆总阅览室座席数为

29202 个。假定“十四五”期间黑龙江省尚没有公共图书馆的 1 个市地和 32 县(市、区)都新建了公共图书馆,实现了全省县级以上区域公共图书馆的全覆盖,新建市地级和县级公共图书馆阅览室座席数分别达到了 2018 年黑龙江省市地级和县级公共图书馆馆均阅览室座席数水平(914 个和 185 个),那么黑龙江省公共图书馆总阅览室座席数将增加 6834 个,达到 36036 个,每千人拥有公共图书馆阅览室座席数将达到 0.96 个,将达到公共图书馆建设标准(0.3 ~2 个)的中等水平即“1.15 个”的 83.1%。

5.1.3 达到广延伸

2016 年、2017 年、2018 年,黑龙江省省级公共图书馆馆均分馆分别为 73 个、78 个、79 个,在 31 个省、自治区、直辖市中分别排第 6 位、第 5 位、第 5 位,均高于全国平均水平和吉林省,低于辽宁省。分别为全国平均水平(33.9 个、26.3 个、29.8 个)的 215.3%、296.6%、265.1%,辽宁省(144 个、151 个、159 个)的 50.7%、51.7%、49.7%,吉林省(1 个、1 个、1 个)的 7300.0%、7800.0%、7900.0%。(见表 5 -9)

表 5 -9 2016 年、2017 年、2018 年各省、自治区、直辖市省级公共图书馆馆均分馆数和位次

地区	2016 年		2017 年		2018 年	
	分馆数/个	位次	分馆数/个	位次	分馆数/个	位次
全国	33.9	—	26.3	—	29.8	—
北京	18	15	18	11	18	12
天津	0.5	28	2.5	20	5	18
河北	2	23	2	21	50	8
山西	164	1	164	1	181	1
内蒙古	34	10	50	7	56	7
辽宁	144	2	151	2	159	2
吉林	1	26	1	25	1	26

续表

地区	2016 年		2017 年		2018 年	
	分馆数/个	位次	分馆数/个	位次	分馆数/个	位次
黑龙江	73	6	78	5	79	5
上海	137.5	3	0	28	0	29
江苏	60	7	1	25	1	26
浙江	24	14	23	10	26	10
安徽	6	20	6	17	7	17
福建	76	5	103	3	120	3
江西	54	8	56	6	57	6
山东	2	23	2	21	2	23
河南	4.5	22	9	15	13	14
湖北	43	9	0	28	0	29
湖南	25.5	11	27	8	30	9
广东	90	4	90	4	90	4
广西	1	26	1	25	0.7	28
海南	0	29	2	21	2	23
重庆	10	18	10.5	14	12	15
四川	13	17	11	13	12	15
贵州	25	12	0	28	2	23
云南	18	15	16	12	17	13
西藏	0	29	5	18	5	18
陕西	25	12	27	8	23	11
甘肃	4	21	4	19	4	20
青海	0	29	0	28	0	29
宁夏	2	23	2	21	3	22
新疆	8	19	8	16	4	20

数据来源：根据《中国文化文物统计年鉴》(2017 年、2018 年)、《中国文化和旅游统计年鉴 2019》和《中国图书馆年鉴》(2017 年、2018 年、2019 年)中的相关数据整理。

2016 年、2017 年、2018 年,黑龙江省地市级公共图书馆馆均分馆分别为 15.5 个、11.5 个、12.1 个,在 27 个省、自治区中分别排第 5 位、第 10 位、第 10 位(不包括北京市、天津市、上海市、重庆市 4 个直辖市),分别高于全国平均水平和辽宁省、吉林省;高于全国平均水平和吉林省,低于辽宁省;高于全国平均水平和吉林省,低于辽宁省。分别为全国平均水平(9.1 个、10.8 个、11.0 个)的 170.3%、106.5%、110.0%,辽宁省(15.2 个、27.0 个、24.2 个)的 102.0%、42.6%、50.0%,吉林省(3.5 个、3.4 个、4.0 个)的 442.9%、338.2%、302.5%。(见表 5-10)

表 5-10　2016 年、2017 年、2018 年各省、自治区地市级公共图书馆馆均分馆数和位次

地区	2016 年		2017 年		2018 年	
	分馆数/个	位次	分馆数/个	位次	分馆数/个	位次
全国	9.1	—	10.8	—	11.0	—
北京	—	—	—	—	—	—
天津	—	—	—	—	—	—
河北	4.4	17	3.6	20	4.8	176
山西	6.6	13	7.0	14	9.5	13
内蒙古	3.3	21	6.6	15	7.5	14
辽宁	15.2	6	27.0	1	24.2	3
吉林	3.5	20	3.4	21	4.0	19
黑龙江	15.5	5	11.5	10	12.1	10
上海	—	—	—	—	—	—
江苏	17.9	2	19.6	4	21.1	5
浙江	13.8	7	22.5	2	25.7	1
安徽	10.6	10	10.2	11	11.7	11
福建	23.6	1	19.9	3	21.5	4
江西	3.7	19	8.5	13	10.0	12
山东	12.5	8	15.8	7	18.4	6

续表

地区	2016 年		2017 年		2018 年	
	分馆数/个	位次	分馆数/个	位次	分馆数/个	位次
河南	3.9	18	4.3	19	5.1	16
湖北	10.7	9	13.4	8	15.9	7
湖南	10.1	11	11.9	9	14.7	8
广东	16.3	4	18.4	5	25.0	2
广西	4.7	16	4.5	17	3.0	20
海南	0.5	23	1.25	24	1.3	24
重庆	—	—	—	—	—	—
四川	4.8	15	4.5	17	4.3	18
贵州	1.6	24	2	23	1.9	22
云南	2.3	22	2.3	22	1.9	22
西藏	0	27	0	26	0	27
陕西	8.7	12	9.3	12	12.8	9
甘肃	0.06	26	0	26	0.9	25
青海	0.14	25	0.3	25	0.3	26
宁夏	5.6	14	6.2	16	6.4	15
新疆	17.9	2	17.6	6	2.6	21

数据来源：根据《中国文化文物统计年鉴》(2017 年、2018 年)、《中国文化和旅游统计年鉴 2019》和《中国图书馆年鉴》(2017 年、2018 年、2019 年)中的相关数据整理。

2016 年、2017 年、2018 年，黑龙江省县级公共图书馆馆均分馆分别为 1.9 个、4.3 个、5.6 个，在 31 个省、自治区、直辖市中分别排第 14 位(并列)、第 10 位、第 12 位，分别低于全国平均水平和辽宁省、吉林省；低于全国平均水平，高于辽宁省和吉林省；低于全国平均水平和吉林省，高于辽宁省。分别为全国平均水平(3.7 个、5.1 个、7.3 个)的 51.4%、84.3%、76.7%，辽宁省(3.1 个、3.6 个、3.7 个)的 61.3%、119.4%、151.4%，吉林省(4.7 个、4.2 个、6.0 个)的 40.4%、102.4%、93.3%。(见表 5-11)

表 5 - 11　2016 年、2017 年、2018 年各省、自治区、直辖市县级公共图书馆馆均分馆数和位次

地区	2016 年		2017 年		2018 年	
	分馆数/个	位次	分馆数/个	位次	分馆数/个	位次
全国	3.7	—	5.1	—	7.3	—
北京	14.0	3	14.3	4	14.0	6
天津	1.3	21	3.3	16	19.5	5
河北	0.4	25	1.3	24	2.0	25
山西	1.7	17	2.6	21	5.9	11
内蒙古	1.5	19	2.9	19	4.1	17
辽宁	3.1	12	3.6	14	3.7	18
吉林	4.7	9	4.2	11	6.0	10
黑龙江	1.9	14	4.3	10	5.6	12
上海	20.0	1	19.7	2	23.9	3
江苏	19.6	2	35.4	1	57.8	1
浙江	10.5	6	10.7	5	20.0	4
安徽	11.9	4	9.5	6	9.4	7
福建	4.4	11	4.8	9	5.5	13
江西	1.6	18	3.8	13	3.6	20
山东	4.8	8	8.1	7	9.3	8
河南	2.0	13	2.8	20	4.4	15
湖北	1.9	14	3.5	15	4.4	15
湖南	1.3	21	2.1	22	3.0	21
广东	6.6	7	6.9	8	7.3	9
广西	0.4	25	0.8	26	1.0	28
海南	0.7	24	0.5	29	0.8	29
重庆	10.6	5	19.0	3	31.2	2
四川	1.2	23	3.1	17	2.8	22
贵州	1.8	16	3.0	18	3.7	18
云南	1.4	20	1.8	23	2.3	24

续表

地区	2016年		2017年		2018年	
	分馆数/个	位次	分馆数/个	位次	分馆数/个	位次
西藏	0.01	31	0.01	31	0.01	31
陕西	4.7	9	4.0	12	4.5	14
甘肃	0.2	29	0.6	28	1.9	26
青海	0.07	30	0.05	30	0.4	30
宁夏	0.3	27	1.2	25	2.6	23
新疆	0.3	27	0.8	26	1.5	27

数据来源：根据《中国文化文物统计年鉴》(2017年、2018年)、《中国文化和旅游统计年鉴 2019》和《中国图书馆年鉴》(2017年、2018年、2019年)中的相关数据整理。

2016年、2017年、2018年，黑龙江省省级公共图书馆馆均流动图书车均为0辆，31省、自治区、直辖市中分别有16个、14个、14个省、自治区、直辖市的省级公共图书馆当年没有流动图书车。(见表5-12)

表5-12　2016年、2017年、2018年各省、自治区、直辖市省级公共图书馆馆均流动图书车数和位次

地区	2016年		2017年		2018年	
	车数/辆	位次	车数/辆	位次	车数/辆	位次
全国	0.59	—	0.62	—	0.62	—
北京	2	3	0	18	0	18
天津	0	16	0.5	15	0.5	15
河北	3	1	3	1	1	3
山西	0	16	0	18	0	18
内蒙古	0	16	0	18	0	18
辽宁	3	1	3	1	3	1
吉林	0	16	0	18	0	18

续表

地区	2016 年		2017 年		2018 年	
	车数/辆	位次	车数/辆	位次	车数/辆	位次
黑龙江	0	16	0	18	0	18
上海	0.5	15	0.5	15	0.5	15
江苏	0	16	0	18	0	18
浙江	0	16	0	18	0	18
安徽	0	16	0	18	0	18
福建	1	4	1	3	1	3
江西	1	4	1	3	3	1
山东	0	16	0	18	0	18
河南	0	16	0.5	15	0.3	17
湖北	1	4	1	3	1	3
湖南	0	16	0	18	0	18
广东	0	16	0	18	0	18
广西	0.67	14	0.67	14	0.7	14
海南	0	16	0	18	0	18
重庆	1	4	1	3	1	3
四川	1	4	1	3	1	3
贵州	0	16	0	18	0	18
云南	0	16	0	18	0	18
西藏	1	4	1	3	1	3
陕西	1	4	1	3	1	3
甘肃	1	4	1	3	1	3
青海	1	4	1	3	1	3
宁夏	0	16	1	3	1	3
新疆	1	4	1	3	1	3

数据来源：根据《中国文化文物统计年鉴》(2017 年、2018 年)、《中国文化和旅游统计年鉴 2019》和《中国图书馆年鉴》(2017 年、2018 年、2019 年)中的相关数据整理。

2016 年、2017 年、2018 年,黑龙江省地市级公共图书馆馆均流动图书车分别为 0.27 辆、0.25 辆、0.25 辆;在 27 个省、自治区中分别排第 16 位(并列)、第 19 位、第 18 位(并列)(不包括北京市、天津市、上海市、重庆市 4 个直辖市),分别低于全国平均水平和吉林省,高于辽宁省;低于全国平均水平和辽宁省、吉林省;低于全国平均水平和吉林省,高于辽宁省。分别为全国平均水平(1.03 辆、1.09 辆、1.05 辆)的 26.2%、22.9%、23.8%,辽宁省(0.09 辆、0.48 辆、0.13 辆)的 300.0%、52.1%、192.3%,吉林省(0.30 辆、0.30 辆、0.50 辆)的 90.0%、83.3%、50.0%。(见表 5-13)

表 5-13 2016 年、2017 年、2018 年各省、自治区地市级公共图书馆馆均流动图书车数和位次

地区	2016 年		2017 年		2018 年	
	车数/辆	位次	车数/辆	位次	车数/辆	位次
全国	1.03	—	1.09	—	1.05	—
北京	—	—	—	—	—	—
天津	—	—	—	—	—	—
河北	0.17	22	0.25	19	0.25	18
山西	0.75	6	0.67	7	0.40	15
内蒙古	0.08	25	0.17	23	0.17	22
辽宁	0.09	24	0.48	14	0.13	25
吉林	0.30	15	0.30	17	0.50	10
黑龙江	0.27	16	0.25	19	0.25	18
上海	—	—	—	—	—	—
江苏	0.81	5	0.81	6	1.00	4
浙江	1.21	2	1.14	3	1.14	3
安徽	0.19	20	0.19	21	0.19	20
福建	0.33	14	0.38	16	0.46	14
江西	0.27	16	0.45	15	0.31	17
山东	0.47	12	0.53	12	0.59	9

续表

地区	2016 年		2017 年		2018 年	
	车数/辆	位次	车数/辆	位次	车数/辆	位次
河南	0.50	9	0.56	11	0.63	7
湖北	1.06	3	0.89	5	0.94	6
湖南	0.19	20	0.18	22	0.18	21
广东	9.11	1	9.11	1	8.80	1
广西	0.27	16	0.27	18	0.33	16
海南	0.50	9	3.00	2	3.00	2
重庆	—	—	—	—	—	—
四川	0.45	13	0.50	13	0.50	10
贵州	0.20	19	0.10	25	0.10	2
云南	0	26	0	26	0	27
西藏	0.17	22	0.17	24	0.17	22
陕西	0.57	8	0.57	9	0.50	10
甘肃	0	26	0	26	0.06	26
青海	1.00	4	1.00	4	1.00	4
宁夏	0.60	7	0.60	8	0.60	8
新疆	0.50	9	0.57	9	0.50	10

数据来源：根据《中国文化文物统计年鉴》(2017 年、2018 年)、《中国文化和旅游统计年鉴 2019》和《中国图书馆年鉴》(2017 年、2018 年、2019 年)中的相关数据整理。

2016 年、2017 年、2018 年，黑龙江省县级公共图书馆馆均流动图书车分别为 0.35 辆、0.45 辆、0.44 辆，在 31 个省、自治区、直辖市中分别排第 19 位(并列)、第 20 位、第 21 位，分别低于全国平均水平和辽宁省，高于吉林省；低于全国平均水平，高于辽宁省和吉林省；低于全国平均水平和吉林省，高于辽宁省。分别为全国平均水平(0.53 辆、0.62 辆、0.81 辆)的 66.0%、72.6%、54.3%，辽宁省(0.42 辆、0.13 辆、0.10 辆)的 83.3%、346.2%、440.0%，吉林省(0.31 辆、0.35 辆、0.93 辆)的 112.9%、

128.6%、47.3%。(见表5-14)

表5-14 2016年、2017年、2018年各省、自治区、直辖市县级公共图书馆馆均流动图书车数和位次

地区	2016年		2017年		2018年	
	车数/辆	位次	车数/辆	位次	车数/辆	位次
全国	0.53	—	0.62	—	0.81	—
北京	0.87	6	0.77	10	0.45	20
天津	0.34	21	0.27	27	0.30	25
河北	0.40	16	0.46	19	0.48	18
山西	1.27	1	1.31	2	1.26	3
内蒙古	0.31	24	0.47	17	0.50	17
辽宁	0.42	14	0.13	31	0.10	31
吉林	0.31	24	0.35	25	0.93	9
黑龙江	0.35	19	0.45	20	0.44	21
上海	0.18	30	3.23	1	0.24	29
江苏	0.27	26	0.47	17	0.27	27
浙江	0.56	12	0.94	8	0.63	14
安徽	0.24	27	0.25	29	0.26	28
福建	0.18	30	0.16	30	0.22	30
江西	0.33	23	0.36	24	0.35	24
山东	0.22	28	0.27	27	0.28	26
河南	0.39	17	0.43	21	0.53	16
湖北	0.86	7	0.97	5	0.79	10
湖南	0.34	21	0.43	21	0.42	22
广东	0.38	18	0.52	15	1.65	2
广西	0.42	14	0.82	9	0.42	22
海南	0.22	28	0.33	26	1.00	6
重庆	1.02	2	1.07	3	1.07	4

续表

地区	2016 年		2017 年		2018 年	
	车数/辆	位次	车数/辆	位次	车数/辆	位次
四川	0.62	11	0.67	13	0.71	12
贵州	0.75	8	0.77	10	6.79	1
云南	0.75	8	0.77	10	0.73	11
西藏	1.00	3	1.07	3	1.01	5
陕西	0.90	5	0.97	5	0.94	8
甘肃	0.68	10	0.67	13	0.69	13
青海	0.95	4	0.95	7	1.00	6
宁夏	0.35	19	0.40	23	0.48	18
新疆	0.48	13	0.52	15	0.54	15

数据来源：根据《中国文化文物统计年鉴》(2017 年、2018 年)、《中国文化和旅游统计年鉴 2019》和《中国图书馆年鉴》(2017 年、2018 年、2019 年)中的相关数据整理。

黑龙江省地处祖国东北边疆，地域广阔，边境线长。省内各地市、县市区相对分散。各地市和县市区公共图书馆规模小，乡镇农村、农场、林场、矿区地处偏僻，交通不便。基层群众到省级、地市级公共图书馆，甚至到县级公共图书馆阅读、借阅图书，参加相关活动都比较困难。应当进一步建立健全覆盖城乡、便捷实用的公共图书馆服务网络。充分利用乡镇(街道)和村(社区)的综合性文化服务中心、农家书屋等公共设施设立图书室，村级不具备单独设立图书室条件的，可在村党支部、村委会办公场所开辟图书阅览区。应当因地制宜建立健全符合当地特点的以省级、地市级、县级公共图书馆为总馆，乡镇(街道)综合文化站、村(社区)图书室(农家书屋)等为分馆或者基层服务点，上下联通、资源共享、有效覆盖的总分馆制。总馆应当加强对分馆和基层服务点的业务指导，完善数字化、网络化服务体系和配送体系。通过总分馆制，整合县域内的公共阅读资源，实现总馆主导下的文献资源统一采购、统一编目、统一配送、通借通还和人员的统一培训。加强部门协同,推动符合条件的农家书屋成为图书馆分馆。鼓励符合条件、具有资质的上网服务场所成为总分馆的基层服务点。应当鼓励有条件的地方为公共图书馆配置流动图书车或具有借阅功能的流动文化车,促进公共图书馆服务向城乡基层延伸。有关部门继续大力实施文化、科技、卫生“三下乡”“送书下乡工程”,以政府采购、集中招标的方式,面向县级公共图书馆和乡镇文化站、农村文化室、农家书屋配送图书,方便基层群众阅读。

5.2 丰富服务内容

5.2.1 满足读者基本需求

文献信息查询、借阅是公共图书馆最基本的服务内容。根据公共图书馆服务范围内的常住人口数量,落实新增藏量指标,着力扩大公共图书馆文献资源规模,确保文献资源达到一定规模并持续更新。各公共图书馆优化文献资源结构,建立涵盖纸本文献、缩微文献、数字资源、网络资源等各种资源类型的公共图书馆信息资源体系。

实施公共图书馆藏书量达标工程,努力增加公共图书馆藏书量。到2025年“十四五”期末,人均拥有公共图书馆藏书超过《“十三五”时期全国公共图书馆事业发展规划》确定的“人均拥有公共图书馆藏书1册”目标,达到《公共图书馆建设标准》(建标108—2008)规定的“人均拥有公共图书馆藏书0.6~1.5册”的中等水平即“1.05册左右”。到2035年,努力达到人均拥有公共图书馆藏书国家公共图书馆建设标准(0.6~1.5册)的中上等水平即“1.275册左右”。

2016年、2017年、2018年,黑龙江省人均拥有公共图书馆藏书分别为0.51册、0.57册、0.59册,在31个省、自治区、直辖市中分别排第18位、第16位(并列)、第16位(并列),均低于全国平均水平和辽宁省、吉林省。分别为公共图书馆发展“十三五”规划目标(1册)的51.0%、57.0%、59.0%,公共图书馆建设标准(0.6~1.5册)的中等水平(1.05册)的48.6%、

54.3%、56.2%，公共图书馆建设标准（0.6～1.5册）的中上等水平（1.275册）的40.0%、44.7%、46.3%，全国平均水平（0.65册、0.70册、0.74册）的78.5%、81.4%、79.7%，辽宁省（0.90册、0.91册、0.96册）的56.7%、62.6%、61.5%，吉林省（0.68册、0.73册、0.76册）的75.0%、78.1%、77.6%。（见表5－15、表5－16）

表5－15　2016年、2017年、2018年各省、自治区、直辖市人均拥有公共图书馆藏书和位次

地区	人均拥有公共图书馆藏书/册			位次		
	2016年	2017年	2018年	2016年	2017年	2018年
全国	0.65	0.70	0.74	—	—	—
北京	1.19	1.27	1.34	3	3	3
天津	1.16	1.07	1.20	4	4	4
河北	0.31	0.34	0.36	30	30	30
山西	0.47	0.47	0.50	21	23	23
内蒙古	0.68	0.71	0.75	11	12	12
辽宁	0.90	0.91	0.96	7	7	7
吉林	0.68	0.73	0.76	11	11	11
黑龙江	0.51	0.57	0.59	18	16	16
上海	3.17	3.21	3.26	1	1	1
江苏	0.95	1.07	1.16	6	4	5
浙江	1.25	1.38	1.50	2	2	2
安徽	0.35	0.41	0.46	28	27	27
福建	0.79	0.85	0.95	8	8	8
江西	0.47	0.53	0.54	21	21	22
山东	0.51	0.55	0.62	18	19	15
河南	0.28	0.30	0.33	31	31	31
湖北	0.56	0.61	0.66	14	13	13
湖南	0.42	0.44	0.48	27	27	25

续表

省份	人均拥有公共图书馆藏书/册			位次		
	2016 年	2017 年	2018 年	2016 年	2017 年	2018 年
广东	0.72	0.78	0.84	10	9	9
广西	0.56	0.57	0.56	14	16	21
海南	0.50	0.53	0.59	20	21	16
重庆	0.47	0.54	0.58	21	20	19
四川	0.43	0.46	0.47	25	24	26
贵州	0.35	0.39	0.41	28	29	29
云南	0.44	0.44	0.45	24	26	28
西藏	0.53	0.58	0.64	16	15	14
陕西	0.43	0.45	0.49	25	25	24
甘肃	0.53	0.57	0.59	16	16	16
青海	0.76	0.77	0.79	9	10	10
宁夏	1.02	1.06	1.06	5	6	6
新疆	0.59	0.61	0.57	13	13	20

数据来源：根据《中国文化文物统计年鉴》(2017 年、2018 年)、《中国文化和旅游统计年鉴 2019》和《中国图书馆年鉴》(2017 年、2018 年、2019 年)中的相关数据整理。

表 5－16　2016 年、2017 年、2018 年各省、自治区、直辖市人均拥有公共图书馆藏书与“十三五”规划目标和公共图书馆建设标准中等、中上等水平比较

单位：%

地区	与“十三五”规划目标(1 册)相比			与公共图书馆建设标准中等水平(1.05 册)相比			与公共图书馆建设标准中上等水平(1.275 册)相比		
	2016 年	2017 年	2018 年	2016 年	2017 年	2018 年	2016 年	2017 年	2018 年
全国	65.0	70.0	74.0	61.9	66.7	70.5	51.0	54.9	58.1
北京	119.0	127.0	134.0	113.3	133.4	127.6	93.3	99.6	105.1
天津	116.0	107.0	120.0	110.5	101.9	114.3	91.0	83.9	94.1
河北	31.0	34.0	36.0	29.5	32.4	34.3	24.3	26.7	28.2
山西	47.0	47.0	50.0	44.8	44.8	47.6	36.9	36.9	39.2

续表

地区	与“十三五”规划目标（1册）相比			与公共图书馆建设标准中等水平（1.05册）相比			与公共图书馆建设标准中上等水平（1.275册）相比		
	2016年	2017年	2018年	2016年	2017年	2018年	2016年	2017年	2018年
内蒙古	68.0	71.0	75.0	64.8	67.6	71.4	53.3	55.7	58.8
辽宁	90.0	91.0	96.0	85.7	86.7	91.4	70.6	71.4	75.3
吉林	68.0	73.0	76.0	64.8	69.5	72.4	53.3	57.3	59.6
黑龙江	51.0	57.0	59.0	48.6	54.3	56.2	40.0	44.7	46.3
上海	317.0	321.0	326.0	301.9	305.7	310.5	248.6	251.8	255.7
江苏	95.0	107.0	116.0	90.5	101.9	110.5	74.5	83.9	91.0
浙江	125.0	138.0	150.0	119.0	131.4	142.8	98.0	108.2	117.6
安徽	35.0	41.0	46.0	33.3	39.0	43.8	27.5	32.2	36.1
福建	79.0	85.0	95.0	75.2	81.0	90.5	62.0	66.7	74.5
江西	47.0	53.0	54.0	44.8	50.5	51.4	36.9	41.6	42.4
山东	51.0	55.0	62.0	48.6	52.4	59.0	40.0	43.1	48.6
河南	28.0	30.0	33.0	26.7	28.6	31.5	22.0	23.5	25.9
湖北	56.0	61.0	66.0	53.3	58.1	62.9	43.9	47.8	51.8
湖南	42.0	41.0	48.0	40.0	39.0	45.7	32.9	34.5	37.6
广东	72.0	78.0	84.0	68.6	74.3	80.0	56.5	61.2	65.9
广西	56.0	57.0	56.0	53.3	54.3	53.3	43.9	44.7	43.9
海南	50.0	53.0	59.0	47.6	50.5	56.2	39.2	41.6	46.3
重庆	47.0	54.0	58.0	44.8	51.4	55.2	36.9	42.4	45.5
四川	43.0	46.0	47.0	41.0	43.8	44.8	33.7	36.1	36.9
贵州	35.0	39.0	41.0	33.3	37.1	39.1	27.5	30.6	32.2
云南	44.0	44.0	45.0	41.9	41.9	42.9	34.5	34.5	35.3
西藏	53.0	58.0	64.0	50.5	55.2	61.0	41.6	45.5	50.2
陕西	43.0	45.0	49.0	41.0	42.9	46.7	33.7	35.3	38.4
甘肃	53.0	57.0	59.0	50.5	54.3	56.2	41.6	44.7	46.3
青海	76.0	77.0	79.0	72.4	73.3	75.2	59.6	60.4	62.0

续表

地区	与“十三五”规划目标（1册）相比			与公共图书馆建设标准中等水平（1.05册）相比			与公共图书馆建设标准中上等水平（1.275册）相比		
	2016年	2017年	2018年	2016年	2017年	2018年	2016年	2017年	2018年
宁夏	102.0	106.0	106.0	97.1	101.0	101.0	80.0	83.1	83.1
新疆	59.0	61.0	57.0	56.2	58.1	54.3	46.3	47.8	44.7

数据来源：根据《中国文化文物统计年鉴》（2017年、2018年）、《中国文化和旅游统计年鉴　2019》和《中国图书馆年鉴》（2017年、2018年、2019年）中的相关数据整理。

截至2018年，上海市、浙江省、北京市、天津市、江苏省、宁夏回族自治区6个省、自治区、直辖市人均公共图书馆藏书量达到“十三五”规划目标（1册），达标率为19.4%。辽宁省、福建省2个省份达到“十三五”规划目标（1册）的90%（0.9册）。广东省1个省份达到“十三五”规划目标（1册）的80%（0.8册）。全国平均水平和青海省、吉林省、内蒙古自治区3个省、自治区达到“十三五”规划目标（1册）的70%（0.7册）；湖北省、西藏自治区、山东省3个省、自治区达到“十三五”规划目标（1册）的60%（0.6册）；黑龙江省、海南省、甘肃省、重庆市、新疆维吾尔自治区、广西壮族自治区、江西省、山西省、陕西省、湖南省、四川省、安徽省、云南省、贵州省、河北省、河南省16省、自治区还没有达到“十三五”规划目标（1册）的60%（0.6册）。

2015年至2018年，黑龙江省人均公共图书馆藏书量分别比上年同比增长6.67%、6.25%、11.76%、3.51%，年平均增长率为7.0%。按照2015年至2018年黑龙江省人均公共图书馆藏书量的年平均增长率进行测算，到2020年“十三五”期末，黑龙江省人均公共图书馆藏书量将达到0.68个。到2025年“十四五”期末，黑龙江省人均公共图书馆藏书量将达到0.95个。到2026年，黑龙江省人均公共图书馆藏书量将达到“十三五”规划目标（1册）。到2027年，黑龙江省人均公共图书馆藏书量将达到公共图书馆建设标准（0.6～1.5册）的中等水平即“1.05册”。到2030年，黑龙江省人均公共图书馆藏书量将达到1.33册,达到公共图书馆建设标准(0.6~1.5册)的中上等水平即“1.275册”。到2035年,黑龙江省人均公共图书馆藏书量将达到1.86册,超过公共图书馆建设标准的上限。(见图5-5和表5-17)

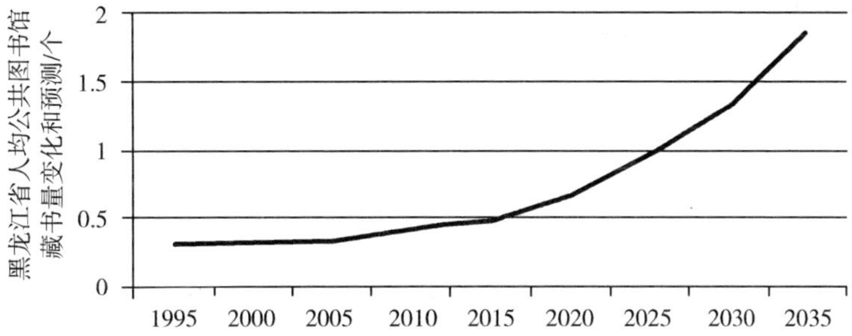

图5-5 黑龙江省人均公共图书馆藏书量变化和预测

表5-17 黑龙江省人均公共图书馆藏书量变化和预测

单位:个

年份	1995年	2000年	2005年	2010年	2014年	2015年	2016年	2017年	2018年
藏书量	0.30	0.32	0.34	0.43	0.45	0.48	0.51	0.57	0.59
年份	2019年	2020年	2021年	2022年	2023年	2024年	2025年	2030年	2035年
藏书量	0.63	0.68	0.73	0.78	0.83	0.89	0.95	1.33	1.86

数据来源:根据《中国文化文物统计年鉴》(2017年、2018年)、《中国文化和旅游统计年鉴 2019》和《中国图书馆年鉴》(2017年、2018年、2019年)中的相关数据整理和测算。

到2025年“十四五”期末,黑龙江省要实现人均公共图书馆藏书量超过“十三五”规划目标(1册),达到公共图书馆建设标准的中等水平即“1.05册”,根据以下计算公式计算,2020年至2025年黑龙江省人均公共图书馆藏书量的年平均增长率需要达到8.58%。(见图5-6和表5-18)

$$A \times (1+a)^7 = B$$

A:黑龙江省2018年人均公共图书馆藏书量0.59个;

B:公共图书馆建设标准(0.6～1.5 册)的中等水平即“1.05 册”;

a:黑龙江省人均公共图书馆藏书量的年平均增长率 8.58%。

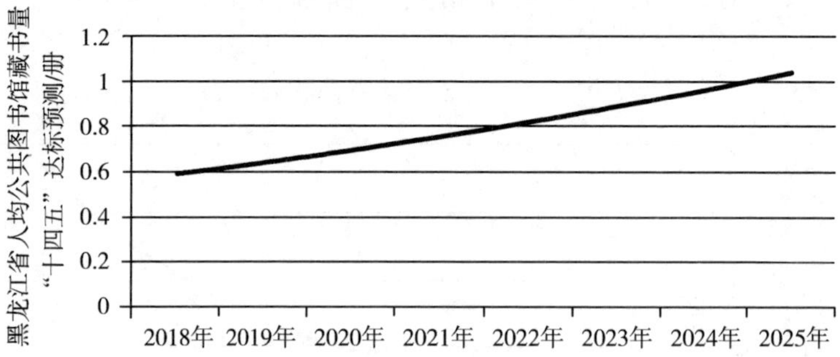

图 5－6 黑龙江省人均公共图书馆藏书量“十四五”达标预测

表 5－18 黑龙江省人均公共图书馆藏书量“十四五”达标预测

单位:册

年份	2018 年	2019 年	2020 年	2021 年	2022 年	2023 年	2024 年	2025 年
藏书量	0.59	0.64	0.70	0.76	0.82	0.89	0.97	1.05

数据来源:根据年平均增长 8.58%,2025 年达到 1.05 册测算。

2018 年,黑龙江省省级、地市级、县级公共图书馆总藏量为 2233 万册。假定“十四五”期间黑龙江省尚没有公共图书馆的 1 个市地和 32 县(市、区)都新建了公共图书馆,实现了全省县级以上区域公共图书馆的全覆盖,新建市地级和县级公共图书馆藏量分别达到了 2018 年黑龙江省市地级和县级公共图书馆馆均总藏量水平(75 万册和 9.7 万册),那么黑龙江省公共图书馆总藏量将增加 385 万册,达到 2618 万册,人均公共图书馆藏书量将达到 0.69 册,将达到“十三五”规划目标(1 册)的 69.0%、国家公共图书馆建设标准(0.6～1.5 册)的中等水平即“1.05 册”的 65.7%。

实施公共图书馆购书经费达标工程,努力增加公共图书馆购书经费。到 2025 年“十四五”期末,人均公共图书馆购书经费超过《“十三五”时期全国公共图书馆事业发展规划》确定的“人均公共图书馆购书经费1.8元”目标。

2016年、2017年、2018年黑龙江省人均公共图书馆年购书经费分别为0.59元、0.52元、0.59元，在31个省、自治区、直辖市中分别排位第29位、第31位、第28位，均低于全国平均水平和辽宁省、吉林省。分别为公共图书馆发展“十三五”规划目标(1.8元)的32.8%、28.9%、32.8%，全国平均水平(1.56元、1.70元、1.77元)的37.8%、30.6%、33.3%，辽宁省(1.16元、1.60元、1.32元)的50.9%、32.5%、44.7%，吉林省(1.36元、1.25元、1.30元)的43.4%、41.6%、45.4%。(见表5-19)

表5-19 2016年、2017年、2018年各省、自治区、直辖市人均公共图书馆年购书经费与“十三五”规划目标比较和位次

地区	人均公共图书馆购书经费/元			与“十三五”规划目标(1.8元)相比/%			位次		
	2016年	2017年	2018年	2016年	2017年	2018年	2016年	2017年	2018年
全国	1.56	1.70	1.77	86.7	94.4	98.3	—	—	—
北京	4.09	3.39	5.06	227.2	188.3	281.1	2	4	3
天津	3.00	7.96	6.05	166.7	422.2	336.1	4	1	2
河北	0.49	0.68	0.63	27.2	37.8	35.0	30	26	27
山西	1.31	0.84	0.99	72.8	46.7	55.0	13	23	21
内蒙古	1.29	1.38	2.92	71.7	76.7	162.2	15	12	5
辽宁	1.16	1.60	1.32	64.4	88.9	73.3	16	10	13
吉林	1.36	1.25	1.30	75.6	69.4	72.2	12	14	14
黑龙江	0.59	0.52	0.59	32.8	28.9	32.8	29	31	28
上海	7.68	6.78	6.94	426.7	376.7	385.6	1	2	1
江苏	2.29	2.35	2.18	127.2	130.6	121.1	6	7	9
浙江	3.52	3.83	4.06	195.6	212.8	225.6	3	3	4

续表

地区	人均公共图书馆购书经费/元			与“十三五”规划目标(1.8元)相比/%			位次		
	2016年	2017年	2018年	2016年	2017年	2018年	2016年	2017年	2018年
安徽	0.78	0.61	0.86	43,.3	33.9	47.8	23	28	23
福建	2.01	2.14	2.55	111.7	118.9	141.7	8	8	7
江西	0.71	0.90	0.86	39.4	50.0	47.8	26	22	23
山东	1.03	1.20	1.03	57.2	66.7	57.2	17	15	20
河南	0.46	0.61	0.57	25.6	33.9	31.7	31	28	29
湖北	1.47	1.79	1.89	81.7	99.4	105.0	10	9	10
湖南	0.73	0.78	0.93	40.6	43.3	51.7	24	25	22
广东	2.70	2.94	2.92	150.0	163.3	162.2	5	5	5
广西	0.94	1.12	1.04	52.2	62.2	57.8	20	16	18
海南	0.72	1.52	1.48	40.0	84.4	82.2	25	11	11
重庆	1.30	1.35	1.22	72.2	75.0	67.8	14	13	15
四川	0.63	0.79	0.69	35.0	43.9	38.3	27	24	26
贵州	0.55	1.05	0.80	30.6	58.3	44.4	29	19	25
云南	0.63	0.54	0.56	35.0	30.0	31.1	27	30	30
西藏	0.80	1.10	1.38	44.4	61.1	76.7	21	18	12
陕西	0.96	1.05	1.22	53.3	58.3	67.8	19	19	15
甘肃	1.00	1.12	1.04	55.6	62.2	57.8	18	16	18
青海	2.19	0.91	1.10	121.7	50.6	61.1	7	21	17
宁夏	1.58	2.38	2.32	87.8	132.2	128.9	9	6	8
新疆	1.45	0.68	0.53	80.6	37.8	29.4	11	26	31

数据来源：根据《中国文化文物统计年鉴》(2017年、2018年)、《中国文化和旅游统计年鉴 2019》和《中国图书馆年鉴》(2017年、2018年、2019年)中的相关数据整理。

截至2018年，上海市、天津市、北京市、浙江省、广东省、内蒙古自治区、福建省、宁夏回族自治区、江苏省、湖北省10个省、自治区、直辖市人均公共图书馆年购书经费达到“十三五”规划目标(1.8 元),达标率为 32.3%。全国平均水平达到“十三五”规划目标(1.8 元)的 90%(1.62 元)。海南省 1 个省份达到“十三五”规划目标(1.8 元)的 80%(1.44 元)。西藏自治区、辽宁省、吉林省 3 个省、自治区达到“十三五”规划目标(1.8 元)的 70%(1.26元)。重庆市、陕西省、青海省 3 个省、直辖市达到“十三五”规划目标(1.8 元)的 60%(1.08 元)。广西壮族自治区、甘肃省、山东省、山西省、湖南省、安徽省、江西省、贵州省、四川省、河北省、黑龙江省、河南省、云南省、新疆维吾尔自治区 14 个省、自治区还没有达到“十三五”规划目标(1.8 元)的 60%(1.08 元)。

2015 年至 2018 年,黑龙江省人均公共图书馆年购书经费分别比上年同比增长 33.96%、-7.04%、-7.70%、13.54%,年平均增长率为 5.32%。按照 2015 年至 2018 年黑龙江省人均公共图书馆年购书经费的年平均增长率进行测算,到 2020 年“十三五”期末,黑龙江省人均公共图书馆年购书经费将达到 0.65 元。到 2025 年“十四五”期末,黑龙江省人均公共图书馆年购书经费将达到 0.84 元。到 2035 年,黑龙江省人均公共图书馆年购书经费将达到 1.42 元。到 2040 年,黑龙江省人均公共图书馆年购书经费将达到“十三五”规划目标(1.8 元)。(见图 5-7 和表 5-20)

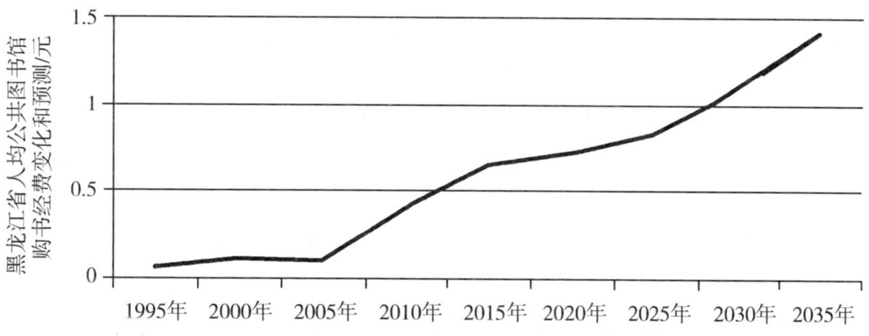

图 5-7　黑龙江省人均公共图书馆购书经费变化和预测

表 5－20　黑龙江省人均公共图书馆购书经费变化和预测

单位:元

年份	1995 年	2000 年	2005 年	2010 年	2014 年	2015 年	2016 年	2017 年	2018 年
经费	0.06	0.11	0.11	0.40	0.48	0.64	0.59	0.52	0.59
年份	2019 年	2020 年	2021 年	2022 年	2023 年	2024 年	2025 年	2030 年	2035 年
经费	0.62	0.65	0.69	0.72	0.76	0.80	0.84	1.09	1.42

数据来源:根据《中国文化文物统计年鉴》(2017 年、2018 年)、《中国文化和旅游统计年鉴　2019》和《中国图书馆年鉴》(2017 年、2018 年、2019 年)中的相关数据整理和测算。

到 2025 年“十四五”期末,黑龙江省要实现人均公共图书馆年购书经费超过“十三五”规划目标(1.8 元),根据以下计算公式计算,2020 年至 2025 年黑龙江省人均公共图书馆年购书经费的年平均增长率需要达到17.27%。(见图 5－8 和表 5－21)

$$A \times (1 + a)^7 = B$$

A:黑龙江省 2018 年人均公共图书馆年购书经费 0.59 元;

B:“十三五”规划目标 1.8 元;

a:黑龙江省人均公共图书馆年购书经费的年平均增长率 17.27%。

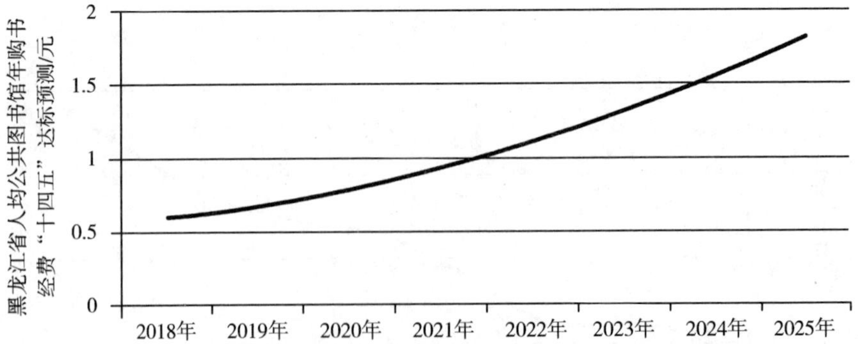

图 5－8　黑龙江省人均公共图书馆年购书经费“十四五”达标预测

表 5－21 黑龙江省人均公共图书馆购书经费“十四五”达标预测

单位:元

年份	2018 年	2019 年	2020 年	2021 年	2022 年	2023 年	2024 年	2025 年
经费	0.59	0.69	0.81	0.95	1.12	1.31	1.53	1.80

数据来源:根据年平均增长 17.27%,2025 年达到 1.8 元测算。

2018 年,黑龙江省省级、地市级、县级公共图书馆总购书经费 2213 万元。假定“十四五”期间黑龙江省尚没有公共图书馆的 1 个市地和 32 县(市、区)都新建了公共图书馆,实现了全省县级以上区域公共图书馆的全覆盖,新建市地级和县级公共图书馆年购书经费分别达到了 2018 年黑龙江省市地级和县级公共图书馆馆均年购书经费水平(77 万元和 10.3 万元),那么黑龙江省公共图书馆总购书经费将增加 407 万元,达到 2620 万元,人均公共图书馆年购书经费将达到 0.69 元,将达到国家“十三五”规划目标(1.8 元)的 38.6%。

实施公共图书馆新增图书藏量达标工程,努力增加公共图书馆新增图书藏量。到 2025 年“十四五”期末,人均公共图书馆年新增图书藏量超过《“十三五”时期全国公共图书馆事业发展规划》确定的“人均公共图书馆年新增图书藏量 0.08 册”目标。

2016 年、2017 年、2018 年黑龙江省人均公共图书馆年新增图书藏量分别为 0.033 册、0.048 册、0.024 册,在 31 个省、自治区、直辖市中分别排位第 18 位、第 12 位、第 22 位(并列),分别低于全国平均水平和辽宁省、吉林省;低于全国平均水平,高于辽宁省和吉林省;低于全国平均水平和辽宁省、吉林省。分别为国家公共图书馆发展“十三五”规划目标(0.080 册)的 41.3%、60.0%、30.0%,全国平均水平(0.045 册、0.051 册、0.049 册)的 73.3%、94.1%、49.0%,辽宁省(0.042 册、0.043 册、0.038 册)的78.6%、111.6%、63.2%,吉林省(0.034 册、0.032 册、0.031 册)的 97.1%、150.0%、77.4%(见表 5－22)。

表 5-22　2016 年、2017 年、2018 年各省、自治区、直辖市人均公共图书馆年新增图书藏量与“十三五”规划目标比较和位次

地区	人均公共图书馆年新增图书藏量/册			与“十三五”规划目标（0.08 册）相比/%			位次		
	2016 年	2017 年	2018 年	2016 年	2017 年	2018 年	2016 年	2017 年	2018 年
全国	0.045	0.051	0.049	56.25	63.75	61.25	—	—	—
北京	0.104	0.062	0.089	130.00	77.50	111.25	2	8	4
天津	0.070	0.107	0.143	87.50	133.75	178.75	5	2	1
河北	0.021	0.025	0.024	26.25	31.25	30.00	29	25	22
山西	0.034	0.019	0.034	42.50	23.75	42.50	16	30	17
内蒙古	0.061	0.057	0.051	76.25	21.25	63.75	8	9	13
辽宁	0.042	0.043	0.038	52.50	53.75	47.50	12	16	16
吉林	0.034	0.032	0.031	42.50	40.00	38.75	16	19	18
黑龙江	0.033	0.048	0.024	41.25	60.00	30.00	18	12	22
上海	0.062	0.096	0.076	77.50	120.00	95.00	7	4	7
江苏	0.073	0.099	0.077	91.25	123.75	96.25	4	3	6
浙江	0.127	0.133	0.117	158.75	166.25	146.25	1	1	2
安徽	0.032	0.025	0.041	40.00	31.25	51.25	20	25	14
福建	0.063	0.091	0.097	78.75	113.75	121.25	6	5	3
江西	0.028	0.045	0.022	35.00	56.25	27.50	21	15	27
山东	0.033	0.050	0.065	41.25	62.50	81.25	18	11	10
河南	0.015	0.019	0.023	18.75	23.75	28.75	31	30	25
湖北	0.050	0.048	0.061	62.50	60.00	76.25	10	12	11
湖南	0.040	0.025	0.030	50.00	31.25	37.50	13	25	20
广东	0.081	0.077	0.075	101.25	96.25	93.75	3	6	9
广西	0.024	0.023	0.031	30.00	28.75	38.75	24	28	18
海南	0.038	0.031	0.056	47.50	38.75	70.00	15	20	12
重庆	0.050	0.066	0.040	62.50	82.50	50.00	10	7	15
四川	0.024	0.031	0.023	30.00	38.75	28.75	24	20	25

续表

地区	人均公共图书馆年新增图书藏量/册			与“十三五”规划目标(0.08 册)相比/%			位次		
	2016 年	2017 年	2018 年	2016 年	2017 年	2018 年	2016 年	2017 年	2018 年
贵州	0.016	0.039	0.024	20.00	48.75	30.00	30	17	22
云南	0.023	0.020	0.015	28.75	25.00	18.75	27	29	31
西藏	0.054	0.047	0.076	67.50	58.75	95.00	9	14	7
陕西	0.028	0.031	0.029	35.00	38.75	36.25	21	20	21
甘肃	0.023	0.036	0.018	28.75	45.00	22.50	27	18	28
青海	0.027	0.028	0.018	33.75	35.00	22.50	23	23	28
宁夏	0.040	0.055	0.080	50.00	68.75	100.00	13	10	5
新疆	0.024	0.026	0.018	30.00	32.50	22.5.0	24	24	28

数据来源:根据《中国文化文物统计年鉴》(2017 年、2018 年)、《中国文化和旅游统计年鉴 2019》和《中国图书馆年鉴》(2017 年、2018 年、2019 年)中的相关数据整理。

截至 2018 年,天津市、浙江省、福建省、北京市、宁夏回族自治区 5 个省、自治区、直辖市人均公共图书馆年新增图书藏量达到“十三五”规划目标(0.080 册),达标率为 16.1%。江苏省、上海市、西藏自治区、广东省 4 个省、自治区、直辖市达到“十三五”规划目标(0.080 册)的 90%(0.072 册)。山东省 1 个省份达到“十三五”规划目标(0.080 册)的 80%(0.064 册)。湖北省、海南省 2 个省份达到“十三五”规划日标(0.080 册)的 70%(0.056 册)。全国平均水平和内蒙古自治区 1 个自治区达到“十三五”规划目标(0.080 册)的 60%(0.048 册)。安徽省、重庆市、辽宁省、吉林省、广西壮族自治区、山西省、湖南省、陕西省、河北省、黑龙江省、贵州省、河南省、四川省、江西省、甘肃省、青海省、新疆维吾尔自治区、云南省 18 省、自治区、直辖市还没有达到“十三五”规划目标(0.080册)的 60%(0.048 册)。

2016 年至 2018 年,黑龙江省人均公共图书馆新增图书藏量分别比上年同比增长 43.97%、44.31%、-50.0%,年平均增长率为 1.28%。按照

2016 年至 2018 年黑龙江省人均公共图书馆新增图书藏量的年平均增长率进行测算,到 2020 年"十三五"期末,黑龙江省人均公共图书馆新增图书藏量将达到 0.0247 册。到 2025 年"十四五"期末,黑龙江省人均公共图书馆新增图书藏量将达到 0.0263 册。到 2035 年,黑龙江省人均公共图书馆新增图书藏量将达到 0.0318 册。达到"十三五"规划目标(0.080 册)将遥遥无期。(见图 5－9 和表 5－23)

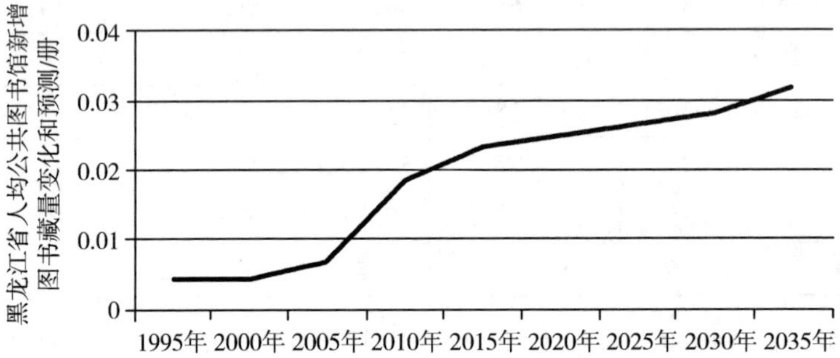

图 5－9 黑龙江省人均公共图书馆新增图书藏量变化和预测

表 5－23 黑龙江省人均公共图书馆新增图书藏量变化和预测

单位:册

年份	1995 年	2000 年	2005 年	2010 年	2014 年	2015 年	2016 年	2017 年	2018 年
藏书量	0.0045	0.0045	0.0068	0.0187	0.0355	0.0232	0.0334	0.0482	0.0241
年份	2019 年	2020 年	2021 年	2022 年	2023 年	2024 年	2025 年	2030 年	2035 年
藏书量	0.0244	0.0247	0.0250	0.0254	0.0257	0.0260	0.0263	0.0281	0.0318

数据来源:根据《中国文化文物统计年鉴》(2017 年、2018 年)、《中国文化和旅游统计年鉴 2019》和《中国图书馆年鉴》(2017 年、2018 年、2019 年)中的相关数据整理和测算。

到 2025 年"十四五"期末,黑龙江省要实现人均公共图书馆新增图书藏量超过"十三五"规划目标(0.080 册),根据以下计算公式计算,2020 年至 2025 年黑龙江省人均公共图书馆新增图书藏量的年平均增长率需要达到 18.70%。(见图 5－10 和表 5－24)

$$A \times (1 + a)^7 = B$$

A：黑龙江省2018年人均公共图书馆新增图书藏量0.0241册；

B："十三五"规划目标0.080册；

a：黑龙江省人均公共图书馆新增图书藏量的年平均增长率18.70%。

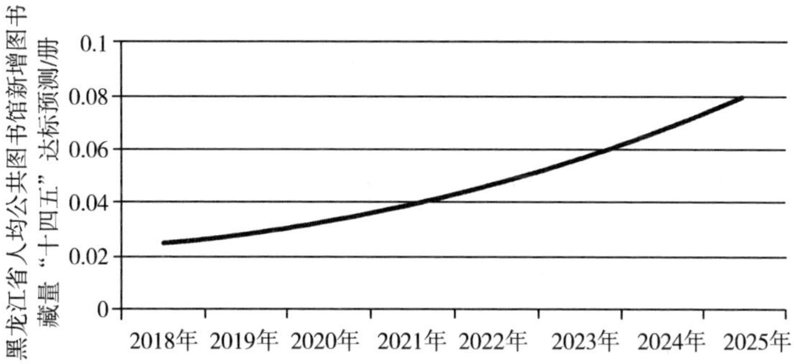

图5-10　黑龙江省人均公共图书馆新增图书藏量"十四五"达标预测

表5-24　黑龙江省人均公共图书馆新增图书藏量"十四五"达标预测

单位：册

年份	2018年	2019年	2020年	2021年	2022年	2023年	2024年	2025年
藏书量	0.024	0.029	0.034	0.040	0.048	0.057	0.067	0.080

数据来源：根据年平均增长18.70%，2025年达到0.080册测算。

2018年，黑龙江省省级、地市级、县级公共图书馆总新增图书藏量91万册。假定"十四五"期间黑龙江省尚没有公共图书馆的1个市地和32县（市、区）都新建了公共图书馆，实现了全省县级以上区域公共图书馆的全覆盖，新建市地级和县级公共图书馆年新增图书藏量分别达到了2018年黑龙江省市地级和县级公共图书馆馆均年新增图书藏量水平（3.6万册和0.6册），那么黑龙江省公共图书馆年新增图书藏量将增加22.8万册，达到113.8万册，人均公共图书馆新增图书藏量将达到0.030册，将达到国家"十三五"规划目标（0.080册）的37.7%。

实施有效读者人数达标工程，努力扩大公共图书馆有效借书证（有效读者）群体。到2025年“十四五”期末，每千人拥有公共图书馆有效借书证（有效读者）超过《“十三五”时期全国公共图书馆事业发展规划》确定的“每千人拥有公共图书馆有效读者57.1个”目标。

2016年、2017年、2017年黑龙江省每千人拥有公共图书馆有效借书证分别为18.3个、21.7个、19.8个，在31个省、自治区、直辖市中分别排位第17位、第22位、第25位，均低于全国平均水平和辽宁省、吉林省。分别为国家公共图书馆发展“十三五”规划目标（57.1个）的32.0%、37.8%、34.8%，全国平均水平（40.4个、48.5个、52.0个）的45.3%、44.7%、38.1%，辽宁省（31.5个、40.0个、34.7个）的58.1%、54.3%、57.1%，吉林省（37.7个、41.3个、43.3个）的48.5%、52.5%、45.7%。（见表5－25）

表5－25　2016年、2017年、2018年各省、自治区、直辖市每千人拥有公共图书馆有效借书证和位次

地区	每千人有效借书证/个			与“十三五”规划目标（57.1个）相比/%			位次		
	2016年	2017年	2018年	2016年	2017年	2018年	2016年	2017年	2018年
全国	40.4	48.5	52.0	70.8	84.9	91.2	—	—	—
北京	48.5	63.9	78.9	84.9	111.9	138.3	7	4	4
天津	51.6	49.9	57.9	90.4	87.4	101.5	6	8	7
河北	14.0	19.2	21.7	24.5	33.6	37.9	24	23	23
山西	29.7	32.8	36.0	52.0	57.4	63.0	11	12	12
内蒙古	17.1	25.4	28.6	29.9	44.5	50.0	20	17	20
辽宁	31.5	40.0	34.7	55.2	70.1	60.7	10	10	15
吉林	37.7	41.3	43.3	66.0	72.3	75.9	8	9	9
黑龙江	18.3	21.7	19.8	32.0	38.0	34.8	17	22	25
上海	84.5	116.0	102.3	148.0	203.2	179.1	3	3	3

续表

地区	每千人有效借书证/个			与"十三五"规划目标（57.1个）相比/%			位次		
	2016年	2017年	2018年	2016年	2017年	2018年	2016年	2017年	2018年
江苏	137.5	162.0	176.8	240.8	283.7	309.6	2	2	1
浙江	151.1	183.9	166.9	264.6	322.1	292.2	1	1	2
安徽	17.0	25.3	28.1	29.8	44.3	49.2	21	18	21
福建	52.9	60.0	65.6	92.6	105.1	114.9	5	6	6
江西	22.9	33.6	35.0	40.1	58.8	61.3	16	11	14
山东	36.1	32.1	36.3	63.2	56.2	63.5	9	13	11
河南	10.9	13.2	16.6	19.1	23.1	29.1	28	28	27
湖北	28.3	31.6	35.8	49.6	55,3	62.7	12	14	13
湖南	21.4	25.0	29.4	37.5	43.8	51.5	18	19	18
广东	56.4	60.9	65.8	98.8	106.7	115.3	4	5	5
广西	13.7	18.6	20.2	24.0	32.6	35.4	25	24	24
海南	18.2	23.1	31.0	31.9	56.2	54.3	19	20	17
重庆	23.9	51.0	56.0	41.9	89.3	98.1	14	7	8
四川	16.2	21.8	28.9	28.4	38.2	50.5	22	21	19
贵州	12.4	17.6	23.7	21.7	30.8	41.5	26	25	22
云南	10.6	10.6	11.7	18.6	18.6	20.5	29	30	30
西藏	9.3	4.6	4.0	16.3	8.1	7.0	31	31	31
陕西	10.3	12.6	15.7	18.0	22.1	27.5	30	29	28
甘肃	13.8	16.1	17.4	24.2	28.2	30.5	23	26	26
青海	23.6	28.1	31.9	41.3	49.2	55.9	15	16	16
宁夏	27.2	30.9	39.7	47.6	54.1	69.6	13	15	10
新疆	11.1	15.4	15.5	19.4	27.0	27.1	27	27	29

数据来源：根据《中国文化文物统计年鉴》(2017年、2018年)、《中国文化和旅游统计年鉴　2019》和《中国图书馆年鉴》(2017年、2018年、2019年)中的相关数据整理。

截至2018年，江苏省、浙江省、上海市、北京市、广东省、福建省、天津市

7个省、直辖市每千人拥有公共图书馆有效借书证数量达到"十三五"规划目标(57.1个),达标率为22.6%。全国平均水平和重庆市1个直辖市达到"十三五"规划目标(57.1个)的90%(51.4个)。0个省份达到"十三五"规划目标(57.1个)的80%(45.7个)。吉林省1个省份达到"十三五"规划目标(57.1个)的70%(40.0个)。宁夏回族自治区、山东省、山西省、湖北省、江西省、辽宁省6个省、自治区达到"十三五"规划目标(57.1个)的60%(34.3个)。青海省、海南省、湖南省、四川省、内蒙古自治区、安徽省、贵州省、河北省、广西壮族自治区、黑龙江省、甘肃省、河南省、陕西省、新疆维吾尔自治区、云南省、西藏自治区16个省、自治区还没有达到"十三五"规划目标(57.1个)的60%(34.3个)。

2016年至2018年,黑龙江省每千人拥有公共图书馆有效借书证分别比上年同比增长18.6%、-8.76%,年平均增长率为4.02%。按照2016年至2018年黑龙江省每千人拥有公共图书馆有效借书证的年平均增长率进行测算,到2020年"十三五"期末,黑龙江省每千人拥有公共图书馆有效借书证数量将达到21.4个。到2025年"十四五"期末,黑龙江省每千人拥有公共图书馆有效借书证数量将达到26.1个。到2035年,黑龙江省人每千人拥有公共图书馆有效借书证数量将达到38.7个。到2045年,将达到"十三五"规划目标(57.1个)。(见图5-11和表5-26)

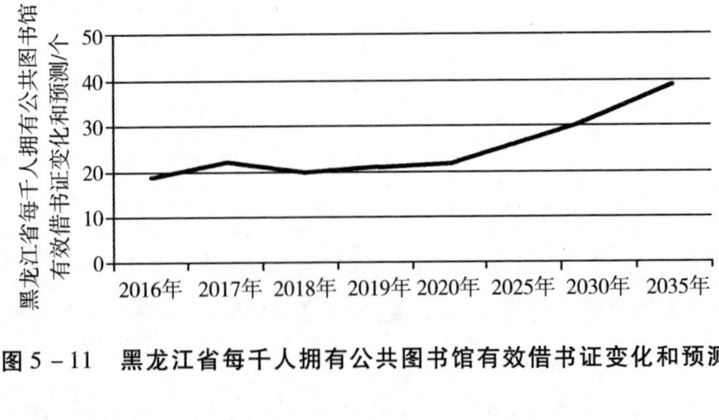

图5-11　黑龙江省每千人拥有公共图书馆有效借书证变化和预测

表 5-26 黑龙江省每千人拥有公共图书馆有效借书证变化和预测

单位:个

年份	2016 年	2017 年	2018 年	2019 年	2020 年	2025 年	2030 年	2035 年
有效借书证	18.3	21.7	19.8	20.6	21.4	26.1	31.8	38.7

数据来源:根据《中国文化文物统计年鉴》(2017 年、2018 年)、《中国文化和旅游统计年鉴 2019》和《中国图书馆年鉴》(2017 年、2018 年、2019 年)中的相关数据整理和测算。

到 2025 年"十四五"期末,黑龙江省要实现每千人拥有公共图书馆有效借书证数量超过国家"十三五"规划目标(57.1 个),根据以下计算公式计算,2020 年至 2025 年黑龙江省每千人拥有公共图书馆有效借书证数量的年平均增长率需要达到 16.33%。(见图 7-12 和表 7-27)

$$A \times (1 + a)^7 = B$$

A:黑龙江省 2018 年每千人拥有公共图书馆有效借书证数量 19.8 个;

B:"十三五"规划目标 57.1 个;

a:黑龙江省每千人拥有公共图书馆有效借书证数量的年平均增长率 16.33%。

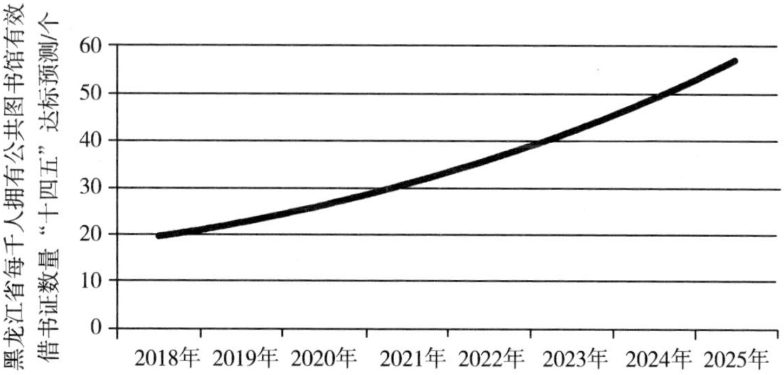

图 5-12 黑龙江省每千人拥有公共图书馆有效借书证数量"十四五"达标预测

表 5－27　黑龙江省每千人拥有公共图书馆有效借书证数量“十四五”达标预测

单位:个

年份	2018 年	2019 年	2020 年	2021 年	2022 年	2023 年	2024 年	2025 年
有效借书证	19.8	23.0	26.8	31.2	36.3	42.2	49.1	57.1

数据来源:根据年平均增长率 16.33%,2025 年达到 57.1 个测算。

2018 年,黑龙江省省级、地市级、县级公共图书馆总有效借书证数量 748960 个。假定“十四五”期间黑龙江省尚没有公共图书馆的 1 个市地和 32 县(市、区)都新建了公共图书馆,实现了全省县级以上区域公共图书馆的全覆盖,新建市地级和县级公共图书馆有效借书证数量分别达到了 2018 年黑龙江省市地级和县级公共图书馆馆均有效借书证数量水平(24000 个和 3000 个),那么黑龙江省公共图书馆总有效借书证数量将增加 120000 个,达到 868960 个,每千人拥有公共图书馆有效借书证数量将达到 23.0 个,将达到“十三五”规划目标(57.1 个)的 40.3%。

实施公共图书馆流通人次达标工程,努力增加公共图书馆流通人次。到 2025 年“十四五”期末,每千人公共图书馆年流通人次超过《“十三五”时期全国公共图书馆事业发展规划》确定的“每千人公共图书馆年流通人次 571 人次”目标。

2016 年、2017 年、2018 年黑龙江省每千人公共图书馆年流通人次分别为 260 人次、282 人次、300 人次,在 31 个省、自治区、直辖市中分别排位第 25 位、第 25 位、第 26 位(并列),分别低于全国平均水平和辽宁省、吉林省;低于全国平均水平和辽宁省、吉林省;低于全国平均水平和辽宁省,持平于吉林省。分别为公共图书馆发展“十三五”规划目标(571 人次)的 45.5%、49.4%、52.5%,全国平均水平(478 人次、536 人次、588 人次)的 54.4%、52.6%、51.0%,辽宁省(528 人次、591 人次、654 人次)的 49.2%、47.7%、45.9%,吉林省(295 人次、319 人次、300 人次)的 88.1%、88.4%、100.0%。(见表 5－28)

表 5－28　2016 年、2017 年、2018 年各省、自治区、直辖市每千人公共图书馆年流通人次和位次

地区	每千人公共图书馆年流通人次/人次			与“十三五”规划目标（571 人次）相比/%			位次		
	2016 年	2017 年	2018 年	2016 年	2017 年	2018 年	2016 年	2017 年	2018 年
全国	478	536	588	83.7	93.9	103.0	—	—	—
北京	645	716	883	113.0	125.4	154.7	6	7	5
天津	545	901	786	95.4	157.8	137.7	7	4	7
河北	217	307	314	38.0	53.8	55.0	28	23	23
山西	266	321	436	46.6	56.2	76.3	24	19	15
内蒙古	295	397	494	51.7	69.5	86.5	17	14	12
辽宁	528	591	654	92.5	103.5	114.5	8	9	9
吉林	295	319	300	51.7	55.9	52.6	17	20	26
黑龙江	260	282	300	45.5	49.4	52.5	25	25	26
上海	1723	1238	1253	301.8	216.8	219.4	2	2	2
江苏	811	993	1008	142.0	173.9	176.5	3	3	3
浙江	1751	1917	2070	306.7	335.7	362.5	1	1	1
安徽	284	337	472	49.7	59.0	82.6	22	18	13
福建	672	759	851	117.7	132.9	149.1	5	6	6
江西	299	373	377	52.4	65.3	66.1	16	16	19
山东	366	397	456	64.1	69.5	79.8	13	14	14
河南	235	272	308	41.2	47.6	54.0	26	26	24
湖北	354	405	436	62.0	70.9	76.3	14	13	15
湖南	287	317	359	50.3	55.5	62.9	20	21	20
广东	758	819	927	132.7	143.4	162.4	4	5	4
广西	370	419	422	64.8	73.4	73.8	12	12	17
海南	411	566	619	72.0	99.1	108.3	11	10	10
重庆	429	496	517	75.1	86.9	90.6	10	11	11
四川	285	313	307	49.9	54.8	53.8	21	22	25

续表

地区	每千人公共图书馆年流通人次/人次			与“十三五”规划目标（571人次）相比/%			位次		
	2016年	2017年	2018年	2016年	2017年	2018年	2016年	2017年	2018年
贵州	170	219	245	29.8	38.4	42.9	30	30	29
云南	289	263	351	50.6	46.1	61.5	19	28	21
西藏	76	74	102	13.3	13.0	17.8	31	31	31
陕西	303	354	395	53.1	62.0	69.1	15	17	18
甘肃	277	295	316	48.5	51.7	55.4	23	24	22
青海	187	266	259	32.7	46.6	45.3	29	27	28
宁夏	473	689	744	82.8	120.7	130.3	9	8	8
新疆	221	226	228	38.7	39.6	39.9	27	29	30

数据来源：根据《中国文化文物统计年鉴》（2017年、2018年）、《中国文化和旅游统计年鉴 2019》和《中国图书馆年鉴》（2017年、2018年、2019年）中的相关数据整理。

截至2018年，浙江省、上海市、江苏省、广东省、北京市、福建省、天津市、宁夏回族自治区、辽宁省、海南省10个省、自治区、直辖市每千人公共图书馆年流通人次和全国平均水平达到“十三五”规划目标（571人次），达标率为32.3%。重庆市1个直辖市达到“十三五”规划目标（571人次）的90%（514人次）。内蒙古自治区、安徽省2个省、自治区达到“十三五”规划目标（571人次）的80%（457人次）。山东省、湖北省、山西省、广西壮族自治区4个省、自治区达到“十三五”规划目标（571人次）的70%（400人次）。陕西省、江西省、湖南省、云南省4个省份达到“十三五”规划目标（571人次）的60%（343人次）。甘肃省、河北省、河南省、四川省、吉林省、黑龙江省、青海省、贵州省、新疆维吾尔自治区、西藏自治区10省、自治区还没有达到“十三五”规划目标（571人次）的60%（343人次）。

2015年至2018年，黑龙江省每千人公共图书馆年流通人次分别比上年同比增长8.5%、2.0%、8.5%、6.4%，年平均增长率为6.3%。按照2015

年至2018年黑龙江省每千人公共图书馆年流通人次的年平均增长率进行测算，到2020年“十三五”期末，黑龙江省每千人公共图书馆年流通人次将达到339人次。到2025年“十四五”期末，黑龙江省每千人公共图书馆年流通人次将达到460人次。到2029年，将达到“十三五”规划目标（571人次）。到2035年，全省每千人公共图书馆年流通人次将达到847人次。（见图5－13和表5－29）

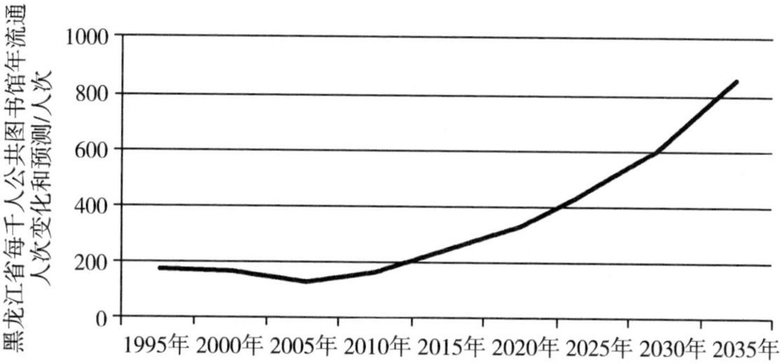

图5－13　黑龙江省每千人公共图书馆年流通人次变化和预测

表5－29　黑龙江省千人公共图书馆年流通人次变化和预测

单位：人次

年份	1995年	2000年	2005年	2010年	2014年	2015年	2016年	2017年	2018年
年流通人次	174	160	133	164	235	255	260	282	300
年份	2019年	2020年	2021年	2022年	2023年	2024年	2025年	2030年	2035年
年流通人次	319	339	360	383	407	433	460	624	847

数据来源：根据《中国文化文物统计年鉴》（2017年、2018年）、《中国文化和旅游统计年鉴　2019》和《中国图书馆年鉴》（2017年、2018年、2019年）中的相关数据整理和测算。

到2025年“十四五”期末，黑龙江省要实现每千人公共图书馆年流通人次超过“十三五”规划目标（571人次），根据以下计算公式计算，2020年至

2025 年黑龙江省每千人公共图书馆年流通人次的年平均增长率需要达到 9.63%。(见图 5 – 14 和表 5 – 30)

$$A \times (1 + a)^7 = B$$

A:黑龙江省 2018 年每千人公共图书馆年流通人次 300 人次;

B:“十三五”规划目标 571 人次;

a:黑龙江省每千人公共图书馆年流通人次的年平均增长率 9.63%。

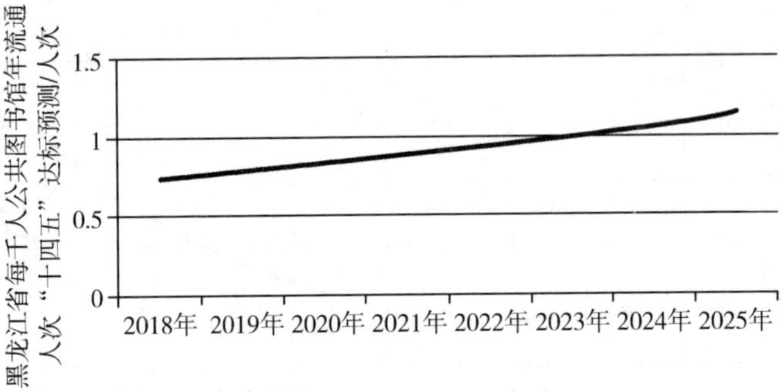

图 5 – 14　黑龙江省每千人公共图书馆年流通人次“十四五”达标预测

表 5 – 30　黑龙江省每千人公共图书馆年流通人次“十四五”达标预测

单位:人次

年份	2018 年	2019 年	2020 年	2021 年	2022 年	2023 年	2024 年	2025 年
年流通人次	300	329	361	395	433	475	521	571

数据来源:根据年平均增长率 9.63%,2025 年达到 571 人次测算。

2018 年,黑龙江省省级、地市级、县级公共图书馆总流通人次为 1131 万人次。假定“十四五”期间黑龙江省尚没有公共图书馆的 1 个市地和 32 县(市、区)都新建了公共图书馆,实现了全省县级以上区域公共图书馆的全覆盖;新建市地级和县级公共图书馆流通人次分别达到了 2018 年黑龙江省市地级和县级公共图书馆馆均流通人次水平(35.5 万人次和 5.0 万人次),那么黑龙江省公共图书馆总流通人次将增加 195.5 万人次,达到 1326.5 万人次,每千人公共图书馆年流通人次将达到 352 人次,将达到国家“十三五”规划目标(571 人次)的 61.6%。

实施公共图书馆外借图书册次达标工程,努力增加外借图书册次。到2025 年"十四五"期末,每千人公共图书馆年外借图书册次超过《"十三五"时期全国公共图书馆事业发展规划》确定的"千人公共图书馆年外借图书册次 571 册次"目标。

2016 年、2017 年、2018 年黑龙江省每千人公共图书馆年外借图书册次分别为 170 册次、210 册次、246 册次,在 31 个省、自治区、直辖市中分别排位第 27 位、第 23 位、第 20 位,均低于全国平均水平和辽宁省、吉林省。分别为公共图书馆发展"十三五"规划目标(571 册次)的 29.8%、36.8%、43.1%,全国平均水平(396 册次、396 册次、416 册次)的 42.9%、53.0%、59.1%,辽宁省(410 册次、435 册次、439 册次)的 41.5%、48.3%、56.0%,吉林省(270 册次、282 册次、280 册次)的 63.0%、74.5%、87.9%。(见表 5 - 31)

表 5 - 31 2016 年、2017 年、2018 年各省、自治区、直辖市每千人公共图书馆年外借图书册次和位次

地区	每千人公共图书馆年外借图书/册次			与"十三五"规划目标(571 册次)相比/%			位次		
	2016 年	2017 年	2018 年	2016 年	2017 年	2018 年	2016 年	2017 年	2018 年
全国	396	396	416	69.4	69.4	72.8	—	—	—
北京	472	482	558	82.7	84.4	97.8	7	8	7
天津	561	680	729	98.2	119.1	127.7	5	5	5
河北	141	188	187	24.7	32.9	32.7	28	27	27
山西	177	219	258	31.0	38.4	45.3	25	21	18
内蒙古	280	308	328	49.0	53.9	57.4	14	13	15
辽宁	410	435	439	71.8	76.2	76.9	9	9	9
吉林	270	282	280	47.3	49.4	49.0	15	15	17

续表

地区	每千人公共图书馆年外借图书/册次			与“十三五”规划目标（571 册次）相比/%			位次		
	2016 年	2017 年	2018 年	2016 年	2017 年	2018 年	2016 年	2017 年	2018 年
黑龙江	170	210	246	29.8	36.8	43.1	27	23	20
上海	3564	1155	1034	624.2	202.3	181.0	1	2	2
江苏	636	696	740	111.4	121.9	129.6	4	4	4
浙江	1166	1234	1246	204.2	216.1	218.2	2	1	1
安徽	239	269	315	41.9	47.1	55.1	18	17	16
福建	686	857	887	120.1	150.1	155.4	3	3	3
江西	284	361	341	49.7	63.2	59.7	12	12	12
山东	283	303	331	49.6	53.1	58.0	13	14	13
河南	173	193	208	30.3	33.8	36.5	26	26	25
湖北	320	362	374	56.0	63.4	65.4	11	11	11
湖南	249	270	330	43.6	47.3	57.8	17	16	14
广东	474	613	636	83.0	107.4	111.3	6	6	6
广西	205	211	204	35.9	37.0	35.7	21	22	26
海南	269	262	239	47.1	45.9	41.8	16	18	21
重庆	337	398	423	59.0	69.7	74.1	10	10	10
四川	212	222	214	37.1	38.9	37.5	20	20	24
贵州	139	154	171	24.3	27.0	29.9	29	30	28
云南	204	200	236	35.7	35.0	41.4	22	25	22
西藏	24	24	32	4.2	4.2	5.6	31	31	31
陕西	185	207	230	32.4	36.3	40.2	24	24	23
甘肃	237	252	251	41.5	44.1	44.0	19	19	19
青海	136	172	164	23.8	30.1	28.7	30	28	29
宁夏	437	538	501	76.5	94.2	87.8	8	7	8
新疆	203	156	139	35.6	27.3	24.3	23	29	30

数据来源：根据《中国文化文物统计年鉴》（2017 年、2018 年）、《中国文化和旅游统计年鉴 2019》和《中国图书馆年鉴》（2017 年、2018 年、2019 年）中的相关数据整理。

截至2018年，浙江省、上海市、福建省、江苏省、天津市、广东省6个省、直辖市每千人公共图书馆年外借图书册次达到“十三五”规划目标（571册次），达标率为19.4%。北京市1个直辖市达到国家“十三五”规划目标（571册次）的90%（514册次）。宁夏回族自治区1个自治区达到“十三五”规划目标（571册次）的80%（457册次）。辽宁省、重庆市2个省、直辖市达到“十三五”规划目标（571册次）的70%（400册次）。湖北省1个省份达到“十三五”规划目标（571册次）的60%（343册次）。江西省、山东省、湖南省、内蒙古自治区、安徽省、吉林省、山西省、甘肃省、黑龙江省、海南省、云南省、陕西省、四川省、河南省、广西壮族自治区、河北省、贵州省、青海省、新疆维吾尔自治区、西藏自治区20个省、自治区还没有达到“十三五”规划目标（571册次）的60%（343册次）。

2015年至2018年，黑龙江省每千人公共图书馆年外借图书册次分别比上年同比增长9.0%、-6.1%、23.5%、17.1%，年平均增长率为10.3%。按照2015年至2018年黑龙江省每千人公共图书馆年外借图书册次的年平均增长率进行测算，到2020年“十三五”期末，黑龙江省每千人公共图书馆年外借图书册次将达到299册次。到2025年“十四五”期末，黑龙江省每千人公共图书馆年外借图书册次将达到490册次。到2027年，将达到“十三五”规划目标（571册次）。到2035年，黑龙江省每千人公共图书馆年外借图书册次将达到1308册次。（见图5-15和表5-32）

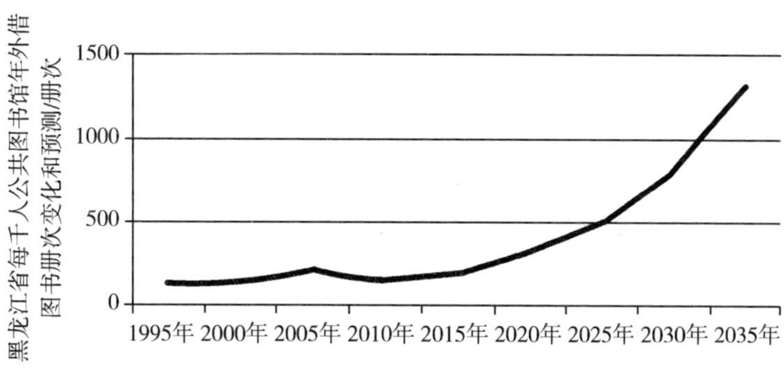

图5-15　黑龙江省每千人公共图书馆年外借图书册次变化和预测

表 5-32　黑龙江省每千人公共图书馆年外借图书册次变化和预测

单位:个

年份	1995 年	2000 年	2005 年	2010 年	2014 年	2015 年	2016 年	2017 年	2018 年
年外借图书册次	132	139	208	126	166	181	170	210	246
年份	2019 年	2020 年	2012 年	2022 年	2023 年	2024 年	2025 年	2030 年	2035 年
年外借图书册次	271	299	330	365	402	444	490	800	1308

数据来源:根据《中国文化文物统计年鉴》(2017 年、2018 年)、《中国文化和旅游统计年鉴　2019》和《中国图书馆年鉴》(2017 年、2018 年、2019 年)中的相关数据整理和测算。

到 2025 年“十四五”期末,黑龙江省要实现每千人公共图书馆年外借图书册次超过“十三五”规划目标(571 册次),根据以下计算公式计算,2020 年至 2025 年黑龙江省每千人公共图书馆年外借图书册次的年平均增长率需要达到 12.8%。(见图 5-16 和表 5-33)

$$A \times (1+a)^7 = B$$

A:黑龙江省 2018 年每千人公共图书馆年外借图书册次 246 册次;

B:“十三五”规划目标 571 册次;

a:黑龙江省每千人公共图书馆年外借图书册次的年平均增长率 12.8%。

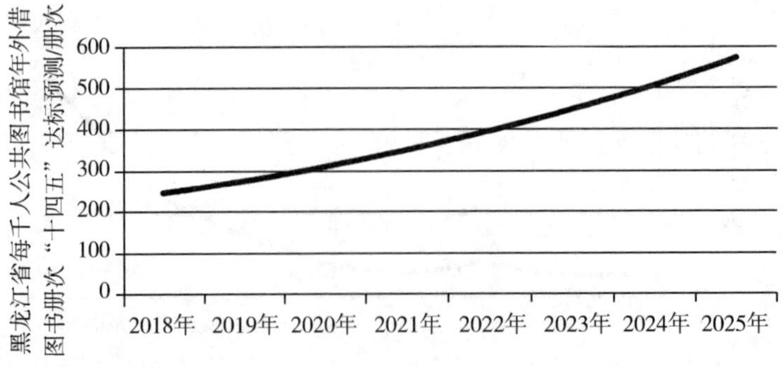

图 5-16　黑龙江省每千人公共图书馆年外借图书册次“十四五”达标预测

表 5－33　黑龙江省每千人拥有公共图书馆年外借图书册次“十四五”达标预测

单位:册次

年份	2018 年	2019 年	2020 年	2021 年	2022 年	2023 年	2024 年	2025 年
年外借图书数	246	277	313	353	398	449	506	571

数据来源:根据年平均增长 12.8%，2025 年达到 571 册次测算。

2018 年,黑龙江省省级、地市级、县级公共图书馆总外借图书数 929 万册次。假定“十四五”期间黑龙江省尚没有公共图书馆的 1 个市地和 32 县(市、区)都新建了公共图书馆,实现了全省县级以上区域公共图书馆的全覆盖,新建市地级和县级公共图书馆年外借图书册次分别达到了 2018 年黑龙江省市地级和县级公共图书馆馆均年外借图书册次水平(30.9 万册次和 4.9万册次),那么黑龙江省公共图书馆年外借图书册次将增加 187.7 万册次,达到 1116.7 万册次,每千人拥有公共图书馆年外借图书册次将达到 296 册次,将达到“十三五”规划目标(571 册次)的 51.8%。

5.2.2　关注读者多样需求

公益性讲座、阅读推广、培训、展览是公共图书馆重要服务内容。公共图书馆充分调动各种资源,主动设置主题,丰富活动内容,广泛宣传动员,吸引更多的读者参加公益性讲座展览培训等活动。黑龙江省图书馆继续承办好由黑龙江省委宣传部、省文化和旅游厅、省社科联等单位于 2006 年 1 月开始联合主办的“龙江讲坛”这一公益性社科普及活动知名品牌,根据形势需要和听众需求,精心筛选设计“省情与国情、形势政策与社会热点、道德与伦理、教育与管理、历史与文化、经济与金融、法律与法规、科学与技术、艺术与鉴赏、国防与军事、健康与养生”等方面主题,邀请国内外知名专家学者做专题报告,提升论坛学术质量和水平。各市(地)、县(市、区)公共图书馆根据各地实际,举办有特色、能吸引群众参与的公益性讲坛讲座,特别注意邀请群众身边人,用群众语言讲述群众身边事,为群众宣讲党的理论、路线、方针、政策,普及政治、经济、科技、法律、文化、生态等相关知识,努力为基层群众服务。

5.2.3　照顾特殊读者需求

设置少年儿童阅览区域,专门用于少年儿童的藏书与借阅区面积之和按照《公共图书馆建设标准》控制在藏书和借阅区总面积的10% ~20%。

2016年、2017年、2018年,黑龙江省省级公共图书馆馆均少儿阅览室座席数分别为290个、320个、261个,在31个省、自治区、直辖市中分别排第12位、第11位、第14位,分别高于全国平均水平和吉林省,低于辽宁省;高于全国平均水平和吉林省,低于辽宁省;低于全国平均水平,高于辽宁省和吉林省。分别为全国平均水平(277个、283个、273个)的104.7%、113.1%、95.6%,辽宁省(390个、390个、196个)的74.4%、82.1%、133.2%,吉林省(120个、120个、120个)的241.7%、266.7%、217.5%。2018年,黑龙江省省级公共图书馆馆均少儿阅览室座席数占阅览室座席数的比例为11.2%,处于国家公共图书馆建设标准(10% ~20%)范围内。(见表5-34)

表5-34　2016年、2017年、2016年各省、自治区、直辖市省级公共图书馆馆均少儿阅览室座席数和位次

地区	2016年		2017年		2018年	
	座席数/个	位次	座席数/个	位次	座席数/个	位次
全国	277	—	283	—	273	—
北京	535	3	535	3	539	3
天津	209	18	230	16	293	11
河北	280	13	280	13	280	12
山西	212	17	212	17	212	16
内蒙古	598	2	598	2	598	2
辽宁	390	9	390	7	196	18
吉林	120	24	120	25	120	26

续表

地区	2016 年		2017 年		2018 年	
	座席数/个	位次	座席数/个	位次	座席数/个	位次
黑龙江	290	12	320	11	261	14
上海	224	16	236	15	236	15
江苏	440	7	415	6	415	6
浙江	38	29	38	30	38	30
安徽	278	14	278	14	278	13
福建	528	5	386	9	386	8
江西	160	19	160	19	160	20
山东	160	19	160	19	160	20
河南	466	6	466	5	466	5
湖北	750	1	750	1	750	1
湖南	532	4	487	4	487	4
广东	410	8	388	8	388	7
广西	37.3	30	105	26	167	19
海南	380	10	380	10	380	9
重庆	377.5	11	306	12	299	10
四川	140	22	198	18	198	17
贵州	95	25	95	27	95	27
云南	70	27	70	28	70	28
西藏	45	28	45	29	45	29
陕西	252	15	160	19	160	20
甘肃	150	21	150	22	150	23
青海	132	23	132	24	132	25
宁夏	85	26	150	22	150	23
新疆	0	31	0	31	0	31

数据来源：根据《中国文化文物统计年鉴》（2017 年、2018 年）、《中国文化和旅游统计年鉴 2019》和《中国图书馆年鉴》（2017 年、2018 年、2019 年）中的相关数据整理。

2016年、2017年、2018年，黑龙江省地市级公共图书馆馆均少儿阅览室座席数分别为83个、100个、106个，在27个省、自治区中分别排第19位、第17位、第18位(不包括4个直辖市)，均低于全国平均水平和辽宁省，高于吉林省。分别为全国平均水平(156个、159个、168个)的53.2%、62.9%、63.1%，辽宁省(130个、137个、126个)的63.8%、73.0%、84.1%，吉林省(80个、90个、90个)的103.8%、111.1%、117.8%。2018年，黑龙江省地市级公共图书馆馆均少儿阅览室座席数占阅览室座席数的比例为13.9%，处于公共图书馆建设标准(10%～20%)范围内。(见表5－34)

表5－34　2016年、2017年、2016年各省、自治区地市级公共图书馆馆均少儿阅览室座席数和位次

地区	2016年		2017年		2018年	
	座席数/个	位次	座席数/个	位次	座席数/个	位次
全国	156	—	159	—	168	—
北京	—	—	—	—	—	—
天津	—	—	—	—	—	—
河北	140	11	142	11	145	11
山西	111	15	99	18	118	15
内蒙古	117	14	107	15	99	19
辽宁	130	12	137	12	126	14
吉林	80	20	90	19	90	22
黑龙江	83	19	100	17	106	18
上海	—	—	—	—	—	—
江苏	269	3	257	3	274	3
浙江	334	1	320	2	347	1
安徽	163	9	181	8	181	8
福建	226	4	212	5	247	5

续表

地区	2016 年		2017 年		2018 年	
	座席数/个	位次	座席数/个	位次	座席数/个	位次
江西	218	5	248	4	252	4
山东	218	5	211	6	235	6
河南	184	7	154	10	178	9
湖北	165	8	168	9	168	10
湖南	129	13	135	13	142	12
广东	320	2	327	1	331	2
广西	163	9	207	7	225	7
海南	73	24	73	24	108	16
重庆	—	—	—	—	—	—
四川	102	16	130	14	135	13
贵州	77	22	63	25	63	25
云南	79	21	80	21	87	23
西藏	14	27	12	27	34	27
陕西	74	23	76	22	85	24
甘肃	73	24	76	22	95	20
青海	43	26	43	26	43	26
宁夏	102	16	104	16	104	17
新疆	93	18	89	20	91	21

数据来源：根据《中国文化文物统计年鉴》（2017 年、2018 年）、《中国文化和旅游统计年鉴 2019》和《中国图书馆年鉴》（2017 年、2018 年、2019 年）中的相关数据整理。

2016 年、2017 年、2018 年，黑龙江省县级公共图书馆馆均少儿阅览室座席数分别为 51 个、55 个、57 个，在 31 个省、自治区、直辖市中分别排第 20 位、第 21 位、第 22 位，均低于全国平均水平和吉林省，高于辽宁省。分别为全国平均水平（63 个、67 个、71 个）的 81.0%、82.1%、80.3%，辽宁省（44 个、45 个、47 个）的 115.9%、122.2%、121.3%，吉林省（55 个、60 个、

59 个）的 92.7%、91.7%、96.6%。2018 年，黑龙江省县级公共图书馆馆均少儿阅览室座席数占阅览室座席数的比例为 30.7%，高于公共图书馆建设标准（10% ~20%）范围内。（见表 5 – 35）

表 5 – 35　2016 年、2017 年、2016 年各省、自治区、直辖市县级公共图书馆馆均少儿阅览室座席数和位次

地区	2016 年		2017 年		2018 年	
	座席数/个	位次	座席数/个	位次	座席数/个	位次
全国	63	—	67	—	71	—
北京	162	2	133	4	131	5
天津	83	8	96	7	101	7
河北	39	28	42	29	45	29
山西	41	27	45	25	50	26
内蒙古	48	22	52	23	53	24
辽宁	44	25	45	25	47	27
吉林	55	19	60	18	59	20
黑龙江	51	20	55	21	57	22
上海	185	1	194	1	212	1
江苏	105	6	124	5	134	4
浙江	131	4	138	2	157	3
安徽	57	17	64	15	72	12
福建	77	9	83	8	90	8
江西	72	10	77	9	82	9
山东	68	11	76	10	77	10
河南	61	15	63	16	72	12
湖北	84	7	73	12	71	14
湖南	68	11	75	11	77	10
广东	111	5	117	6	118	6
广西	63	14	62	17	63	16

续表

地区	2016 年		2017 年		2018 年	
	座席数/个	位次	座席数/个	位次	座席数/个	位次
海南	39	28	43	28	61	18
重庆	133	3	138	2	169	2
四川	50	21	55	21	58	21
贵州	55	18	58	20	60	19
云南	44	25	47	27	46	28
西藏	3	31	2.6	31	3	31
陕西	46	23	59	19	53	24
甘肃	46	23	53	24	57	22
青海	9	30	12	30	15	30
宁夏	64	13	67	13	62	17
新疆	59	16	65	14	66	15

数据来源：根据《中国文化文物统计年鉴》(2017 年、2018 年)、《中国文化和旅游统计年鉴　2019》和《中国图书馆年鉴》(2017 年、2018 年、2019 年)中的相关数据整理。

根据少年儿童的特点配备相应的专业人员，开展面向少年儿童的阅读指导和社会教育活动，并为学校开展有关课外活动提供支持。有条件的地区可以单独设立少年儿童图书馆。

2016 年、2017 年、2018 年，黑龙江省省级公共图书馆馆均盲人阅览室座席数分别为 40 个、52 个、52 个，在 31 个省、自治区、直辖市中分别排第 6 位、第 4 位、第 4 位，分别高于全国平均水平和吉林省，持平于辽宁省；高于全国平均水平和吉林省，低于辽宁省；高于全国平均水平和吉林省，低于辽宁省。分别为全国平均水平(25 个、26 个、27 个)的 160.0%、200.0%、192.6%，辽宁省(40 个、80 个、80 个)的 100.0%、65.0%、65.0%，吉林省(8 个、8 个、8 个)的 500.0%、650.0%、650.0%。(见表 5－36)

表 5-36　2016 年、2017 年、2018 年各省、自治区、直辖市省级公共图书馆馆均盲人阅览室座席数和位次

地区	2016 年		2017 年		2018 年	
	座席数/个	位次	座席数/个	位次	座席数/个	位次
全国	25	—	26	—	27	—
北京	41	54	41	7	41	7
天津	22	13	10	21	8	25
河北	22	13	22	15	22	16
山西	212	1	212	1	212	1
内蒙古	96	2	96	2	96	2
辽宁	40	6	80	3	80	3
吉林	8	26	8	25	8	25
黑龙江	40	6	52	4	52	4
上海	7	28	4	28	5	28
江苏	17	18	10	21	10	21
浙江	42	4	44	6	42	6
安徽	24	10	24	12	36	8
福建	17	18	25	10	25	12
江西	20	15	20	16	20	17
山东	20	15	20	16	20	17
河南	0	29	2	29	2	29
湖北	24	10	24	12	24	14
湖南	12	22	12	20	12	20
广东	10	23	10	21	10	21
广西	9	24	9	24	9	23
海南	9	24	8	25	9	23
重庆	14	21	15	18	23	15
四川	8	26	8	25	8	25
贵州	20	15	30	8	30	9
云南	50	3	50	5	50	5

续表

地区	2016 年		2017 年		2018 年	
	座席数/个	位次	座席数/个	位次	座席数/个	位次
西藏	0	29	0	30	0	30
陕西	15	20	14	19	14	19
甘肃	30	8	30	8	30	9
青海	23	12	23	14	26	11
宁夏	25	9	25	10	25	12
新疆	0	29	0	30	0	30

数据来源：根据《中国文化文物统计年鉴》(2017 年、2018 年)、《中国文化和旅游统计年鉴 2019》和《中国图书馆年鉴》(2017 年、2018 年、2019 年)中的相关数据整理。

2016 年、2017 年、2018 年，黑龙江省地市级公共图书馆馆均盲人阅览室座席数分别为个 5.9 个、6.0 个、6.5 个，在 27 个省、自治区中分别排第 24 位、第 25 位、第 25 位(不包括 4 个直辖市)，均低于全国平均水平和辽宁省、吉林省。分别为全国平均水平(14.3 个、14.3 个、15.6 个)的 41.3%、42.0%、41.7%，辽宁省(10.6 个、10.7 个、10.3 个)的 55.7%、56.1%、63.1%，吉林省(12.8 个、17.3 个、15.7 个)的 46.1%、34.7%、41.4%。(见表 5－37)

表 5－37　2016 年、2017 年、2018 年各省、自治区地市级公共图书馆馆均盲人阅览室座席数和位次

地区	2016 年		2017 年		2018 年	
	座席数/个	位次	座席数/个	位次	座席数/个	位次
全国	14.3	—	14.3	—	15.6	—
北京	—	—	—	—	—	—
天津	—	—	—	—	—	—
河北	12.9	13	13.7	12	14.1	16

续表

地区	2016 年		2017 年		2018 年	
	座席数/个	位次	座席数/个	位次	座席数/个	位次
山西	13.6	12	12.4	17	12.4	19
内蒙古	14.1	10	12.6	15	15.6	13
辽宁	10.6	17	10.7	19	10.3	21
吉林	12.8	14	17.3	7	15.7	12
黑龙江	5.9	24	6.0	25	6.5	25
上海	—	—	—	—	—	—
江苏	15.3	9	14.1	10	16.1	10
浙江	15.9	8	15.9	9	16.6	8
安徽	18.7	5	19.0	6	19.0	7
福建	10.8	15	13.7	12	15.3	14
江西	35.5	1	24.2	1	24.6	1
山东	22.1	3	22.9	2	21.8	5
河南	30.7	2	21.5	4	22.6	4
湖北	13.7	11	14.1	10	16.6	8
湖南	6.4	23	9.8	22	8.1	23
广东	9.5	20	10.5	21	13.9	17
广西	10.3	19	9.0	23	9.7	22
海南	4.5	26	4.5	26	3.8	27
重庆	—	—	—	—	—	—
四川	16.7	6	16.0	8	16.0	11
贵州	16.0	7	19.4	5	19.4	6
云南	21.2	4	22.6	3	23.2	3
西藏	2.3	27	0.7	27	6.8	24
陕西	10.6	17	13.7	12	14.3	15
甘肃	9.0	21	11.8	18	24.2	2
青海	4.9	25	6.3	24	6.3	26
宁夏	10.8	15	10.6	20	10.6	20
新疆	8.9	22	12.6	15	12.6	18

数据来源：根据《中国文化文物统计年鉴》（2017 年、2018 年）、《中国文化和旅游统计年鉴 2019》和《中国图书馆年鉴》（2017 年、2018 年、2019 年）中的相关数据整理。

2016年、2017年、2018年，黑龙江省县级公共图书馆馆均盲人阅览室座席数分别为2.9个、3.3个、4.7个，在31个省、自治区、直辖市中分别排第27位、第28位、第24位(并列)，分别低于全国平均水平和辽宁省、吉林省；低于全国平均水平和辽宁省、吉林省；低于全国平均水平和辽宁省，持平于吉林省。分别为全国平均水平(6.4个、6.9个、7.4个)的45.3%、47.8%、63.5%，辽宁省(5.4个、5.2个、4.7个)的53.7%、63.5%、100%，吉林省(6.3个、6.1个、6.2个)的46.0%、54.1%、75.8%。(见表5-38)

表5-38　2016年、2017年、2018年各省、自治区、直辖市县级公共图书馆馆均盲人阅览室座席数和位次

地区	2016年		2017年		2018年	
	座席数/个	位次	座席数/个	位次	座席数/个	位次
全国	6.4	—	6.9	—	7.4	—
北京	7.9	10	8.5	10	8.0	11
天津	7.7	11	6.7	13	7.9	13
河北	4.0	24	4.0	25	4.7	24
山西	6.0	16	6.5	14	7.1	15
内蒙古	4.4	23	5.4	21	4.9	23
辽宁	5.4	19	5.2	22	4.7	24
吉林	6.3	14	6.1	18	6.2	19
黑龙江	2.9	27	3.3	28	4.7	24
上海	9.4	8	10.4	6	12.0	5
江苏	11.7	4	13.9	3	13.2	3
浙江	12.4	2	11.5	5	11.5	7
安徽	9.5	7	10.1	8	10.5	8
福建	4.8	21	5.9	20	6.8	15
江西	12.0	3	12.6	4	14.1	2

续表

地区	2016 年		2017 年		2018 年	
	座席数/个	位次	座席数/个	位次	座席数/个	位次
山东	11.3	5	10.4	6	12.4	4
河南	6.1	15	6.2	17	6.8	15
湖北	7.1	12	8.6	9	8.0	11
湖南	5.0	20	6.0	19	6.8	15
广东	5.9	17	6.8	12	8.5	9
广西	3.1	26	3.5	27	4.4	27
海南	2.4	29	3.2	29	3.3	29
重庆	16.4	1	18.1	1	20.8	1
四川	6.6	13	6.4	15	6.0	20
贵州	8.7	9	7.7	11	8.5	9
云南	3.9	25	4.8	23	5.1	22
西藏	0.3	31	0	31	0	31
陕西	5.9	17	6.3	16	7.6	14
甘肃	4.5	22	4.8	23	6.0	20
青海	0.5	30	0.8	30	1.2	30
宁夏	10.7	6	14.5	2	11.9	6
新疆	2.6	28	3.7	26	3.6	28

数据来源：根据《中国文化文物统计年鉴》(2017 年、2018 年)、《中国文化和旅游统计年鉴 2019》和《中国图书馆年鉴》(2017 年、2018 年、2019 年)中的相关数据整理。

考虑老年人、残疾人等群体的特点，积极创造条件，提供适合其需要的文献信息、无障碍设施设备和服务等，老龄阅览室和视障阅览室应设在公共图书馆的一层。公共图书馆特别是县级公共图书馆加强进城务工人员和农村留守妇女儿童等特殊群体适用资源建设和设施配备，有针对性地开展新技术应用培训、阅读辅导、送书上门、网络服务等，为其更好地融入社会提供帮助。

5.2.4 拓展社会公益服务

根据自身条件，为国家机关制定法律、法规、政策和开展有关问题研究，提供文献信息和相关服务，通过定题检索、文献查证、委托课题、信息推送等方式，为党委政府科学决策提供咨询服务，为企业和教育科研机构提供专题服务，为社会公众创新创业提供文献支撑和信息服务。公共图书馆围绕世界读书日、图书馆服务宣传周、全民读书月以及中华传统节日、重要节假日和重大节庆活动，通过开展阅读指导、读书交流、演讲诵读、图书互换共享等活动，深入开展系列阅读推广活动。鼓励基层群众依托公共图书馆，兴办读书社、阅读兴趣小组等，开展阅读活动，进行读书交流。

5.2.5 弘扬龙江传统文化

充分利用馆藏资源，大力弘扬中华优秀传统文化特别是龙江优秀传统文化。深入推进专题文献整理出版和专题特色资源库建设，重点加强对地方特色资源、优秀传统文化资源、少数民族文化资源的挖掘整理。依托国家重大文化工程和地方文化建设项目，加大对传统文化典籍的整理阐释与宣传推广。挖掘整理、抢救开发鲜卑文化、渤海文化、金源文化和满族文化等历史文化资源，满、达斡尔、鄂伦春、鄂温克、柯尔克孜、赫哲、锡伯族等世居少数民族文化、流人等流域文化，"红色之路"、东北抗联、"东北小延安"等革命文化，北大荒、大庆油田、大小兴安岭等开发创业文化。宣传推广龙江剧、二人转、东北大鼓、木偶剧、皮影戏等龙江地方剧种和冰上杂技、剪纸、版画、农民画、柳编、满绣、赫哲族鱼皮画和鱼皮服饰、苇编画、黑陶、剪纸、桦树皮工艺等民间民俗艺术，推动有条件的公共图书馆建立龙江优秀传统文化实践基地，开展丰富多彩的社会教育活动，推动龙江文化大繁荣大发展。推进古籍和文献保存保护的研究与实践，加强文献修复技艺传承和培训，加快濒危文献抢救性修复保护，有序推进古籍和文献再生性保护，推动各级公共图书馆按照国家标准和行业标准建设一批标准化书库，有效改善古籍及文献存藏条件。推动各级公共图书馆利用古籍善本、图书报刊和数字文化资源等开发文化创意产品，挖掘地方传统文献资源，开发一批弘扬中华优秀传统文化特别是龙江优秀传统文化、反映龙江优秀精神、符合群众实际需求的文化创意产品。

5.2.6 改善提高服务水平

当落实国家基本公共文化服务指导标准和地方实施标准，推动各级公共图书馆健全免费开放项目，完善规章制度，创新服务手段，优化阅读环境，提升设施空间利用效率；完善信息公开制度，及时向社会公示公共图书馆基本服务项目和开放时间，有条件的公共图书馆根据当地群众实际需要，实行错时开放；定期公告服务开展情况，听取读者意见，建立投诉渠道，完善反馈机制，接受社会监督。省级、地市级和县级公共图书馆通过流动服务设施、自助服务设施等为社会公众提供便捷服务。

2016 年、2017 年、2018 年，黑龙江省省级公共图书馆馆均志愿者服务队伍人数分别为 71 人、205 人、103 人，在 31 个省、自治区、直辖市中分别排位第 26 位、第 24 位、第 27 位，均低于全国平均水平和辽宁省、吉林省；分别为全国平均水平（2370 人、1839 人、2220 人）的 3.0%、11.1%、4.6%，辽宁省（4000 人、6300 人、20000 人）的 1.8%、3.3%、0.5%，吉林省（620 人、620 人、620 人）的 11.5%、33.1%、16.6%。（见表 5 - 39）

表 5 - 39 2016 年、2017 年、2018 年各省、自治区、直辖市省级公共图书馆馆均志愿者服务队伍人数和位次

地区	2016 年		2017 年		2018 年	
	人数/人	位次	人数/人	位次	人数/人	位次
全国	2370	—	1839	—	2220	—
北京	4785	3	5304	3	7563	3
天津	958	12	499	19	1073	12
河北	3800	6	3975	4	3975	4

续表

地区	2016年		2017年		2018年	
	人数/人	位次	人数/人	位次	人数/人	位次
山西	1132	11	1540	10	1606	10
内蒙古	421	18	421	21	421	19
辽宁	4000	4	6300	2	20000	2
吉林	620	17	620	15	620	17
黑龙江	71	26	205	24	103	27
上海	702	15	691	14	1002	13
江苏	200	21	1352	12	147	26
浙江	623	16	770	13	860	14
安徽	53	27	97	26	335	22
福建	3914	5	3294	7	2353	77
江西	30000	1	22419	1	22580	1
山东	2300	7	2300	8	2600	6
河南	114	24	520	17	623	15
湖北	83	25	83	27	293	24
湖南	11029	2	1645	9	1963	8
广东	1552	10	3349	6	1761	9
广西	767	14	470	20	671	16
海南	420	19	500	18	400	20
重庆	1674	9	1460	11	1339	11
四川	1900	8	3500	5	3200	5
贵州	210	20	298	22	320	23
云南	130	23	260	23	475	18
西藏	0	30	53	28	49	28
陕西	805	13	580	16	154	25
甘肃	176	22	130	25	358	21
青海	49	28	48	29	48	29
宁夏	10	29	10	30	10	30
新疆	0	30	0	31	0	31

数据来源：根据《中国文化文物统计年鉴》(2017年、2018年)、《中国文化和旅游统计年鉴 2019》和《中国图书馆年鉴》(2017年、2018年、2019年)中的相关数据整理。

2016 年、2017 年、2018 年,黑龙江省地市级公共图书馆馆均志愿者服务队伍人数分别为 125 人、174 人、374 人,在 27 个省、自治区中分别排第 10 位、第 10 位、第 8 位(不包括 4 个直辖市),分别低于全国平均水平和辽宁省,高于吉林省;低于全国平均水平和辽宁省、吉林省;高于全国平均水平和吉林省,低于辽宁省。分别为全国平均水平(178 人、265 人、323 人)的 70.2%、65.7%、117.9%,辽宁省(301 人、317 人、378 人)的 41.5%、54.9%、98.9%,吉林省(53 人、311 人、308 人)的 235.8%、55.9%、121.4%(见表 5 - 40)

表 5 - 40　2016 年、2017 年、2018 年各省、自治区地市级公共图书馆馆均志愿者服务队伍人数和位次

地区	2016 年		2017 年		2018 年	
	人数/人	位次	人数/人	位次	人数/人	位次
全国	178	—	265	—	323	—
北京	—	—	—	—	—	—
天津	—	—	—	—	—	—
河北	178	5	193	9	344	9
山西	87	16	339	5	692	5
内蒙古	83	17	98	18	108	19
辽宁	301	3	317	6	378	7
吉林	53	21	311	7	308	12
黑龙江	125	10	174	10	374	8
上海	—	—	—	—	—	—
江苏	276	4	455	3	757	4
浙江	703	2	1152	1	862	3
安徽	109	11	130	14	205	16
福建	67	19	114	17	212	15

续表

地区	2016 年		2017 年		2018 年	
	人数/人	位次	人数/人	位次	人数/人	位次
江西	134	8	115	16	83	21
山东	130	9	171	11	316	11
河南	70	18	137	13	219	14
湖北	95	13	88	19	928	2
湖南	146	7	257	8	343	10
广东	726	1	973	2	949	1
广西	92	15	454	4	560	6
海南	168	6	143	12	294	13
重庆	—	—	—	—	—	—
四川	103	12	80	20	162	17
贵州	22	24	65	21	69	22
云南	37	23	47	24	97	20
西藏	60	20	59	22	13	27
陕西	94	14	128	15	120	18
甘肃	6	27	14	26	32	25
青海	10	26	9	27	17	26
宁夏	22	24	32	25	35	24
新疆	49	22	51	23	66	23

数据来源：根据《中国文化文物统计年鉴》(2017 年、2018 年)、《中国文化和旅游统计年鉴　2019》和《中国图书馆年鉴》(2017 年、2018 年、2019 年)中的相关数据整理。

2016 年、2017 年、2018 年，黑龙江省县级公共图书馆馆均志愿者服务队伍人数分别为 10 人、22 人、26 人，在 31 个省、自治区、直辖市中分别排第 24 位、第 22 位、第 24 位，均低于全国平均水平和辽宁省、吉林省；分别为全国平均水平（43 人、56 人、73 人）的 23.3%、39.3%、35.6%，辽宁省（39 人、59 人、60 人）的 25.6%、37.3%、43.3%，吉林省（17 人、32 人、43 人）

的58.8%、68.8%、60.5%。(见表5-41)

表5-41　2016年、2017年、2018年各省、自治区、直辖市县级公共图书馆馆均志愿者服务队伍人数和位次

地区	2016年		2017年		2018年	
	访问量/人	位次	访问量/人	位次	访问量/人	位次
全国	43	—	56	—	73	—
北京	29	14	92	5	696	2
天津	51	6	82	6	119	6
河北	9	25	26	18	47	15
山西	9	25	17	26	29	22
内蒙古	9	25	12	28	11	29
辽宁	39	10	59	10	60	14
吉林	17	19	32	16	43	17
黑龙江	10	24	22	22	26	24
上海	719	1	737	1	761	1
江苏	112	4	125	4	132	5
浙江	193	2	219	2	248	4
安徽	20	15	24	20	31	20
福建	63	5	70	7	76	8
江西	12	21	25	19	40	18
山东	37	11	57	11	75	9
河南	12	21	23	21	30	21
湖北	36	12	43	15	99	7
湖南	48	7	65	8	75	9
广东	168	3	219	2	270	3
广西	19	17	19	24	24	25
海南	4	30	6	29	12	28
重庆	41	9	55	12	72	11

续表

地区	2016年		2017年		2018年	
	访问量/人	位次	访问量/人	位次	访问量/人	位次
四川	32	13	18	25	28	23
贵州	16	20	29	17	34	19
云南	6	28	15	27	19	27
西藏	5	29	6	29	8	30
陕西	20	15	55	12	64	12
甘肃	12	21	20	23	24	25
青海	0.3	31	0.5	31	2	31
宁夏	18	18	62	9	63	13
新疆	42	8	51	14	47	15

数据来源：根据《中国文化文物统计年鉴》(2017年、2018年)、《中国文化和旅游统计年鉴 2019》和《中国图书馆年鉴》(2017年、2018年、2019年)中的相关数据整理。

鼓励干部群众特别是退休党员干部、退休教师和科技工作者、教育工作者、文化工作者、青年学生积极参与公共图书馆志愿服务，为读者提供细致、专业的咨询服务和借阅帮助，弥补公共图书馆从业人员人数的不足，提升公共图书馆服务水平。

5.3 推进资源共享

5.3.1 广泛收集文献信息

公共图书馆通过采购、接受交存或者捐赠等合法方式收集文献信息。省级公共图书馆兼顾文献覆盖面和文献专深度，丰富本省出版或内容涉及本省的文献采集收藏，逐步形成涵盖广泛、富有特色的省级文献资源体系；地市、县级公共图书馆加强对内容涉及本地文献、本地编印文献以及与当地群众文化需求相适应的出版物采集。在总分馆体系中承担总馆职能的县级图书馆,根据本地实际需要,统筹分馆文献资源建设。尚未建立总分馆制的地方,由县级公共图书馆指导乡镇(街道)和村(社区)图书室文献资源采集。各出版单位按照国家有关规定向所在地公共图书馆交存正式出版物。鼓励公民、法人和其他组织依法向公共图书馆捐赠,并依法给予税收优惠。境外自然人、法人和其他组织可以依照有关法律、行政法规的规定,通过捐赠方式参与境内公共图书馆建设。公共图书馆可以以捐赠者姓名、名称命名文献信息专藏或者专题活动。公民、法人和其他组织设立的公共图书馆,可以以捐赠者的姓名、名称命名公共图书馆、公共图书馆馆舍或者其他设施。公共图书馆可以以捐赠者姓名、名称命名文献信息专藏或者专题活动。

5.3.2 加强馆际交流合作

加强跨部门、跨行业、跨地域的公共文化资源整合。支持省内公共图书馆开展联合采购、联合编目、联合服务,实现文献信息的共建共享,促进文献信息的有效利用。充分发挥省级公共图书馆作为地区性文献资源保障中心的作用,联合本地区各级公共图书馆共同开展地方文献资源的建设与服务。积极倡导或参与东北地区、中部地区、沿边地区等省份建设区域图书馆联盟,针对共同关心关注的问题开展图书信息服务合作,为区域内读者提供联合服务。公共图书馆馆藏文献信息属于档案、文物的,公共图书馆与档案馆、博物馆、纪念馆等单位相互交换重复件、复制件或者目录,联合举办展览,共同编辑出版有关史料或者进行史料研究。支持公共图书馆加强与学校图书馆、科研机构图书馆以及其他类型图书馆的交流与合作,开展联合服务,实现公共图书馆与其他系统图书馆之间的资源共建共享、分工协作、优势互补。

5.4 提升技术水平

5.4.1 利用新兴技术推进公共文化服务均等化进程

互联网、大数据技术的应用和普及,信息化、数字化、网络化时代的到来,为我国创新公共服务方式、推进公共服务均等化提供了有效途径和根本保障。大力实施“互联网+图书馆”工程,推进数字图书馆、智慧图书馆、虚拟图书馆、网络图书馆、移动图书馆、“云”图书馆、“微”图书馆建设,运用网络和大数据等现代传播技术,彻底打破现有行政区域界限,突破传统的信息孤岛各自为政的壁垒,指导各地特别是有条件的东部沿海地区公共图书馆借助“云存储”“区块链”等新兴技术,建设互联互通、共建共享的阅读推广平台,将分散在各地的图书等资源通过数字化的方式整合成数据集成信息,通过“云端”管理和服务,实现统一认证及单点登陆、数字图书导航、联合编目、参考咨询、文献传递、跨库检索、数字图书资源检索以及“一站式”全文获取、发布及一体化服务等,向全省乃至全国的读者群众提供无偿、快速、便捷、精准、多元化、个性化的公共服务。全省乃至全国各地的读者群众通过电脑、平板、手机等智能化设备终端,免费下载 APP,打破传统的时间、空间、数量限制,随时随地浏览各地公共图书馆的数字图书资源,打通数字图书服务“最后一公里”,从而根本上突破制约中西部地区公共图书馆发展的覆盖、投入、设施、服务等瓶颈,彻底解决我国公共图书馆发展区域化差异问题,推动实现公共服务均等化目标。

5.4.2 加强图书馆数字化建设

2016 年、2017 年、2018 年,黑龙江省省级公共图书馆馆均电子阅览室终端数分别为 348 个、504 个、278 个,在 31 个省、自治区、直辖市中分别排第 7 位、第 2 位、第 12 位,分别高于全国平均水平,低于辽宁省和吉林省;高于全国平均水平和辽宁省、吉林省;高于全国平均水平,低于辽宁省和吉林省。分别为全国平均水平(221 个、231 个、218 个)的 157.5%、218.2%、127.5%,辽宁省(404 个、404 个、404 个)的 86.1%、124.8%、68.8%,吉林省(405 个、405 个、405 个)的 77.3%、124.4%、68.6%。(见表 5-42)

表 5-42 2016 年、2017 年、2018 年各省、自治区、直辖市省级公共图书馆馆均电子阅览室终端数和位次

地区	2016 年		2017 年		2018 年	
	访问量/个	位次	访问量/个	位次	访问量/个	位次
全国	221	—	231	—	218	—
北京	317	11	538	1	540	1
天津	233	16	359	8	359	6
河北	153	22	153	21	153	20
山西	121	23	267	12	267	13
内蒙古	394	5	404	6	424	3
辽宁	404	4	404	6	404	5
吉林	405	3	405	5	405	4
黑龙江	348	7	504	2	278	12
上海	339	8	353	9	300	9
江苏	360	6	140	22	135	22
浙江	333	9	472	4	318	7
安徽	249	15	213	14	107	24
福建	331	10	279	11	279	11
江西	100	24	100	26	100	26
山东	300	12	300	10	300	9
河南	92	27	63	28	63	28
湖北	536	1	503	3	536	2
湖南	52	30	55	30	55	30
广东	211	17	207	15	207	15
广西	428	2	130	23	203	16

续表

地区	2016 年		2017 年		2018 年	
	访问量/个	位次	访问量/个	位次	访问量/个	位次
海南	95	26	106	25	106	25
重庆	271	14	257	13	86	27
四川	200	18	200	16	307	8
贵州	181	19	116	24	116	23
云南	157	20	157	19	208	14
西藏	74	29	60	29	60	29
陕西	300	12	195	17	167	18
甘肃	154	21	157	19	164	19
青海	100	24	100	26	150	21
宁夏	80	28	177	18	177	17
新疆	0	31	0	31	0	31

数据来源:根据《中国文化文物统计年鉴》(2017 年、2018 年)、《中国文化和旅游统计年鉴 2019》和《中国图书馆年鉴》(2017 年、2018 年、2019 年)中的相关数据整理。

2016 年、2017 年、2018 年,黑龙江省地市级公共图书馆馆均电子阅览室终端数分别为 82 个、81 个、81 个,在 27 个省、自治区中分别排第 11 位、第 13 位、第 12 位(不包括 4 个直辖市),分别高于全国平均水平和辽宁省、吉林省;低于全国平均水平和辽宁省,高于吉林省;低于全国平均水平和辽宁省,高于吉林省。分别为全国平均水平(78 个、83 个、84 个)的 105.1%、97.6%、96.4%,辽宁省(77 个、83 个、82 个)的 106.5%、97.6%、98.8%,吉林省(65 个、64 个、66 个)的 126.1%、126.6%、122.7%。(见表 5-43)

表 5-43　2016 年、2017 年、2018 年各省、自治区地市级公共图书馆馆均电子阅览室终端数和位次

地区	2016 年		2017 年		2018 年	
	访问量/个	位次	访问量/个	位次	访问量/个	位次
全国	78	—	83	—	84	—
北京	—	—	—	—	—	—
天津	—	—	—	—	—	—
河北	84	10	90	9	89	9
山西	128	1	108	5	105	5
内蒙古	98	5	102	7	91	8
辽宁	77	12	83	12	82	11
吉林	65	17	64	18	66	17
黑龙江	82	11	81	13	81	12
上海	—	—	—	—	—	—
江苏	94	7	109	4	103	6
浙江	110	4	123	2	123	3
安徽	73	14	79	14	76	13
福建	90	8	99	8	145	1
江西	60	20	77	15	71	15
山东	111	3	118	3	122	4
河南	98	5	103	6	99	7
湖北	59	21	61	19	64	19
湖南	66	16	60	21	62	20
广东	125	2	134	1	138	2
广西	61	19	61	19	67	16
海南	45	23	47	24	59	22
重庆	—	—	—	—	—	—
四川	63	18	68	17	65	18
贵州	39	25	47	24	43	26
云南	74	13	71	16	59	22

续表

地区	2016 年		2017 年		2018 年	
	访问量/个	位次	访问量/个	位次	访问量/个	位次
西藏	36	26	39	26	49	25
陕西	45	23	53	22	61	21
甘肃	30	27	35	27	42	27
青海	51	22	51	23	54	24
宁夏	85	9	85	11	85	10
新疆	70	15	86	10	73	14

数据来源:根据《中国文化文物统计年鉴》(2017 年、2018 年)、《中国文化和旅游统计年鉴 2019》和《中国图书馆年鉴》(2017 年、2018 年、2019 年)中的相关数据整理。

2016 年、2017 年、2018 年,黑龙江省县级公共图书馆馆均电子阅览室终端数分别为 27 个、28 个、28 个,在 31 个省、自治区、直辖市中分别排第 28 位、第 28 位、第 28 位(并列),均低于全国平均水平和辽宁省、吉林省;分别为全国平均水平(35 个、38 个、38 个)的 77.1%、73.7%、73.7%,辽宁省(28 个、34 个、34 个)的 96.4%、82.4%、82.4%,吉林省(31 个、34 个、35 个)的 87.1%、82.4%、80.0%。(见表 5-44)

表 5-44 2016 年、2017 年、2018 年各省、自治区、直辖市县级公共图书馆馆均电子阅览室终端数和位次

地区	2016 年		2017 年		2018 年	
	访问量/个	位次	访问量/个	位次	访问量/个	位次
全国	35	—	38	—	38	—
北京	72	2	75	2	76	3
天津	53	6	71	4	78	2
河北	25	29	27	29	28	28
山西	30	23	30	26	30	26

续表

地区	2016 年		2017 年		2018 年	
	访问量/个	位次	访问量/个	位次	访问量/个	位次
内蒙古	28	26	32	22	32	22
辽宁	28	26	34	18	34	20
吉林	31	20	34	18	35	16
黑龙江	27	28	28	28	28	28
上海	95	1	106	1	114	1
江苏	43	8	50	8	52	8
浙江	60	4	62	6	75	4
安徽	37	11	38	11	40	10
福建	35	14	36	13	36	14
江西	40	9	41	10	40	10
山东	40	9	42	9	41	9
河南	32	19	33	21	36	14
湖北	36	13	36	13	35	16
湖南	30	23	31	24	31	25
广东	54	5	67	5	60	6
广西	31	20	31	24	32	22
海南	37	11	38	11	38	12
重庆	67	3	72	3	74	5
四川	33	17	35	16	37	13
贵州	33	17	35	16	35	16
云南	29	25	30	26	30	26
西藏	10	31	10	31	9	31
陕西	34	15	36	13	35	16
甘肃	31	20	32	22	32	22
青海	23	30	22	30	21	30
宁夏	52	7	59	7	54	7
新疆	34	15	34	18	34	20

数据来源：根据《中国文化文物统计年鉴》(2017 年、2018 年)、《中国文化和旅游统计年鉴 2019》和《中国图书馆年鉴》(2017 年、2018 年、2019 年)中的相关数据整理。

2016年、2017年、2018年，黑龙江省省级公共图书馆馆均网站访问量分别为593万页次、1148万页次、1151万页次，在31个省、自治区、直辖市中分别排第18位、第10位、第8位，分别低于全国平均水平和辽宁省，高于吉林省；高于全国平均水平和吉林省，低于辽宁省；高于全国平均水平和吉林省，低于辽宁省。分别为全国平均水平（1031万页次、800万页次、718万页次）的57.5%、143.5%、160.3%，辽宁省（1644万页次、1445万页次、2090万页次）的36.1%、79.4%、55.1%，吉林省（131万页次、170万页次、166万页次）的452.7%、675.3%、693.4%。（见表5-45）

表5-45　2016年、2017年、2018年各省、自治区、直辖市省级公共图书馆馆均网站访问量和位次

地区	2016年		2017年		2018年	
	访问量/万页次	位次	访问量/万页次	位次	访问量/万页次	位次
全国	1031	—	800	—	718	—
北京	2487	4	1174	9	446	16
天津	145	21	173	21	212	18
河北	884	15	187	20	188	19
山西	30	25	37	26	31	27
内蒙古	1139	13	722	14	824	10
辽宁	1644	10	1445	6	2090	3
吉林	131	22	170	22	166	21
黑龙江	593	18	1148	10	1151	8
上海	2764	3	1319	7	1582	5
江苏	2129	6	2054	3	2623	1
浙江	1954	7	1956	4	2620	2
安徽	1410	11	258	19	58	26
福建	1270	12	1188	8	1329	7
江西	952	14	1012	11	1075	9
山东	790	16	810	12	128	22

续表

地区	2016 年		2017 年		2018 年	
	访问量/万页次	位次	访问量/万页次	位次	访问量/万页次	位次
河南	26	26	47	25	80	25
湖北	1801	9	4584	1	695	13
湖南	1897	8	2239	2	1374	6
广东	719	17	769	13	106	23
广西	209	20	170	22	645	14
海南	3172	2	354	18	741	12
重庆	425	19	492	16	512	15
四川	117	23	423	17	314	17
贵州	2299	5	1806	5	1595	4
云南	13	27	14	28	167	20
西藏	9	28	0.1	29	0.1	30
陕西	4335	1	716	15	760	11
甘肃	110	24	110	24	110	24
青海	0	31	0	30	1	29
宁夏	6	29	27	27	14	28
新疆	5	30	0	30	0	31

数据来源：根据《中国文化文物统计年鉴》（2017 年、2018 年）、《中国文化和旅游统计年鉴 2019》和《中国图书馆年鉴》（2017 年、2018 年、2019 年）中的相关数据整理。

2016 年、2017 年、2018 年，黑龙江省地市级公共图书馆馆均网站访问量分别为 59.0 万页次、14.7 万页次、36.0 万页次，在 27 个省、自治区中分别排第 9 位、第 22 位、第 18 位（不包括 4 个直辖市），分别低于全国平均水平和辽宁省，高于吉林省；低于全国平均水平和辽宁省、吉林省；低于全国平均水平和辽宁省、吉林省。分别为全国平均水平（74.4 万页次、119.3 万页次、156.6 万页次）的 79.3%、12.3%、23.0%，辽宁省（112.1 万页次、94.4 万页次、97.6 万页次）的 52.6%、15.6%、36.9%，吉林省（19.9 万页次、

33.0 万页次、53.1 万页次）的 296.5%、44.5%、67.8%。（见表 5－46）

表 5－46　2016 年、2017 年、2018 年各省、自治区地市级公共图书馆馆均网站访问量和位次

地区	2016 年		2017 年		2018 年	
	访问量/万页次	位次	访问量/万页次	位次	访问量/万页次	位次
全国	74.4	—	119.3	—	156.6	—
北京	—	—	—	—	—	—
天津	—	—	—	—	—	—
河北	32.4	15	84.1	9	45.6	16
山西	30.0	16	34.1	18	34.9	20
内蒙古	14.0	20	18.9	21	36.9	17
辽宁	112.1	5	94.4	8	97.6	10
吉林	19.9	17	33.0	19	53.1	14
黑龙江	59.0	9	14.7	22	36.0	18
上海	—	—	—	—	—	—
江苏	50.6	11	102.6	7	63.2	12
浙江	199.5	3	353.1	3	518.3	2
安徽	42.9	12	37.7	14	121.5	7
福建	261.0	2	309.5	4	133.9	6
江西	497.2	1	76.5	11	105.5	8
山东	71.4	7	107.0	5	155.6	5
河南	53.2	10	64.0	12	103.8	9
湖北	67.9	8	83.9	10	76.3	11
湖南	40.7	13	35.0	16	32.7	22
广东	83.7	6	449.4	1	518.1	3
广西	16.0	19	102.7	6	273.4	4
海南	7.1	23	23.0	20	17.9	23
重庆	—	—	—	—	—	—

续表

地区	2016 年		2017 年		2018 年	
	访问量/万页次	位次	访问量/万页次	位次	访问量/万页次	位次
四川	122.3	4	36.3	15	35.8	19
贵州	40.6	14	43.1	13	51.4	15
云南	20.0	18	428.1	2	780.9	1
西藏	0.8	27	0.7	27	0.05	27
陕西	10.7	21	34.2	17	33.6	21
甘肃	4.4	25	2.5	26	5.5	25
青海	5.5	24	6.3	24	8.6	24
宁夏	8.0	22	10.6	23	55.8	13
新疆	0.9	26	3.7	25	0.8	26

数据来源：根据《中国文化文物统计年鉴》(2017 年、2018 年)、《中国文化和旅游统计年鉴 2019》和《中国图书馆年鉴》(2017 年、2018 年、2019 年)中的相关数据整理。

2016 年、2017 年、2018 年，黑龙江省县级公共图书馆馆均网站访问量分别为0.2 万页次、1.3 万页次、0.9 万页次，在 31 个省、自治区、直辖市中分别排第 28 位、第 26 位、第 28 位(并列)，均低于全国平均水平和辽宁省、吉林省；分别为全国平均水平(5.9 万页次、10.2 万页次、9.7 万页次)的 3.4%、12.7%、9.3%，辽宁省(1.2 万页次、2.0 万页次、1.5 万页次)的 16.7%、65.0%、60.0%，吉林省(1.5 万页次、4.9 万页次、5.5 万页次)的 13.3%、26.5%、16.4%。(见表 5－47)

表 5－47 2016 年、2017 年、2018 年各省、自治区、直辖市县级公共图书馆馆均网站访问量和位次

地区	2016 年		2017 年		2018 年	
	访问量/万页次	位次	访问量/万页次	位次	访问量/万页次	位次
全国	5.9	—	10.2	—	9.7	—
北京	28.8	3	62.2	2	49.5	3
天津	31.6	2	37.9	5	18.9	6
河北	5.2	11	7.5	13	2.3	21
山西	0.6	26	1.7	24	1.7	23
内蒙古	0.7	25	1.3	26	1.4	25
辽宁	1.2	21	2.0	23	1.5	24
吉林	1.5	20	4.9	18	5.5	17
黑龙江	0.2	28	1.3	26	0.9	28
上海	88.7	1	101.5	1	82.7	1
江苏	21.4	4	59.9	3	26.7	4
浙江	19.0	6	21.1	6	20.4	5
安徽	4.5	13	6.4	15	6.5	14
福建	19.9	5	19.1	7	14.9	11
江西	1.0	24	4.2	21	5.1	18
山东	2.7	17	7.1	14	15.9	7
河南	1.2	21	2.7	22	4.5	19
湖北	4.4	14	5.9	16	6.3	15
湖南	6.7	9	8.9	10	8.4	13
广东	8.9	7	11.8	8	15.9	7
广西	0.6	26	1.5	25	1.0	27
海南	3.4	15	8.5	12	15.9	7
重庆	8.8	8	45.0	4	82.5	2
四川	6.4	10	10.8	9	11.0	12
贵州	3.4	15	4.7	19	4.4	20
云南	5.1	12	8.9	10	15.5	10

续表

地区	2016 年		2017 年		2018 年	
	访问量/万页次	位次	访问量/万页次	位次	访问量/万页次	位次
西藏	0.009	31	0.006	31	0.004	31
陕西	1.9	18	5.5	17	6.0	16
甘肃	1.1	23	4.5	20	0.9	28
青海	0.08	30	1.3	26	1.3	26
宁夏	0.1	29	1.2	29	2.3	21
新疆	1.7	19	0.7	30	0.4	30

数据来源:根据《中国文化文物统计年鉴》(2017 年、2018 年)、《中国文化和旅游统计年鉴 2019》和《中国图书馆年鉴》(2017 年、2018 年、2019 年)中的相关数据整理。

深入实施数字图书馆推广工程,不断提高全省特别是县级公共图书馆数字化服务能力,构建标准统一、覆盖城乡、互联互通、便捷高效的公共数字文化服务网络,县级以上公共图书馆全部具备提供互联网服务和移动终端服务的能力。公共图书馆应按网络化的要求,建设由主干网、局域网、信息点组成的网络系统。信息点的布局根据阅览座席、业务工作的需要确定。加强公共图书馆数字资源的整合利用,丰富资源类型,提升资源适应性,满足不同终端、不同人群的实际需求。

5.4.3 加强新技术研发和应用

结合国家重大信息工程建设,加强先进技术研究转化和应用,利用云计算、大数据等信息技术,推动图书馆信息化装备和系统软件的研发应用,促进图书馆数字服务手段升级换代,提升公共图书馆的现代化服务水平。通过互联网、微博、微信等新技术手段,深入开展用户需求数据分析,推广线上线下互动的服务模式。

5.4.4 推进基层公共数字文化综合服务平台建设

依托国家文化信息资源共享工程和数字图书馆推广工程,逐步建立集信息报送、网络监测、统计分析、数据发布、绩效评价等功能于一体的“一站式”基层公共数字文化综合服务平台，建立以移动应用为主的基层综合信息化服务系统，引导省级、地市级公共图书馆优质公共数字文化资源向基层传输，通过开展“菜单式”“订单式”服务，促进供需有效对接，建设面向读者的分层次、互动化、个性化的公共图书服务体系，增强读者参与度，让读者真正成为平台的使用者和建设者，大幅度提高公共图书馆的服务效能。积极推动科技与文化深度融合，形成“资源数字化、运行社会化、供给精准化、服务均等化”的公共数字文化服务模式。针对基层优质公共图书文化产品供给不足，服务质量参差不齐的短板，打通基层公共图书文化服务的“最后一公里”，使基层公共图书文化服务通过数字化、网络化实现共建共享。

参考文献

[1]中共中央宣传部.习近平新时代中国特色社会主义思想学习纲要[M].北京:学习出版社,人民出版社,2019.

[2]中华人民共和国文化和旅游部.中国文化文物统计年鉴 2017[M].北京:国家图书馆出版社,2017.

[3]中华人民共和国文化和旅游部.中国文化文物统计年鉴 2018 [M].北京:国家图书馆出版社,2018.

[4]中华人民共和国文化和旅游部.中国文化和旅游统计年鉴 2019 [M].北京:国家图书馆出版社,2019.

[5]中国图书馆学会,国家图书馆.中国图书馆年鉴 2017[M].北京:国家图书馆出版社,2018.

[6]中国图书馆学会,国家图书馆.中国图书馆年鉴 2018 [M].北京:国家图书馆出版社,2019.

[7]中国图书馆学会,国家图书馆.中国图书馆年鉴 2019 [M].北京:国家图书馆出版社,2020.

[8]柯平,等.图书馆战略规划:理论、模型与实证[M].北京:北京图书馆出版社,2013.

[9]江洪.图书馆战略规划研究[M].北京:科学出版社,2013.

[10]刘晓英.图书馆评价研究[M].北京:知识产权出版社,2015.

[11]杨勇.图书馆管理与服务[M].北京:国家图书馆出版社,2015.

[12]牛根义.现代图书馆评价研究[M].武汉:武汉大学出版社,2018.

[13]张云峰.黑龙江省建设农村公共文化服务体系研究[D].哈尔滨:东北

农业大学,2010.
[14] 王秀杰. 第六次公共图书馆评估定级浅析:以黔东南州图书馆为例[J]. 贵图学苑,2018(3):20 - 21.
[15] 谢燕洁. 我国开展公共图书馆第三方评估的必要性和可行性研究[J]. 图书馆研究,2018,48(4):21 - 24.
[16] 卢佳青. 图书馆服务质量评估的文献计量学研究[J]. 武夷学院学报,2018,37(12):28 - 33.
[17] 李望春. 我国图书馆服务质量评估研究的相关文献综述[J]. 沙洲职业工学院学报, 2019,22(1):61 - 64.
[18] 卢敏. 新时期公共图书馆信息服务评价体系研究[J]. 决策探索(中),2019(4):94 - 96.
[19] 王敏. 浅析公共图书馆文化服务评估新思路[J]. 河南图书馆学刊,2019,39(10):36 - 37.
[20] 黄文頔. 图书馆评估指标的构建与分析探究[J]. 河南图书馆学刊,2019,39(10):114 - 115.
[21] 刘宇. 后评估时代提升公共图书馆服务效能之路径[J]. 图书馆研究,2020,50(1):69 - 73.
[22] 孙鸿鹤. 我国县级公共图书馆发展水平评价研究[J]. 边疆经济与文化,2020(3):106 - 112.
[23] 薄欣. 公共图书馆服务质量评价研究:以天津文化中心图书馆为例[J]. 办公自动化,2020(5):50 - 55.
[24] 孙鸿鹤. 以图书馆建设为例看公共文化服务如何普惠 + 精准[N]. 黑龙江日报,2020 - 08 - 20(7).